全国革命老区县发展史丛书·广东卷

深圳市龙岗区革命老区发展史

深圳市龙岗区革命老区发展史编委会 编

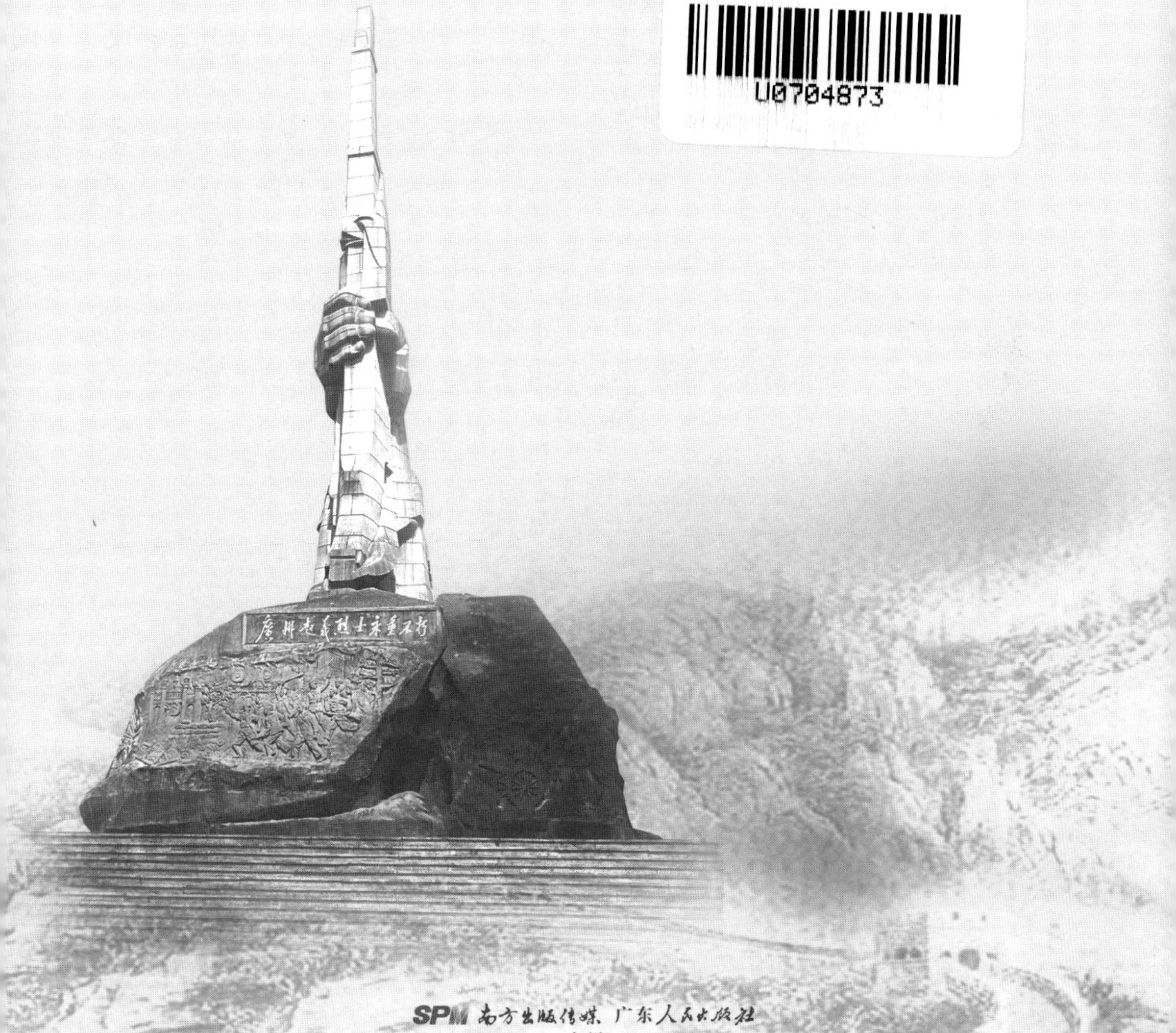

SPM 南方出版传媒 广东人民出版社
·广州·

图书在版编目(CIP)数据

深圳市龙岗区革命老区发展史 / 深圳市龙岗区革命老区发展史编委会编. —广州：广东人民出版社，2021.6

（全国革命老区县发展史丛书·广东卷）

ISBN 978-7-218-14653-9

Ⅰ.①深… Ⅱ.①深… Ⅲ.①区(城市)—地方史—深圳 Ⅳ.①K296.54

中国版本图书馆CIP数据核字（2020）第237267号

SHENZHEN SHI LONGGANG QU GEMING LAOQU FAZHANSHI

深圳市龙岗区革命老区发展史

深圳市龙岗区革命老区发展史编委会 编　　　版权所有　翻印必究

出 版 人：肖风华

责任编辑：李　敏　罗　丹
装帧设计：张力平等
责任技编：吴彦斌　周星奎

出版发行：广东人民出版社
地　　址：广州市海珠区新港西路204号2号楼（邮政编码：510300）
电　　话：（020）85716809（总编室）
传　　真：（020）85716872
网　　址：http://www.gdpph.com
印　　刷：广州市浩诚印刷有限公司
开　　本：715mm×995mm　1/16
印　　张：17.875　　插　页：6　　字　数：230千
版　　次：2021年6月第1版
印　　次：2021年6月第1次印刷
定　　价：68.00元

如发现印装质量问题，影响阅读，请与出版社（020-85716849）联系调换。
售书热线：（020）85716826

广东省编纂《革命老区县发展史》丛书指导小组

组　　长：陈开枝（广东省老区建设促进会会长）
副组长：林华景（广东省老区建设促进会常务副会长）
　　　　宋宗约（广东省农业农村厅二级巡视员、广东省老区建设促进会副会长）
　　　　刘文炎（广东省老区建设促进会副会长）
　　　　郑木胜（广东省老区建设促进会副会长）
　　　　姚泽源（广东省老区建设促进会副会长兼秘书长）
　　　　谭世勋（广东省老区建设促进会副会长）
　　　　廖纪坤（广东省农业农村厅总经济师）

办公室

主　　任：姚泽源（兼）
副主任：韦　浩（广东省农业农村厅扶贫协作与老区建设处处长）
　　　　柯绍华（广东省老区建设促进会副秘书长）
　　　　伍依丽（广东省老区建设促进会副秘书长）

深圳市编纂《革命老区县发展史》丛书委员会

第一届

主　　任：王伟中
副 主 任：陈如桂　郑　轲　高自民
委　　员：骆文智　林　洁　田　夫　张子兴　刘庆生
　　　　　黄　敏　余新国　武启龙　程步一　杜　玲
　　　　　王　强　满新程　杨立勋

编纂委员会办公室
主　　任：高自民
副 主 任：满新程　杨立勋

编辑部
主　　编：杨立勋
副 主 编：黄　玲　王地久　张妙珍
编　　辑：毛剑峰　傅曾阳　陈耀凌　蓝贤明　廖　希

第二届

主　任：王伟中
副主任：覃伟中　郑　轲　程步一
委　员：骆文智　林　洁　艾学峰　刘连生　冯　玲
　　　　黄　敏　余新国　聂新平　王　强　张　勇
　　　　杨芝春　杨立勋

编纂委员会办公室
主　任：程步一
副主任：杨立勋

编辑部
主　编：杨立勋
副主编：黄　玲　张妙珍
编　辑：毛剑峰　陈耀凌　蓝贤明　廖　希

《深圳市龙岗区革命老区发展史》
编纂委员会

第一届

编委会

主　　任：张礼卫
副主任：代金涛
委　　员：赵　嘉　雷卫华　侯　海　胡庚祥
　　　　　谷更军　冯志刚　陈邵桦　王清科
　　　　　尚博英

编辑部

主　　编：谷更军
副主编：詹　冰　黄乐平　白甲林
编　　辑：谭智武　邱慧科　谭双可

第二届

编委会

主　　任：张礼卫

副主任：王策飞

委　　员：孙仲勇　侯　海　胡庚祥　谷更军

　　　　　冯志刚　易玉琨　陈邵桦　王清科

编辑部

主　　编：谷更军

副主编：詹　冰　王彤兵　黄乐平　白甲林

编　　辑：谭智武　邱慧科　谭双可

总序

在举国欢庆新中国成立70周年前夕，中国老区建设促进会王健会长请我为《全国革命老区县发展史》丛书作序，作为一名在老区战斗过并得到老区人民生死相助的老兵，回首往事，心潮澎湃，感慨万千，深感义不容辞，欣然应允。

中国革命老区，是以毛泽东为代表的中国共产党人在领导人民推翻帝国主义、封建主义和官僚资本主义三座大山，争取民族独立和人民解放伟大斗争中建立的革命根据地，在这片红色的土地上，诞生了无数可歌可泣的革命英雄儿女，为后人树起了一座不朽的丰碑，她是新中国的摇篮，是党和军队的根。

在艰苦卓绝的战争年代，老区人民把自己的命运与中华民族的命运紧紧地联系在一起，与中国共产党和人民军队的命运紧紧地联系在一起，他们生死相依，患难与共。我曾亲历过战争年代，并得到过老区红哥红嫂的救助，切身感受到发生在身边的一幕幕撼天动地的革命故事，在那极其艰难的条件下，老区人民倾其所有、破家支前，不怕艰难困苦，不怕流血牺牲。"最后一碗米送去做军粮，最后一尺布送去做军装，最后一件老棉袄盖在担架上，最后一个亲骨肉送去上战场"，这是当时伟大的老区人民为建立新中国做出巨大牺牲的真实写照，它将永远镌刻在中国共产党、中国人民解放军、中华人民共和国的历史丰碑上。他们的光辉业绩永载史册，他们的革命精神必将影响一代又一代的革命新人，造就一代又一代的民族脊梁。

在社会主义革命和建设时期，革命老区和老区人民响应党的号召，面对落后的面貌、脆弱的经济、恶劣的生态环境，他们本色不变，精神不丢，自力更生，艰苦奋斗，干一行爱一行。始终坚持"革命理想高于天"，自觉做共产主义远大理想的坚定信仰者和忠实实践者，勇于向恶劣的自然环境和贫穷落后宣战，他们在各条战线上为国建功立业，用平凡的双手创造了一个又一个不平凡的奇迹，彰显了老区人的崇高精神和人格力量。

在改革开放的伟大进程中，老区人民解放思想，勇于创新，发奋图强，攻坚克难，老区的经济社会建设取得了辉煌成就。特别是在改变中国的面貌、中华民族的面貌、中国人民的面貌、中国共产党的面貌的伟大实践中发挥了至关重要的作用。老区人民既是改革开放的参与者，也是改革开放的推动者。

艰苦练意志，危难见精神。老区人民在近百年的革命战争、社会主义建设和改革开放的伟大实践中，孕育形成了伟大的老区精神：爱党信党、坚定不移的理想信念；舍生忘死、无私奉献的博大胸怀；不屈不挠、敢于胜利的英雄气概；自强不息、艰苦奋斗的顽强斗志；求真务实、开拓创新的科学态度；鱼水情深、生死相依的光荣传统。这是党和人民宝贵的精神财富、丰厚的政治资源，是凝心聚力、振奋民族精神的重要法宝，也是社会主义核心价值观的重要内容。

中国老区建设促进会怀着强烈的政治责任感和历史使命感，组织全国各地老促会人员克服困难，尽心竭力编纂《全国革命老区县发展史》丛书，记录老区的光辉历史和辉煌成就，传承红色基因，弘扬老区精神，是功在当代，利及千秋的一件大事。手捧这部丛书的部分书稿，读着书中的故事，倍感亲切，深感这部丛书具有资政、育人、存史的社会功能，有着重要的时代和历史价值。它是不忘初心、牢记使命的源头活水,是赞颂共产党、讴歌老区人民的一部精品力作,是弘扬老区精神、传承红色记忆的丰厚载体,是一项继承优秀传统文化、弘扬革命文化、发展社会主义先进文化,坚定"四个自信"的宏大文化工程。它必将成为一种文化品牌,为各界人士了解老区宣传老区支持老区提供一部有价值的研究史料。希望读者朋友们能从中了解并牢记这些为党和民族的利益不断奉献的老区人民,从中得到教益,汲取人生奋斗的精神动力。

新时代赋予新使命,新起点开启新征程。让我们更加紧密地团结在以习近平同志为核心的党中央周围,坚持以习近平新时代中国特色社会主义思想为指导,增强"四个意识",坚定"四个自信",做到"两个维护",弘扬老区精神,铭记苦难辉煌。为实现"两个一百年"奋斗目标,实现中华民族伟大复兴的中国梦作出新的更大的贡献!

遇清田

2019 年 4 月 11 日

编写说明

2017年6月，中国老区建设促进会组织全国各地老促会启动编纂《全国革命老区县发展史》丛书，按照"建立中国共产党、成立中华人民共和国、推进改革开放和中国特色社会主义事业"三大里程碑的历史脉络，系统书写革命老区百年历史，深入挖掘革命老区红色文化资源，这对于充实丰富中国革命史籍宝库、在新时代传承红色基因、弘扬革命精神、强固根本，对于激励人们在新的历史条件下夺取中国特色社会主义伟大胜利，实现中华民族伟大复兴的中国梦具有重要意义。

丛书编纂以习近平新时代中国特色社会主义思想为指导，以《中国共产党历史》《中国共产党的九十年》等重要文献为基本依据，以党的领导为核心，以老区人民为主体，以老区发展为主线，体现历史进程特征，突出时代发展特色，坚持辩证唯物主义和历史唯物主义相统一、历史真实性与内容可读性相统一的原则，书写革命老区从站起来、富起来到强起来的光辉革命史、不懈奋斗史、辉煌成就史，把老区人民的伟大贡献、伟大创造、伟大成就、伟大精神充分展示出来，形成一部具有厚重历史特征和鲜明时代特色的精品力作。这是一部培根铸魂、守正创新，既为历史立言，又为时代服务，字里行间流淌着红色血脉、催生着革命激情的传世之作。丛书的编纂出版将成为讴歌党讴歌人民讴歌时代、传播红色文化、为革命老区和老区人民树碑立传的重要载体。

丛书按照编年体与纪事本末体相结合、以编年体为主的编写体例确定框架结构；运用时经事纬、点面结合的方式记述史实；坚持人事结合、以事带人的原则处理人与事的关系；采取夹叙夹议、叙论结合以叙为主的方法展开内容。做到了史料与史论、历史与现实、政治与学术统一，文献性、学术性、知识性相兼容。

为编纂好《全国革命老区县发展史》丛书，打造红色文化品牌，中国老区建设促进会认真组织积极协调，提出政治立场鲜明、史料真实准确、思想论述深刻、历史维度厚重、时代特色突出、编写体例规范、篇目布局合理、审读把关严格、出版制作精良的编纂出版总要求，力求达到革命史籍精品的精神高度、思想深度、知识广度、语言力度，增强丛书的权威性和社会影响力。各省（区、市）、市（州、盟）、县（市、区、旗）老促会的同志，以强烈的使命感、责任感和紧迫感，勇于担当，积极作为，认真实施，组织由老促会成员、专家学者等参加的十余万人编纂队伍。编纂工作主体责任在县，省、市组织协调、有力指导、审读把关。各方面人员以高度负责的精神和科学严谨的态度，满腔热情地投入工作，为丛书编纂出版作出了重要贡献。丛书编纂工作还得到了党和国家有关部委、地方各级党委政府及有关部门的大力支持和积极参与，社会各界也给予了热情帮助。中共中央政治局原委员、中央军委原副主席、原国务委员兼国防部长迟浩田上将，对老区人民怀有深厚感情，对革命老区建设发展十分关注，欣然为《全国革命老区县发展史》丛书作总序。

丛书由总册和 1599 部分册（每个革命老区县编纂 1 部分册）组成，共 1600 册。鉴于丛书所记述的史实内容多、时间跨度长和编纂时间紧，不妥之处，敬请批评指正。

中国老区建设促进会

龙岗红色记忆

龙岗人民革命烈士纪念碑（民子摄于2019年2月）

山厦革命历史纪念馆（严氏、叶氏祠堂，摄于2019年1月，山厦社区供图）

山厦革命烈士纪念碑（邬燕红摄于2018年6月）

东江纵队副司令员王作尧同志骨灰处（邓芳摄于2019年1月）

岗头革命烈士纪念碑（摄于2017年7月，岗头社区供图）

蔡马生烈士纪念碑（摄于2018年6月，上木古社区供图）

岗头陈氏宗祠——布吉乡抗日民主政府旧址（摄于2014年，岗头社区供图）

曾鸿文旧居——中共宝安县委机关旧址
（摄于2016年，新雪社区供图）

铜锣径伏击战遗址（民子摄于2019年4月）

丹竹头西炮楼院——宝安大队夜袭丹竹头伪军战斗旧址（摄于2019年4月，丹竹头社区供图）

1949年7月，上木古村籍解放军战士蔡观贤（右）与龙华石坳籍战友杨学明（左）在龙门县合影（上木古社区供图）

刘曼之，1938年初受中共东莞中心支部书记姚永光的指派，担任中共平湖特别区委书记，公开身份是红朱岭学校教导主任（平湖街道供图）

1947年，华东军政大学学员、东江纵队战士沈英强的入党志愿书（南湾街道供图）

1939年5月,东江华侨回乡服务团"文森队"抵达香港时留影。(图片来源于深圳市史志办编:《定格红色》,广东革命历史博物馆供图)

《前进报》有关黄友班英雄事迹的报道(图片来源于深圳市史志办编:《定格红色》,深圳市宝安区档案馆供图)

1949年10月,粤赣湘边纵队东江第一支队在布吉火车站待命,准备进驻深圳(图片来源于深圳市史志办编:《定格红色》,刘成浩供图)

1949年10月,部队进入深圳时在布吉火车站集合(图片来源于深圳市史志办编:《定格红色》,深圳市原粤赣湘边纵队战友联谊会供图)

龙岗新貌

龙城广场（龙岗区住房建设局供图）

大运中心（龙岗区文化广电旅游体育局供图）

红立方（龙岗区住房建设局供图）

华为鸟瞰（龙岗区科技创新局供图）

天安数码城（许能裕摄于2018年5月）

香港中文大学（深圳）（龙岗区科技创新局供图）

深圳北理莫斯科大学（谭智武摄于2019年5月）

南岭村村貌（南岭社区供图）

目录 Contents

序　言 / 001

第一章　概　况 / 001

第一节　基本情况 / 003

　　一、区域概况 / 003

　　二、历史沿革 / 004

　　三、人文特色 / 005

第二节　革命老区情况 / 007

　　一、龙岗建区前 / 007

　　二、龙岗建区后 / 008

第三节　经济社会发展情况 / 016

　　一、龙岗建区前 / 016

　　二、龙岗建区后 / 017

第二章　党组织的建立与农民运动的兴起 / 021

第一节　党组织的建立 / 022

　　一、深圳地区党组织的建立 / 022

二、东征军进击平湖 / 022

三、龙岗区域最早的中共村级支部
——中共山厦支部 / 023

第二节　农民运动的兴起 / 026

第三节　党的地下斗争 / 029

一、红色交通线（山厦交通站）的活动 / 029

二、抗日救亡运动 / 029

第三章　全面抗战时期 / 033

第一节　党组织恢复扩大与抗日民主政权建立 / 035

一、日军在龙岗的暴行 / 035

二、党组织的恢复和发展 / 036

三、中共秘密交通情报网的建立 / 037

四、抗日民主政权的建立及民运工作的开展 / 038

第二节　抗日武装在龙岗地域的抗日活动 / 042

一、"曾、王两部"在龙岗的抗日活动 / 042

二、东江纵队在龙岗地域的抗日活动 / 049

三、策应文化名人大营救 / 053

第三节　港澳同胞和海外侨胞的抗日活动 / 056

一、华侨、港澳同胞的抗日救亡活动 / 056

二、官文森的抗日活动 / 059

三、李征在岗头村办报 / 062

第四节　抗日史实选载 / 065

一、岗头村人民抗日史实 / 065

二、杨美村人民抗日史实 / 067

三、甘坑村人民抗日史实 / 068

第四章　解放战争时期 / 071

第一节　人民武装斗争的恢复和发展 / 073

一、人民武装的自卫斗争 / 073

二、粉碎国民党军队的"清剿" / 074

第二节　区域重要战事 / 075

一、山子吓伏击战 / 075

二、红花岭阻击战 / 078

第三节　龙岗解放 / 083

第五章　龙岗建区前的发展 / 087

第一节　中华人民共和国成立至改革开放前 / 089

一、基本完成社会主义改造时期 / 089

二、全面建设社会主义时期 / 090

第二节　龙岗建区前的改革开放时期 / 092

一、做好对外开放、对内搞活 / 092

二、农业经济向工业经济的转变 / 093

三、从物质匮乏到奔向小康的人民生活 / 094

四、教育文化事业的传承与发展 / 095

第三节　革命老区建设 / 098

一、救济与扶持阶段 / 098

二、提升"造血"功能阶段 / 099

第六章　龙岗建区至党的十八大前的发展 / 101

第一节　工业原始积累和民营经济腾飞阶段 / 103

　　一、党员干部攻坚克难 / 103

　　二、民营经济和民间组织的党建走上新台阶 / 105

　　三、体制改革解放生产力 / 105

　　四、社区股份合作制改革的"龙岗模式" / 107

　　五、从鼓励"三来一补"到吸引高新技术企业 / 108

　　六、华为公司扎根龙岗 / 110

　　七、以工业为主体的"大工业"经济 / 111

第二节　新世纪初期的快速发展阶段 / 114

　　一、深化政治经济体制改革 / 114

　　二、以农村城市化为抓手改革社区经济 / 116

　　三、转变经济发展方式 / 117

　　四、人民生活进一步改善 / 120

　　五、城市面貌日新月异 / 122

　　六、农村教育向城市教育的转变 / 124

　　七、文化体育事业生机勃勃 / 126

　　八、建立日趋完善的社会保障体系 / 128

第三节　革命老区建设 / 131

　　一、以"同富裕工程"扶持老区建设 / 131

　　二、以城市化社区推动老区建设 / 135

　　三、发扬革命老区拥军优属的优良传统 / 136

第七章　党的十八大以来的发展 / 139

第一节　全面加强和改进党的建设 / 141

一、从转变作风抓起 / 141
　　二、加强基层党建 / 145
第二节　推动经济转型升级 / 148
　　一、经济高速增长 / 148
　　二、培育高新技术产业 / 150
第三节　提高社会保障水平 / 152
　　一、促进劳动就业 / 152
　　二、推动社会保险全覆盖 / 155
　　三、开展扶贫济困和社会救助 / 156
　　四、居民收入和幸福指数稳步上升 / 159
第四节　发展教育和文化事业 / 160
　　一、建设优质教育之区 / 160
　　二、建设首善文化之区 / 162
第五节　革命老区村的建设与发展 / 164
　　一、壮大集体经济 / 164
　　二、慰问革命老区村 / 170
　　三、革命老区村致富奔康实例 / 171

附　录 / 183

附录一　革命遗（旧）址、纪念设施 / 184
　　一、重要机构（活动）遗（旧）址 / 184
　　二、战斗遗（旧）址 / 191
　　三、纪念设施 / 200
附录二　革命人物 / 208

一、重要革命人物 / 208

二、龙岗籍革命烈士名单 / 229

附录三 大事记 / 249

后 记 / 261

序言

龙岗区地处深圳东北部，东临坪山区，南接罗湖区、盐田区，西连龙华区，北靠惠州市、东莞市，为深莞惠地理几何中心，是粤港澳大湾区建设的战略腹地和重要支撑点，是落实深圳东进战略的核心区。龙岗人民富有光荣的革命传统，在革命战争时期，是"惠宝人民抗日游击总队""东江纵队""江南支队"等革命武装的重要活动区域。

龙岗革命老区是在革命斗争实践中形成的。不论是土地革命战争时期，还是抗日战争时期和解放战争时期，龙岗人民团结一致，义无反顾，前赴后继。从广泛组织的抗日壮丁队、妇女救国会、农会、牛会、山厦种植会到党在龙岗进行地下斗争开辟的红色交通线；从中共南临委、惠宝工委到活跃在抗日前线的东江纵队、惠宝人民抗日游击总队、东宝惠边人民抗日游击大队；从抗战爆发后港澳同胞和海外侨胞回国组织的东江华侨回乡服务团、南洋惠侨救乡会到创办惠青剧团，从江南支队的山子吓伏击战到红花岭阻击战，尽管环境艰苦、生存艰难、战斗残酷、牺牲惨烈，但老区人民经受住了艰难和困苦的考验，表现出视死如归、坚贞不屈的铮铮铁骨，用鲜血和生命谱写了龙岗人民及龙岗籍海外华侨和港澳同胞光辉壮丽的爱国主义历史篇章。同时，龙岗老区人民这种百折不挠的革命斗志，舍身忘我、无私奉献的爱国情怀，对党忠诚、艰苦奋斗的优良作风，永远值得我们景仰和崇敬。

《深圳市龙岗区革命老区发展史》，既是一部中国共产党领导的光荣的革命斗争史，也是一部老区人民进一步扩大改革开放、深入贯彻落实习近平新时代中国特色社会主义思想的生动实践史。应该说，此书付梓是一件功在当代、利在千秋的事业，对于铭记党的历史，不忘老区贡献，发扬革命光荣传统，为龙岗实施"文化东进战略"、勇当深圳先行示范区建设排头兵，打造高水平深圳东部中心，具有重大历史和现实意义。

老区精神促发展，跨越发展立新功。今天，我们应永远铭记，永远珍惜，从红色记忆中汲取力量，并结合新的时代，让老区精神发扬光大。面对新时代的要求，如何牢牢把准心中的理想信念；面对前行中的挑战，如何进一步深入推进改革创新，不忘初心，再燃激情……寻踪龙岗史迹，重温老区精神，不难从中找到答案。

深圳市龙岗区革命老区发展史编委会
2021 年 6 月

第一章
概 况

　　深圳市龙岗区,是具有光荣的革命斗争史的革命老区。抗日战争时期,这一红色区域就有东江纵队,华侨、港澳同胞发起的抗日救亡组织等,一直活跃在龙岗一带抗敌反"扫荡",创造了区域联合作战的奇迹。解放战争时期,龙岗人民团结一心,在老区人民的支援下,江南支队深入开展伏击战和阻击战,山子吓伏击战和红花岭阻击战就是其中的经典战例。

　　中华人民共和国是无数革命先烈前仆后继用鲜血和生命换来的。抗日战争时期,龙岗区域有244名龙岗籍优秀儿女不怕流血牺牲，为抵御日军献出了宝贵的生命。解放战争时期，有238名龙岗籍优秀儿女为中华民族的解放事业而英勇献身。①

1985年，宝安县人民政府根据国务院评划革命老区的规定，认定当时龙岗境内坪山、平湖、大鹏、葵涌、龙岗、横岗、坪地、布吉8个区（216个自然村，9 817户，54 156人）为革命老区；1989年，根据广东省相关文件，补充了21个村庄为革命老区。2007年，龙岗区开展红色史迹普查，普查红色史迹点66个。

1993年龙岗建区后，龙岗区委、区政府始终把促进老区建设、改善老区人民生活作为重点进行保障。随着龙岗经济的不断发展壮大，对老区的支持投入也随之加大。如改造城中村兴建示范小区，加大市政建设改善居住环境，创建文明社区提高居民素养、更新基础设施保障民生等。

革命老区是红色的摇篮。龙岗光荣的革命斗争史和军民团结的奋斗史，是宝贵的精神财富和丰厚的红色文化资源。龙岗老区和老区人民的光荣传统和精神代代相传，为龙岗改革开放、经济发展和社会进步提供了不竭的精神动力。

---

① 龙岗区地方志编纂委员会编：《深圳市龙岗区志（1993—2003年）》（上、下），方志出版社2012年版，第3页。

第一节 基本情况

一、区域概况

龙岗区位于深圳市东北部,东邻坪山区,南连罗湖区、盐田区,西接龙华区,北靠惠州市、东莞市。龙岗区地处珠江口东岸、深莞惠城市圈几何中心,是深圳辐射粤东、粤北地区的"桥头堡"。

龙岗区属低山丘陵滨海区域,土壤分为9个土类、14个亚类、29个土属,主要有水稻土、黄壤、红壤、菜园土等。地势东南高西北低,呈东西向带状分布,起伏较缓,坡度不大。东部多山岭,北部是低谷、台地、河谷平原。

龙岗区地处南海之滨,属亚热带季风气候,气候温和湿润,年均气温22℃,年均相对湿度79%。当地雨量充沛,年降水量1 926.7毫米;年均日照总数2 134.2小时;常年主导风向为东南风,四季划分有夏长冬短的特点。

龙岗区域的自然植被,基本属南亚热带季雨林。无原生植被。次生植被多为针叶乔木灌丛和草本植物,东南部低山丘陵覆盖密度较大。辖区植物种类繁多,有178科、680属、1 300多种,其中有国家保护植物18种。境内有存活百年以上的古树近千株。

龙岗区有野生动物近百种,其中属国家保护的有12种。矿产资源较丰富,有铁、钼、铅、锌、钨、大理石、煤等20多种。

龙岗区水资源主要表现为地表水、地下水。境内有大小河流100多条，水库80多座，山塘30多口。地下水主要为岩溶水。

龙岗区自然灾害主要是台风、旱灾、洪涝、龙卷风。地质灾害主要是斜坡类地质灾害（崩塌、滑坡和泥石流）、岩溶塌陷地质灾害、地壳活动引起的地质灾害、地下水活动地质灾害、城市基础建设引起的地质灾害、土地退化地质灾害。

2018年，龙岗区总面积为388.59平方千米。常住人口为238.64万人，其中，户籍人口为72.78万人，非户籍人口为165.86万人。

二、历史沿革

龙岗区历史悠久，延续至今，保留有诸多遗址。其中，布吉街道鲤鱼塘村遗址，平湖街道甘坑果场东遗址、甘坑果场北遗址，龙城街道爱联村蒲芦陂遗址，坪地街道新香村金鱼岭遗址等，均为春秋战国时期遗址。

龙岗在夏、商、周三代属百越族南越，在秦朝属南海郡番禺县、博罗县。东晋咸和六年（331年），龙岗属东官郡宝安县和博罗县；南朝梁天监六年（507年），分属东莞郡宝安县和梁化郡欣乐县；南朝陈祯明三年（589年），分属东官郡宝安县和梁化郡归善县；隋朝开皇十年（590年），分属广州总管府宝安县和循州归善县；隋朝大业三年（607年），分属南海郡宝安县和龙川郡归善县；唐朝至德二年（757年），分属广州府东莞县和循州归善县；北宋开宝六年（973年），分属广州府东莞县和祯州归善县；元朝分属广州路东莞县和惠州路归善县；明朝万历元年（1573年），分属广州府新安县和惠州府归善县。1912年，龙岗属广州都督府新安县和惠阳县；1914年，分属广州都督府宝安县和惠阳县。

中华人民共和国成立后至1958年10月，龙岗沿袭旧制。1958年11月，惠阳县划出龙岗等3个人民公社归宝安县管辖。1979年1月，宝安县改为深圳市，龙岗属深圳市。1981年10月，当地恢复宝安县建制，龙岗地域并入宝安县，辖龙岗、坪地、横岗、平湖、布吉5个人民公社；1983年，改人民公社为宝安县下属区；1986年，改下属区为宝安县下属镇。1992年11月11日，经国务院批准，当地撤销宝安县，分设宝安区、龙岗区，隶属深圳市管辖。1993年1月1日，龙岗区正式挂牌成立，辖平湖、布吉、横岗、龙岗、坪地、坪山、坑梓、葵涌、大鹏、南澳10个镇。2004年1月，撤龙岗镇，设立龙岗、龙城街道；同年8月26日，撤另外9镇设立9个街道，所有行政村全部改为社区，全区辖11个街道、91个社区，此举标志着龙岗区实现从农村到城市的转变。2006年4月29日，撤布吉街道，分设布吉、坂田、南湾街道，龙岗区时辖13个街道、147个社区。2009年6月30日，坪山新区挂牌成立，坪山、坑梓街道划归其管理，行政区划仍属于龙岗，龙岗区时辖11个街道、129个社区。2010年7月1日，深圳特区实现内外一体化，特区范围扩至深圳全市，龙岗区纳入特区范围。2011年12月30日，大鹏新区挂牌成立，行政区划仍属于龙岗，葵涌、大鹏、南澳街道划归其管理，龙岗区时辖8个街道、106个社区。2016年12月26日，布吉、横岗、龙城、龙岗4个街道办事处分设为布吉、吉华、横岗、园山、龙岗、龙城、宝龙7个街道办事处。2017年1月7日，坪山区正式成为行政区，行政区划不再隶属龙岗。2018年，龙岗区辖11个街道，111个社区，区政府驻龙城街道。

三、人文特色

龙岗区是客家人之乡。现龙岗区11个街道中，除平湖街道是广府人与客家人共同居住区,其他的街道均以客家人居多,客家人约占户籍人口的90%。龙岗区客家围屋数量多规模大,其中有一定保护价值的较大围屋约有100多座。全国规模最大的客家围屋之一鹤湖新居,占地近2.5万平方米,建筑面积1.5万平方米,可居住近千人。龙岗区客家文化多姿多彩,民间习俗古朴风雅。

龙岗区是全国重点侨乡,侨乡文化根深叶茂。早在宋元时期,龙岗人开始从事海外贸易和船务,也由此开始定居海外。1840年鸦片战争后,大批龙岗人背井离乡到海外谋生,在马来西亚、印度尼西亚等东南亚国家和中美洲等地修铁路、开矿和从事农业生产。此后,不少龙岗人先后移居美国、苏里南、特立尼达、圭亚那、印度、英国、法国、塔希提、牙买加等国家和地区。国民经济困难时期,又有一批龙岗区人经由香港,辗转海外。[①]

抗日战争时期,不少海外华侨和港澳同胞纷纷组织起来在各地开展抗日救国活动,并积极参加东江华侨回乡服务团和东江纵队,投身抗日战争。中华人民共和国成立后,特别是改革开放以后,龙岗区的海外侨胞和港澳同胞纷纷回乡观光考察,投资兴业,为家乡经济和社会发展作出巨大贡献。他们为家乡教育、文化、卫生等社会事业捐资数亿元,充分体现海外赤子造福乡梓的高尚情怀。

据2016年开展的龙岗区自然村落普查统计,2015年末,龙岗区280个自然村落有原住民户籍人口约9.08万人,海外侨胞2.72万人,分布在30多个国家和地区;有港澳同胞2.55万人。龙岗区的所有村落都有海外侨胞和港澳同胞,"重点侨乡"名副其实。

---

① 龙岗区地方志编纂委员会编:《深圳市龙岗区志(1993—2003年)》(上、下),方志出版社2012年版,第3页。

第二节 革命老区情况

一、龙岗建区前

1957年,根据国务院有关评划革命老区(以下简称"老区")的规定,宝安县划定老区自然村330个,1959年调整为321个。深圳经济特区成立后,部分老区自然村在深圳特区内。1985年,全县老区自然村有284个,分布在16个区镇。其中,龙岗区地域(不含今坪山区、大鹏新区)5个区镇,有老区自然村59个,详见下表。

宝安县1985年老区自然村分布表(仅录今龙岗区地域部分)[①]

区镇	自然村数(个)	户数	人数
平湖	6	748	3 115
布吉	23	1 251	5 186
横岗	3	275	1 589
龙岗	22	1 195	5 225
坪地	5	222	1 246
合计	59	3 691	16 361

到1986年,布吉老区自然村迁散1个,龙岗区地域(不含今

---

① 宝安县地方志编纂委员会编:《宝安县志》,广东人民出版社1997年版,第760页。有删改,本表仅录今龙岗区地域部分。

坪山区、大鹏新区）老区自然村有58个。1989年根据广东省政府文件精神，宝安县补划33个老区村庄。其中，坪地1个：坪西；龙岗9个：麻岭、新布村、石溪、上寮、下寮、伯公坳、峯下、田寮、嶂背；横岗7个：辛塘、上中、龙村、下中、大凤、大万、福田。宝安县共有306个老区村庄（不包括布吉已迁散的1个），龙岗区地域（不含今坪山区、大鹏新区）的5个区镇有老区自然村75个。

宝安县1989年老区自然村名称表
（仅录今龙岗区地域部分）[①]

区镇	村庄名称
平湖	平湖、红朱岭、简头岭、上木古、下木古、山厦
布吉	马安堂、杨美、禾塘岗、王和社、禾沙坑、三联、大径、大望、吓村、塘径、牛角龙、上水径、龙坑、细岭窝、大岭、岗头仔、新田仔、甘坑、上坑、雪竹径、象角塘、吉下
横岗	茜坑、深坑、溪上、辛塘、上中、龙村、下中、大凤、大万、福田
龙岗	丘屋、拦水坐、大埔、上井、下井、沙背坜、新坑、积谷田、三岭、陈谷坑、炳坑、水背龙、丁甲岭、老大坑、长湖围、阳和朗、朗背、白沙水、芋地埔、楼吓、瓦窑坑、江背、麻岭、新布村、石溪、上寮、下寮、伯公坳、峯下、田寮、嶂背
坪地	渡头、马塘村、牛眠岭、白石塘、富乐村、坪西

二、龙岗建区后

1993年1月1日，龙岗区挂牌成立。龙岗区建区时共有10个

[①] 宝安县地方志编纂委员会编：《宝安县志》，广东人民出版社1997年版，第761页。有删改，本表仅录今龙岗区地域部分。现部分村名有变化，此处原文照录，未作改动。

镇，86个村委，607个自然村，总人口150 465人。1994年9月13日，深圳市人民政府批复：根据广东省民政厅批复，同意龙岗区的南澳、大鹏、葵涌、坪山、坑梓、坪地、龙岗、布吉等8个镇为革命老区镇。其中，革命老区自然村497个，占全区自然村总数的81.8%；老区人口85 725人，占全区总人口数的57%。至1995年，市、区、镇各级政府共为老区新建和改建水泥路449.5公里，修建大小桥梁48座，架设输电线路150多公里，铺设自来水管道3万多米，修建学校9所、文化室15个、医疗站20间。当时，全区老区村都已实现"四通"，即通汽车、通电、通电话和通自来水，各村办起了小学、文化室和医疗站，各镇办有中学。[①]2003年，革命老区村遍布全区各镇，共有行政村（社区）75个，自然村513个，村（居）民1.79万户，8.81万人。其中，革命老区村（自然村）198个，其中：平湖镇3个老区行政村或社区，7个老区自然村；坪地镇6个老区行政村或社区，48个老区自然村；龙岗镇10个老区行政村或社区，98个老区自然村；横岗镇5个老区行政村或社区，11个老区自然村；布吉镇13个老区行政村或社区，34个老区自然村。详见下表。

2003年老区行政村、社区、自然村分布情况表
（仅录今龙岗区地域部分）

镇	行政村或社区	自然村
平湖	山厦	山厦
	平湖	简头岭、红朱岭、平湖
	新木	上木古、下木古、新围仔

[①] 龙岗区民政局编：《龙岗区老区建设工作情况汇报》，1995年。（内部资料）

（续上表）

镇	行政村或社区	自然村
布吉	雪象	雪竹径、象角塘
	甘坑	甘坑
	厦村	厦村
	吉厦	吉厦
	上李朗	上李朗
	下李朗	下李朗
	沙塘布	沙塘布
	南岭	南岭
	樟树布	樟树布
	丹竹头	丹竹头
	岗头	禾坪岗、新围仔、马蹄山、中心围、风门坳
	水径	石龙坑、禾沙坑、松元头、塘径、上水径、细靓窝、下水径、大坡头
	坂田	杨美、禾塘光、河背、坂田、新围仔、大光磡、南坑、和磡、光雅园、大发埔
横岗	大康	上中、下中、龙村、大凤、大万、福田
	西坑	西坑
	保安	溪上（吉溪）
	六约	深坑、塘坑
	黄阁坑	大围
龙岗	南联	上岗（邱屋、刘屋）、麻岭、圳埔、向前、黄龙塘、简一、简二、黄龙坡、昔安、巫屋、吓岗、龙溪、水口

第一章 概况

（续上表）

镇	行政村或社区	自然村
龙岗	南约	水背龙（水一、水二）、积谷田、三岭（联和）、炳坑、呈谷坑（大浪）
	五联	瓦窑坑、上寮、下寮、佰坳、朱古石、将军帽、竹头背、协平、黄龙湖、中坑、岭背坑
	回龙埔	上角环、老围、吓一、吓二、吓四、松元头
	同乐	老太坑、丁甲岭、新布、浪背、阳和浪、长湖围、榕树吓、黄屋、池屋、坑尾、其面、丰顺、企岭、水流田
	龙岗	梁屋、上圩、福和、后尾坜、市区、吓埔、沙梨园、洪围、杨梅冈、格水、石湖、萝卜坝
	盛平	郭尾、松元角、官新合、杨屋、陈屋、郭屋、徐屋、田段心、松子岭、荔枝园
	爱联	岗贝、田寮、崋吓、嶂背、新西、老西、石火、新屯、蒲排
	新生	低山、仙人岭、田祖上、车村
	龙东	大埔、新大坑、兰水坐、上井、下井、沙背坜、桥背、新塘围、赤石岗、石湖龙、源盛、大围、吓埔、三和
坪地	中心	白石塘、富乐、岳湖岗、山塘尾、寿利、河背、上峯、黄竹、石灰围
	四方埔	四方埔、牛眠岭、马塘
	坪东	西湖塘、坪地圩、富地岗
	坪西	高桥、秀园、香园排、花园、新屋场、料龙、澳头、岭背、果园

（续上表）

镇	行政村或社区	自然村
坪地	六联	新香、老香、老围、新围、黎屋、楼角、刘屋、太元、屯梓圩、李屋、罗屋、吉坑、石碧、鹤坑、发方
	年丰	矮岗、余屋、曾屋、横岭背、田坑、上围、骆屋、围肚、新屋

根据2018年龙岗区街道、社区划分及自然村变迁情况，龙岗区革命老区分布在除布吉街道外的10个街道，有社区52个，198个自然村。详见下表。

2018年龙岗区地域革命老区社区、自然村分布情况表

街道	社区	自然村
平湖街道	平湖社区	平湖
	山厦社区	山厦
	上木古社区	上木古
	新木社区	下木古、新围仔
	新南社区	简头岭、红朱岭
吉华街道	甘坑社区	甘坑
	三联社区	禾沙坑、松元头、塘径
	水径社区	石龙坑、上水径、细靓窝、下水径、大坡头
坂田街道	坂田社区	坂田
	杨美社区	杨美
	马安堂社区	禾塘光、河背、新围仔
	五和社区	大光勘、光雅园、和磡

第一章 概 况

（续上表）

街道	社区	自然村
坂田街道	南坑社区	南坑
	大发埔社区	大发埔
	岗头社区	禾坪岗、新围仔、马蹄山、中心围、风门坳
	新雪社区	雪竹径
	象角塘社区	象角塘
南湾街道	厦村社区	厦村
	吉厦社区	吉厦
	上李朗社区	上李朗
	下李朗社区	下李朗
	沙塘布社区	沙塘布
	南岭村社区	南岭
	樟树布社区	樟树布
	丹竹头社区	丹竹头
横岗街道	六约社区	深坑、塘坑
园山街道	保安社区	溪上（吉溪）
	大康社区	上中、龙村、下中、大凤、大万、福田
	西坑社区	西坑
龙岗街道	新生社区	低山、仙人岭、田祖上、车村
	南联社区	上岗（邱屋、刘屋）、麻岭、圳埔岭、向前、黄龙塘、简一、简二、黄龙坡、昔安、巫屋、吓岗、龙溪、水口
	五联社区	瓦窑坑、上寮、下寮、佰坳、朱古石、将军帽、竹头背、协平、黄龙湖、中坑、岭背坑

（续上表）

街道	社区	自然村
龙岗街道	龙岗社区	梁屋、上圩、福和、后尾坜、市区、吓埔、梨园、洪围、杨梅冈、格水、石湖、萝卜坝
龙城街道	爱联社区	田寮、峯吓
	新联社区	新屯、蒲排、石火
	吉祥社区	老西、新西、岗贝
	嶂背社区	嶂背
	回龙埔社区	上角环、吓一、吓二、吓四、松元头、老围
	盛平社区	官新合、杨屋、陈屋、松元角、郭屋、徐屋、松子岭、田段心、郭尾、荔枝园
	黄阁坑社区	大围
宝龙街道	南约社区	水背龙（水一、水二）、积谷田、联和、炳坑、呈谷坑（汉田、大浪、大行、马桥）
	同乐社区	老太坑、黄屋、坑尾、其面、企岭、水流田
	同心社区	丁甲岭、新布、阳和浪、长湖围、榕树吓、丰顺
	同德社区	浪背、池屋
	龙东社区	大埔、新大坑、上井、吓井、石湖龙、源盛、三和
	龙新社区	兰水坐、沙背沥、桥背、新塘围、赤石岗、大围、吓埔
坪地街道	中心社区	白石塘、富乐、岳湖岗、山塘尾、寿利、河背、上峯、黄竹、石灰围
	四方埔社区	四方埔、牛眠岭、马塘
	坪东社区	西湖塘、坪地墟、富地岗

（续上表）

街道	社区	自然村
坪地街道	坪西社区	高桥、香元、香园排、花园、新屋场、料龙、澳头、岭背、果园
	六联社区	新香、老香、老围、新围、黎屋、楼角、刘屋、太元、屯圩、李屋、罗屋、吉坑、石碧、鹤坑、发方
	年丰社区	田坑、上围、骆屋、围肚、新屋、矮岗、余屋、曾屋、横岭

第三节 经济社会发展情况

一、龙岗建区前

清代、民国时期,龙岗经济以农业为主,工商业极为薄弱,社会经济整体而言比较落后。中华人民共和国成立后,在中国共产党的领导下,龙岗人民走上了社会主义集体化道路。经济方面大力发展农业,坚持以粮为纲,大兴农田基本建设,粮食、油料、水果、禽畜、水产得到较为全面的发展。"文革"时期,经济发展严重滞后。党的十一届三中全会以后,龙岗区全面推行家庭联产承包责任制,按常住户口对土地平均分配,实行大包干。1984年,政府向农民发放土地使用证,签订土地承包合同。1987年,农村实行集体+农户的"双层"经营模式,逐步建立畜禽、蔬菜、水产、水果四大农业生产基地,生产鲜活产品供应香港市场。

在发展农业的同时,龙岗区不断发展壮大工业,迅速使其成为支柱产业。改革开放后,龙岗区发展"三来一补",发展三资企业和内联企业。建区后,通过开发建设工业园区,形成五大高新技术产业带,发展壮大电子、机械、化工三大主导产业。龙岗区通过鼓励各村镇大办工业,逐步壮大电子、通信设备制造、电器机械及器材制造、电力工业、塑料制品、金属制品、纺织、仪器仪表的工业结构体系,工业逐步成为支柱产业。通过广泛开展横向经济联合，龙岗区积极引进"三来一补"和三资企业，推动乡镇企业的快速发展。

历史上，龙岗区商贸业基础薄弱。改革开放后，龙岗区重点建设集贸市场，发展个体私营经济。在商业方面，龙岗区先后兴建了南岭、龙岗、布吉、平湖等13个集贸市场，鼓励个体工商户经商开店，商业经济逐步繁荣。

龙岗区旅游资源丰富。全区旅游景区集山地休闲、历史文化、客家风情于一体，国内外游客逐年增多。

至龙岗建区前，龙岗地区工业总产值46.4亿元，农业总产值5.96亿元，社会商品零售总额8.5亿元，全社会固定资产投资总额12.2亿元，预算内地方财政收入2.4亿元，各项存款余额60.5亿元。

二、龙岗建区后

1993年建区后，龙岗区委、区政府提出"大工业、大流通、大能源、大旅游"的新区发展战略，全区围绕工业化、城市化、现代化三大目标，实施产业结构、开发模式、发展策略三大调整，形成中部大中心和大工业，西部大流通，东部大旅游四大格局，龙岗区经济实现跨越式发展。

建区后，龙岗大力调整农业结构，缩减粮食、油料等种植面积，根据深圳和香港市场需求，发展蔬菜、水果、花卉、生猪、家禽、水产品生产，扩大生产规模，全区形成蔬菜、水果、花卉、生猪、家禽、水产品大发展的格局。2003年，全区农业总产值12.5亿元，农民人均收入9 898元。随着工业化和城市化的推进，农业在全区经济总产值中占比迅速下降。2018年，全区农业增加值0.54亿元；三次产业比例为0.01∶69.38∶30.61。以生物育种及生态休闲农业产业为依托，农业逐渐向产业化方向发展。商业方面，建区后，加大集贸市场、专业批发市场和物流基地建设，积极引进大型连锁商业机构进入龙岗区，市场日益繁荣。通过推进旅游业转型升级，不断提升旅游品质，广泛吸引游客，使全区旅游业繁荣发展。2018年，龙岗区累计接待旅游者877.16万人次。其中，国内游客813.85万人次；海外游客63.31万人次。全年实现旅游业总收入77.88亿元。其中国内旅游收入67.84亿元，国际旅游收入10.04亿元。

龙岗区是深圳市重要的高新技术产业和先进制造业基地、传统优势产业集聚基地、物流产业基地及金融产业基地。

龙岗建区后，一直将文化、教育、体育、卫生等社会事业放在优先发展地位。特别是近年来，龙岗区把教育作为新时代着力打造民生高地的重要组成部分，至2018年底，各级各类区属办学单位665家（公办112家、民办78家、幼儿园475家），办学规模占全市的1/4以上；学生45.89万人（其中在园幼儿15.3万人，公办中小学16.11万人，民办中小学14.48万人）。香港中文大学（深圳）、深圳信息职业技术学院、北理莫斯科大学集聚深圳国际大学园，在校生2万余人。

近年来，龙岗区医疗卫生事业实现跨越式发展。龙岗区先后创建成为国家慢性病综合防控示范区、全国基层中医药工作先进单位、全国妇幼健康优质服务示范区。至2018年底，全区有各级各类医疗卫生机构1 048间，并拥有龙岗中心医院、北京中医药大学深圳医院（龙岗区中医院）、深圳市第三人民医院、深圳龙城医院等4家三级甲等医院，中国医学科学院肿瘤医院等市属高水平医院，南方医院深圳消化病诊疗中心、哈佛医学院华南国际教育中心等一批高水平医疗机构。

龙岗区客家文化源远流长，拥有客家民居200多处。鹤湖新居是全市现存客家建筑中保存最完整、最具代表性的民居，是深港地区城堡式围楼的典型代表。区内文化创意产业发展迅猛，2018年，全区文化创意产业产值1 802亿元，比上年增长11.9%；增加值464亿元，比上年增长12.5%，占GDP比重超10%；打造粤港澳大湾区数字创意产业中心，鼓励"文化+科技"园区建设，集聚高端数字创意产业资源；设第十四届文博会分会场12个，占深圳全市的18%。

龙岗区国际赛事云集，已成功举办ATP网球赛、WTA网球赛、亚洲杯女排赛、高尔夫欧巡深圳公开赛、迷笛音乐节、草莓音乐节、第31届世界模特小姐大赛国际总决赛等国际赛事和大型活动。

2016年，深圳市提出"东进战略"，与之相应地出台了《东进战略五年行动方案》，提出交通建设、产业提升、公共服务、城市发展四大行动计划。全市安排东进战略项目355个（涉及龙岗区的有178个），总投资约1.6万亿元。龙岗区落实东进战略，统筹推进387个项目，总投资7 032亿元。

近几年来，龙岗区经济发展突飞猛进，城区面貌日新月异：2017年，龙岗区地区生产总值3 858.62亿元，跃居全市第二，比上年增长9.8%，提前3年实现翻一番目标；固定资产投资总额946.69亿元，比上年增长24.0%，增速创7年来新高；社会消费品零售总额732.12亿元，比上年增长9.2%，增速比上年高0.9%；一般公共预算收入236.78亿元，继续稳居全市前三。规模以上工业企业增加值比上年增长12.0%，达2 240.65亿元，稳居全市第一。2018年，龙岗区实现地区生产总值4 287.86亿元，同比增长11.0%（增长率按可比价计算）。其中，第一产业增加值0.54亿元，同比下降2.7%；第二产业增加值2 974.89亿元，同比增长15.9%；第三产业增加值1 312.43亿元，同比增长0.8%。三次产业比例为0.01∶69.38∶30.61。分行业看，农林牧渔业增加值同比下降2.7%，工业增加值同比增长16.4%，建筑业增加值同比增长8.0%，批发和零售业增加值同比增长3.4%，交通运输、仓储和邮政业增加值同比增长6.6%，住宿和餐饮业增加值同比增长0.7%，金融业增加值同比增长3.4%，房地产业增加值同比下降6.1%，其他服务业增加值同比增长3.1%。龙岗区人均生产总值183 819元，同比增长5.3%。基础设施不断完善，城市功能日趋完备；发展环境全面优化，城市化、现代化水平得到极大提升；交通发展突飞猛进，形成"七横六纵"的干线路网格局，次干道以上的道路总里程达到532.1公里。机荷、深汕、惠盐、水官、盐排、博深高速公路穿境而过，广深、京九、平盐铁路以及厦深铁路在此汇集，华南地区最大的铁路编组站——平湖南铁路编组站以及客运枢纽站深圳东站、厦深铁路深圳新城站均在此布局。地铁轨道3号线、5号线穿境而过，10号线已开工建设，与深圳机场、港口码头和香港各口岸均处于半小时交通圈内。

第二章
党组织的建立与农民运动的兴起

1926年5月,蔡如平等人在山厦村建立了龙岗区域最早的中共村级支部——中共山厦支部。该支部领导山厦农会开展农民运动,山厦村成为平湖地区农民运动的中心和典范。

第一节 党组织的建立

一、深圳地区党组织的建立

1924年下半年,中共广东区委派遣广州农民运动讲习所第一、二期学员黄学增、龙乃武和何友逖(均为共产党员),以国民党中央农民部特派员的身份来到深圳地区,培养农民运动骨干,发展党组织。当时,宝安县被划分为7个行政区,今龙岗区平湖、布吉、吉华、坂田、南湾街道区域分属第三区、第六区(平湖山厦村时属东莞县第四区)。由于人生地疏,根基未稳,公开建立共产党组织容易遭到豪绅地主的对抗破坏。因此,黄学增、龙乃武以建立国民党基层组织为号召,进行活动。他们起初与各村士绅搞好关系,在农村开展工作,并介绍其中的优秀分子加入国民党,成立国民党乡区分部,借以互相协助和支持,建立与土豪劣绅作斗争的基础,然后从中吸收先进分子为共产党员,建立各乡党小组。至1925年底,黄学增等人已先后在宝安县5个区建立起11个党小组。[①]

二、东征军进击平湖

1925年,国民革命军东征。2月10日,教导团第一团由常平

---

① 深圳市史志办公室编:《中国共产党深圳历史》(第一卷)(1924—1950),中共党史出版社2012年版,第20—21页。

墟向天堂围前进，击退平湖守敌军阀陈炯明部。11日，黄埔军校学生队炮兵营随校本部行营，移至平湖。13日，黄埔军校学生军进驻龙岗。周恩来率领黄埔军校政治部部分人员到达深圳地区时，平湖、深圳等地组织军民欢庆。周恩来出席群众大会并发表讲话，阐明讨伐军阀陈炯明的意义，并说明这次战争是为了解除东江人民的痛苦，扫除军阀割据，建立革命根据地。广大深圳地区农民深受鼓舞，积极支援东征军，为东征军带路、送信、抬担架、运输物资等。

1925年10月，东征军攻克惠州。11月，由随军留驻惠州的徐天琛、肖鹏魂、朱祺、谭竹山、冯明光、李燮和等人组成国民党惠州八属党务整理委员会。委员会以国民党左派徐天琛为主任，共产党员肖鹏魂为副主任，委员大部分是共产党员和共青团员。委员会在新选举的惠阳县党部执委和监委中，共产党员、共青团员和国民党左派占半数以上，组成了一个共产党员和靠近党的革命分子占优势的工人、农民、城市小资产阶级和资产阶级的民主革命联盟，发展了革命统一战线。

国民党惠阳县新党部建立后，各区建立了区分部，一般由农会的领导人兼任执行委员和监察委员。各区分部的领导权基本上为共产党员及国民党左派人士所掌握。所以，当农民与地主土豪劣绅进行斗争时，县、区党部这个革命联盟总是旗帜鲜明地站到农民方面，积极支援农民运动，从而取得各项斗争的胜利。

三、龙岗区域最早的中共村级支部——中共山厦支部

1926年5月，中共党员蔡如平、蔡日新（二人于1924年11月加入中国共产党）先后受中共东莞县党组织的委派，来到山厦村。他们走家串户，发动群众，把严凯祥、严永辉、严仲喜等一批年轻人组织起来。经过一段时间考察，蔡如平和蔡日新开始着

手在山厦建立中共基层组织。

经过上级批准，蔡如平遵循"大胆、谨慎、积极、稳妥"的方针，于1926年5月，在严氏、叶氏祠堂内成立中共山厦支部，新成立的支部有党员严凯祥、严永辉、严仲喜、严润泉、严绍祖、江太（江派恩）、严洪恩7人。不久，新党员在离村较远且较隐秘的山猪坑的一棵老荔枝树下（当时该树已有100多年树龄）举行了入党宣誓。之后，中共山厦支部又吸收了叶庆光、叶丽钧、严荫田、严顺兴、林全福、叶裕祺、严学明、严创达、叶升桂、叶茂兴10名新党员，并选举了威望很高的严凯祥担任第一任支部书记，隶属中共东莞县委领导。为了保守秘密，支部平时开会、议事多以乘凉、聊天的形式在农会总部前不远的一棵大榕树下进行（该树现在山厦社区办公大楼前，已有200多年树龄）。

中共山厦支部成立后，不仅领导山厦农会组织开展减租减息、废除苛捐杂税等运动，也订立了新的村规民约，禁止赌博和吸食鸦片，颁布乡村守望、保护农友安全、维护妇女权利的条例。党领导下的山厦农民运动不但减轻了地主豪绅对农民的地租盘剥，而且使乡村风气焕然一新。在此后的几个月里，周边村庄纷纷效仿山厦成立农会，山厦村成为平湖地区农民运动的中心和典范。

1927年，蒋介石叛变革命，国民党广东当局派员到宝安大搞"清查"，派军"围剿"农民协会，冲击农民自卫军，中共山厦支部遭受严重破坏。严凯祥、严永辉被国民党反动派通缉追捕，被迫离开山厦，转移至香港九龙。他们到了九龙后，仍然受到追捕，不得不再次转移。严永辉流亡吉隆坡，后来在远洋轮上工作时，突遭火灾不幸身亡；严凯祥辗转到了越南朱笃埠，经友人黄芳介绍在知用学校当老师，1935年遭国民党特务暗害身亡。

在革命处于低潮时期，严仲喜接任第二任支部书记，他坚持领导群众进行地下斗争，利用黄牛潭50多亩山地将中共山厦支部和当地农会以牛会、山厦种植会的名义隐蔽掩护起来，由党员和进步青年轮班种植果树和农作物，保障支部活动经费，继续组织农民坚持斗争。

第二节 农民运动的兴起

1921年,中共一大闭幕不久,党领导的农民运动开始在浙江萧山、广东海陆丰和湖南衡山等地区逐步兴起。

1923年元旦,广东海丰总农会成立,中国农民运动的先驱彭湃亲任会长。总农会的成立,为广东地区农民运动带来了勃勃生机。

1924年,山厦人得知彭湃在广东海陆丰地区轰轰烈烈地开展农民运动的消息后,江太(江派恩)、翟焕明、叶廉、严胜、邬涛、严洪恩等一群有志青年,展开秘密串联,传播农运消息,酝酿成立农运组织,向地主、官吏提出减租减税要求。同年,严凯祥(早年在东莞县城读书,后在东莞塘厦爷皮村教书)、严永辉受东莞党组织派遣,回到平湖山厦村领导群众秘密开展农运工作。他俩秘密摸查村里情况,了解到江太、翟焕明、严洪恩等人积极拥护农民运动,便团结依靠他们开展工作。为确保大家的安全,他们以营造果园为名,在"羊坑"的黄牛潭建了一间泥土夯筑墙体的平房,后来这里成为农会骨干和党支部的秘密活动场所。①

1925年4月,宝安县农民协会成立,当时有区农民协会4个,乡农民协会34个。县农会成立后,各乡农会更普遍地建立起来。

---

① 中共深圳市龙岗区委党史办公室、深圳市龙岗区档案局编:《龙岗红色史迹寻踪》,中共党史出版社2008年版,第1页。

在轰轰烈烈农民运动的影响下，山厦村里的青年积极分子也在悄悄地筹备成立农会。

1926年初，从广州农民运动讲习所学成归来的叶丽钧、叶庆光、叶昱贵、江太等积极组织农会开展活动。2月，他们成立了山厦村农民协会（简称"山厦村农会"），农会成立大会由江太主持，严永辉宣读农会会章，严凯祥发表了鼓舞人心的讲话。大会以民主选举的方式选举严凯祥为会长，严永辉、江太、叶廉等为委员。山厦村农民协会的成立，为村里培养了一批农民骨干、革命青年以及入党积极分子，为不久后成立党支部奠定了基础。

山厦村农会成立后，总部设在严、叶祠堂，在那里举办识字班，一边教人识字，一边宣传革命道理，并排练文艺节目，丰富村民生活；还举办了两期农运骨干训练班，建立一支拥有120多人的农民自卫军。每个农会会员出谷50斤作为农军武器购置费，买回步枪、手枪20多支，炮4门，及50多件大刀、梭镖。山厦农民依靠自己的组织和武装，在村里开展"二五减租""打土豪"等革命斗争。不久，周边的章阁、白花洞、樟坑径、鹅公岭等村先后成立农会，山厦村成为东莞县第四区农民协会（简称"农协"）活动的中心。

1926年下半年，东莞县第四区农民协会成立，严凯祥被选为第四区农协执行委员会委员长。

1927年初，农协根据会员的要求，抓住了恶霸曾显宗、房敬廷，押往区政府准备惩办。区长李定邦无理拘留了两名农协会员，农协多次与李定邦交涉，但他就是不放人。于是农协号召农民团结起来，拿起刀枪保卫自己的利益。他们联合农民自卫军抵达区政府所在地，发表强硬声明：李定邦不放人，就踏平区政府。迫于农协的声势，李定邦释放了两名农协会员。不久，严凯祥、严永辉调到区农会，分别担任区农会主席和赤卫队队长。

1927年4月，国民党反动军队在李定邦的指使下，包围四区农协，抢走恶霸曾显宗、房敬廷，冲击农民自卫军营房。农民自卫军奋起抵抗，激战数小时，终因寡不敌众，被迫退到附近山头隐蔽，后撤回原籍，分散隐蔽。此时，严凯祥、严永辉回到山厦村。不久，因叛徒出卖，蔡来和、林全福等7位同志被捕。国民党反动派残忍地用铁丝穿过7位同志的肩颈部，将他们押解到广州，沉于白鹅潭。7名同志壮烈牺牲。

第三节 党的地下斗争

一、红色交通线（山厦交通站）的活动

1927年大革命失败后，党的有生力量遭受巨大损失，为了保存革命力量，根据组织安排，党的斗争转入地下。中共宝安县委被迫转入地下，继续领导人民开展革命斗争。山厦交通站和皇岗交通站就是在这种艰苦卓绝的情况下建立起来的，它们作为中共宝安县委与省委、东莞、广州地下组织之间联系的交通枢纽，在反抗国民党反动统治的斗争中发挥了重要作用。

1928年，中央交通局和中共广东省委安排在山厦村建立秘密交通站。交通站最初建在冼九礼的山寮屋，后搬到井头岭军培仔屋，最后搬至梨头寮。[1]

反动势力包围下的山厦村形势常常极为危险，山厦村秘密交通站因此随时更换接头地点，以流动的形式灵活隐蔽地开展活动。因此，这个秘密交通站始终未被国民党反动派破坏，在革命的惊涛骇浪中经受了考验，成为大革命失败后不倒的红旗。

二、抗日救亡运动

"九一八"事变后，国民党实行"攘外必先安内"的方针，

---

[1] 深圳市史志办公室编：《深圳红色史迹寻踪》，海天出版社2007年12月第1版，第114页。

命令东北军不准抵抗日军侵略，致使东北大片国土沦丧，无数同胞遭日军杀害。中国人民义愤填膺，掀起了抗日救亡运动。

1936年，东莞党组织安排共青团员何与成到平湖纪劬劳学校教书。何与成大胆地向高年级的同学宣传共产主义思想。下半年，在何与成的倡导下，刘云、刘仁、刘茜芬等10多个高年级同学组织了读书会，阅读《大众哲学》《大众周末》《世界知识》等进步书籍，开展抗日救亡宣传活动。读书会成员通过阅读，提高了政治思想觉悟，明白了只有依靠中国共产党才能救中国的道理。同年底，何与成调回东莞力行小学后，仍与纪劬劳学校的学生保持书信往来，继续指导平湖的抗日救亡工作，并把平湖的一些进步青年调到东莞工作。何与成在纪劬劳学校的活动，为平湖抗日战争时期的建党工作打下了思想基础，参加读书会的同学后来大部分参加了中国共产党，成为革命的骨干力量。

1936年9月，中共南方临时工作委员会（简称"中共南临委"）成立，薛尚实任负责人，积极恢复和建立南方各地党组织，开展抗日救亡运动。12月，中共南临委先后派共产党员梁金生、张权衡到宝安布吉草埔村小学，以教书作掩护，开展抗日救亡工作。1937年6月，南临委又派吴燕宾、张伟烈、何柏华到草埔协助梁金生等开展工作。

随着革命形势的变化，中共山厦支部将牛会改名为"造林植树会"，以集体开荒耕田为名，开展抗日救亡的宣传，壮大革命力量。

1937年2月，中共香港海员工作委员会组织部长曾生介绍傅觉民到龙岗区大井育贤小学，以教师职业为掩护，开展抗日救亡运动，发展党组织。1938年3月，中共东莞中心支部恢复了中共山厦支部，并指定刘曼之兼任支部书记。刘曼之回平湖后，经与爱国绅士刘者卿商量，在红朱岭村办了红朱岭学校，并以该校为活动据点，组织高年级学生和老师成立歌队、剧队，开展抗日救亡宣传活动。①抗日救亡运动的蓬勃发展，培养和锻炼了一批骨干，为党组织的重建创造了条件，为人民抗日武装和游击根据地的创建与发展奠定了坚实基础。

---

① 深圳市史志办公室编：《中国共产党深圳历史》（第一卷）（1924—1950），中共党史出版社2012年版，第69页。

第三章
全面抗战时期

抗日战争全面爆发后，在领导人民开展抗日救亡运动的过程中，深圳地区的党组织力量不断加强，由最初的区域党支部到组建中共宝安县委，党的核心力量得到巩固。党领导人民在龙岗地区成立抗日民主政府，组织民运工作队，掩护游击队，抗击日军侵扰，为抗日斗争储存、转运大量武器装备和物资，为游击队战斗提供后勤保障。

龙岗的抗日斗争，极大地影响了旅居海外的龙岗华侨。他们举办各类活动，揭露日军侵略暴行，自发捐款、捐物并号召、组织社会募捐，支持家乡人民开展抗日斗争。

随着抗日斗争的深入开展，龙岗地区的抗日武装在中国共产党的领导下，紧密依靠群众，不断打击日军，曾生领导的惠宝人民抗日游击总队和王作尧领导的东宝惠边人民抗日游击大队，活跃在龙岗地区，创建抗日游击根据地，展开抗日反"扫荡"作战。

1943年，东江纵队成立。在纵队统一领导下，其所属的惠阳大队、飞鹰队等主动寻找战机，消灭日军的有生力量，阻击日军对根据地的侵袭。东江纵队在龙岗地区的对日作战中，多次创造以少胜多、以弱胜强的战斗奇迹，有力地打击了日军的嚣张气焰，保护了人民群众生命和财产安全，极大地鼓舞了龙岗人民坚持抗战的勇气和信心。

在抗日战争中，龙岗人民奋起反抗日军侵略，岗头村、杨美村、甘坑村等革命老区村，成立各种抗日群众团体，为部队传送情报，保管物资；并成立抗日自卫队，配合游击队打击日军，保护群众安全。许多龙岗儿女为了保卫家乡，奉献了热血和生命。

第一节 党组织恢复扩大与抗日民主政权建立

一、日军在龙岗的暴行

从1937年8月开始，日军不断对广东省实行疯狂轰炸。1938年5月12日下午，一架日机在平湖车站上空投下4枚炸弹，炸毁车站工人宿舍2间，炸死3名妇女和1名男孩，另有1名男工、1名女孩和2名男孩受伤。1938年10月12日凌晨，日军第十八师团左翼支队在大亚湾左面登陆，该师团右翼支队和及川支队，在大亚湾正面霞涌一带登陆，第一〇四师团在大亚湾右面登陆。11月22日，日军5 000余人在大鹏湾登陆。

日军占领龙岗后，杀人放火，无恶不作，龙岗人民处于水深火热之中。日军以极其残忍的手段对付手无寸铁、毫无反击之力的平民，制造了一桩桩人间惨案。横岗保安村的万伯因没给日军敬礼，被砍死，尸体又被火焚烧；大康村的廖观友奶奶护鸡不让抢，被日军刺杀；六约村杨二妹的爷爷不愿给日军带路，被日军开枪打死。日本兵抓到小孩后，将小孩往空中抛，用刺刀刺破肚膛。妇女受害最为惨烈：老围村一名叫阿娇的姑娘被日军抓去强奸，从田祖上（位于今龙岗街道新生社区）抬回来时已经死亡；保安村18岁姑娘钟研麻被日军活活淹死，等等。横岗的竹高龙和三家村被日军烧毁，村民被迫迁走。鹤湖新居、茂盛世居等围屋，部分被日军炮火损毁。①

日军的暴行，严重摧毁了龙岗人民的生产、生活秩序。广大群众的生命、财产安全受到了严重的危害，百姓家破人亡流离失所。

二、党组织的恢复和发展

1938年初，日军派飞机、军舰用猛烈的炮火轰炸南头城，宝安县立第一初级中学原校长因害怕而逃跑。上级党组织得知消息，利用这一机会，派梁金生任校长、何柏华任军事教员，并指示梁金生以校长职务为掩护，开展党的活动，恢复宝安党组织，开展抗日救亡运动。中共东莞中心支部也指派刘曼之任中共平湖特别区委书记，负责联系宝安县的党员和发展平湖党组织。

1938年10月，由曾生主持，在坪山羊母嶂召开惠阳党组织扩大会议，会议决定成立中共惠（阳）宝（安）工作委员会（简称"惠宝工委"），由曾生任书记，谢鹤筹任组织部长，周伯明任宣传部长。同年11月，龙岗大井党支部成立，支部书记为傅觉民，共有党员7人。

1939年2月，坪山中心区委成立，属惠宝工委领导，下辖定南、坪山、坑梓、龙岗等支部，陈铭炎为书记。7月，惠宝工委撤销，其原辖坪山、大鹏、龙岗、葵涌、盐田等地党组织划归惠阳县委领导。②

1940年10月，中共东江前线特别委员会（简称"前东特委"）决定组建成立以王作尧为书记、刘汝琛为副书记的中共宝

---

① 深圳市史志办公室编：《中国共产党深圳历史》（第一卷）（1924—1950），中共党史出版社2012年版，第79—80页。

② 深圳市史志办公室编：《中国共产党深圳历史》（第一卷）（1924—1950），中共党史出版社2012年版，第97—98页。

安县工作委员会(简称"宝安县工委")。同月,中共平湖区委员会成立,刘曼之为书记,严国珍为组织委员,刘云为宣传委员,辖平湖大村、平湖墟、山厦村、元屋围4个党支部,隶属宝安县工委领导。随后,布吉、木古、杨美、水径、山厦、平湖、甘坑、雪竹径等地先后建立了党支部。

1941年1月,原宝安县工委撤销,成立中共宝安县委,刘汝琛任书记,苏伟民任组织部长,杨凡任宣传部长。县委机关先后在雪竹径、赤岭头、埒坑、南头、西乡等地驻扎。为了争取更大的发展,杨德元在岗头村,赵学在杨美村配合部队大搞民运工作,组织宣传队进行宣传,开办夜校教农民识字,对农民进行政治教育,组织成立妇女会、自卫队等,以此支持部队抗日。①

三、中共秘密交通情报网的建立

抗日战争期间,在缺乏现代交通和通信工具的困难条件下,交通工作显得特别重要。情报的及时传送,必须依靠严密而又畅通的秘密交通网络,不少交通站,特别是设在敌占区和边缘地区的交通站,其作用尤为重要。这些隐藏在敌占区的交通站经常和情报站设在同一地点,使得情报的传送更加及时。

1939年,中共惠阳县委就派何武以教员身份潜入坪山一鸣学校与何清一道组织建立龙岗大井、田寮、老大坑、长湖围、坪地、横岗等地交通站。以这些交通站为基础上的交通情报网也逐渐建立起来了。

山厦地下交通情报站是1928年由中央交通局和广东省委安排建立的。1939年底,罗文枢、刘连科在山厦地下交通情报站以

---

① 深圳市史志办公室编:《中国共产党深圳历史》(第一卷)(1924—1950),中共党史出版社2012年版,第112—113页。

流动的形式进行活动，随时更换接头地点，灵活、隐蔽地开展活动。交通情报站有长、短枪各1支，主要工作任务是把在塘厦、石鼓、天堂围、清溪、平湖这几个地方送来的情报转送到宝安去；同时，为游击队和地方的同志提供临时住所。何鼎华、谢阳光、赵学、肖凡波、曾鸿文等中共地方领导干部，武工队的严志胜、黄月新、王克光等同志都曾在此交通站住宿。1943年秋的一天凌晨，严克刚从路西三峰交通站回来的路上，正好遇上交通员矮通递送紧急情报：平湖的日军当晚准备到观澜偷袭区民主政府和抢粮。严克刚和矮通立即疾步跑到观澜，将情报转交观澜区民主政府，观澜区民主政府立即指挥工作人员和群众转移，逃过了日军的偷袭，避免了损失。

1942年，广东人民抗日游击总队成立后，在路西、路东和港九地区都建立了交通总站，每个交通总站下设若干分站。其中路东交通总站，由黄彬任总站长，初时设立5个分站。1943年3月，李群芳接任总站长，逐步健全了总站建制，指派黄帼任事务长、李娇、邱福如、梁仔、邹天生等为总站交通情报人员。交通分站也由5个扩建为8个，每个分站设交通情报员1至2人，多的有5至7人。其中，第二分站设在坑尾，由梁志坚任站长，负责与龙岗大井、田寮张启秀情报站的情报联络；第五分站设在横岗水浸围，由朱松（后为钟来）任站长，负责与横岗李恩、嶂背陈松情报站的情报联络。

交通情报网的建立，不但在地方党组织的工作开展中发挥了重大作用，也在策应文化名人秘密大营救中发挥了积极作用。

四、抗日民主政权的建立及民运工作的开展

1938年12月，惠宝人民抗日游击总队收复惠阳县淡水镇后，成立了"惠阳县第二区行政委员会"，并且颁布了施政纲领，建立了东江抗日根据地的第一个抗日民主政权。随后，民治、布吉、乌石岩、望天湖等抗日民主政府也相继成立，并在此基础上成立龙华联乡办事处。

1941年1月，年仅19岁的杨德元以民运队员身份来到岗头村，深入群众，宣传抗日救国、保卫家乡的道理，发动人民群众起来抗日。2月，杨德元即在群众积极分子中发展了陈白玉加入中国共产党，随后陆续吸收了陈德和、陈发良、陈亮博等一批党员，成立了中共岗头支部。党支部成立后，他们一边继续发展党员、壮大党的队伍，一边发展、建立各种抗日群众团体；5月，发展了陈绍平、陈树生、陈怀通、陈德基4人入党；7月，又发展了黄传有、陈连有、陈若汉3人入党，还吸收了邻村象角塘的刘凤鸣、刘亚发入党；而后又建立了岗头农民抗日自卫队，先后由陈德和、陈德林担任队长；成立了妇女组织——岗头姊妹会，由郑金娇任会长。

1941年3月，龙布区委成立，书记杨德元。同月，在广东人民抗日游击队的领导下，在地方党组织的配合下，布吉乡抗日民主政府成立，曾鸿文为乡长。6月，龙布区委更名为布吉区委，杨德元为书记。[①]

1943年3月，根据乌蛟腾会议和上级指示，党组织撤销宝安县委，增设县特派员，县特派员为王士钊、副特派员为黄树楷。同时将布吉划为一个区，设区特派员。7、8月间，坪山、龙岗合为坪山区，区特派员为叶源、副特派员为曾文贵和张贵荣，由中共惠阳县特派员领导。

为了开辟敌后抗日根据地，惠阳大队在龙岗、横岗、坪地组

[①] 深圳市史志办公室编：《中国共产党深圳历史》（第一卷）（1924—1950），中共党史出版社2012年版，第113页。

织了民运工作队。同时，地方党组织还成立了龙横坪民运队中心支部，任命廖荣铿为书记、叶宋辉为组织委员、张启秀为宣传委员，属部队党组织领导，下辖地方党支部11个、党小组2个、党员60多名。1943年，惠阳大队已经控制了龙岗、横岗等地区，大队长高健率领1个小队和短枪队，采取军事和政治施压的措施，将活动在沙湾、横岗一带的肖德青大队改编为惠阳大队的1个中队，收编共计80多人、重机枪1挺、长短枪数十支。

1944年7月，路西解放区成立了以谭天度为主任的东宝行政督导处，领导东宝地区各区、乡抗日民主政权。

1944年秋，在东江纵队取得打击日、伪军和反击顽军进攻的一系列战斗胜利之后，路东解放区的民主建政工作也广泛开展起来，在各区、乡自下而上实行民主选举，先后建立6个区抗日民主政权。1945年4月23日至27日，为了建立路东解放区民主政权，东江纵队政治部在惠阳县麻溪乡召开路东解放区首届参议会，参加会议的有各党派、无党派民主人士、工人、农民、商人和教育界人士代表。东江纵队政治委员尹林平作题为《关于国际国内本区情况分析和中国共产党的主张政策的实行》的报告，东江纵队第二支队队长叶锋作《路东区军事斗争和建政工作的报告》。大会通过了《东江纵队政治部对于建设惠、东、宝路东一区的施政纲领》和《土地租佃条例》等文件。经过民主协商，会议正式选举产生由49名参议员组成的路东参议会、由9名行政委员组成的路东行政委员会。会议选举并任命彭东海为参议长、张兆昌和张持平为副参议长；推举叶锋、萧荫青、李恩、林石、邓怀汉、蓝造、罗英传、吴镇波、蔡子培组成行政委员会，任命叶锋为主席、萧荫青和李恩为副主席。当时，路东行政委员会管辖范围"北以龙江河为界，南至大亚湾、大鹏湾，东以惠淡河、澳淡公路为界，西以广九铁路为界"，被划分为新一区、新二区、新三区、新四区、新五区、新六区。其中，新二区区长廖荣铿（后为李清），副区长张启秀，下辖坪山、定南、坑梓、南强、龙岗、沙湾、东和、坪地等乡共计9.5万人。

龙岗敌后抗日根据地、民运工作队积极宣传党坚持抗战的主张和政策，揭露国民党顽固派不抗日、打内战的反动政策，群众逐渐认识到游击总队是真正的抗日队伍。在民运队员的发动下，群众自觉组织起来，协助部队站岗放哨，配合部队破坏布吉公路，扰乱日军侵扰计划，还冒着生命危险掩护党员干部，布吉乡岗头村陈德林的家成为地方党和民运干部的联络点和堡垒户，杨德元、杨彩萍、曾坚、张士娥等地方党的领导人和民运队员经常在他家食宿。陈德林还带领家人在岗头村挖了5个地洞，为地方党和部队储存了大批武器和战略物资。①

---

① 深圳市史志办公室编：《中国共产党深圳历史》（第一卷）（1924—1950），中共党史出版社2012年版，第146—148页。

第二节 抗日武装在龙岗地域的抗日活动

一、"曾、王两部"在龙岗的抗日活动

1939年初,中国共产党先后在东(莞)、宝(安)、惠(阳)地区组织两支人民抗日武装队伍。一支是惠宝人民抗日游击总队,由曾生任总队长,周伯明任政委;一支是东宝惠边人民抗日游击大队,由王作尧任大队长,何与成任政训员。这两支队伍是东江纵队的前身,惯称"曾、王两部",在龙岗区地域与日军作战,留下了很多战斗足迹。

抗日战争时期,梧桐山是抗日游击队的根据地,曾生、叶维里等,曾在西坑村西坑碉楼、梧桐山山寮,发动群众,策划革命。

抗日战争爆发后,党组织领导的游击队进入甘坑村开展抗日活动。在甘坑村,有10多处地方住过游击队。游击队还在甘坑村设过税站,甘坑村村民积极支援游击队战斗,掩护地下党员和游击队战士。

抗日战争时期,曾生、王作尧率领游击队曾在南岭村曲水龙山头驻扎,向南岭村人宣传抗日救国的思想。后来,南岭村青年张学宏(中华人民共和国成立后曾任广西壮族自治区气象台台长),到中国共产党培养革命干部的香港达德学院读书,毕业后回到家乡,在沙湾厦村菊花庙学校和南岭俊千学校教书,并以此为掩护,到周边各村活动,宣传革命思想。同时,他组织了以

谭子荣（中华人民共和国成立后曾任福州军区某部团政委）、林少金（中华人民共和国成立后曾任广东省水利厅厅长）、林雨华（中华人民共和国成立后曾任广东省博罗县县长）、林汉荣、林平、张启秀、

游击队经常活动的桔仔园。现为梧桐山风景区苗圃场（摄于2013年，西坑社区供图）

张学年等为主要成员的游击队。游击队以南岭村油榨吓的"权宜筱住"老屋为秘密地点，经常在此召开秘密会议，油印革命传单，开展地下活动。当时上级党组织指派曾坚（中华人民共和国成立后曾任佛山地区公安处劳改科科长）前来指导张学宏组建的抗日游击队进行抗日斗争。后因汉奸告密，国民党抓捕曾坚，在群众的掩护下，她乔装打扮从后山脱险。游击队依靠俊千学校、权宜筱住为据点，在周边地带进行游击活动，打击和捉拿布心围土匪，炸毁丹竹头八角楼。现在，俊千学校、权宜筱住成为爱国主义和革命传统教育场所。

1940年3月，国民党广东当局集结1 000余兵力对曾生、王作尧部队进行围攻。为保存抗日武装力量，曾、王两部遵照中共东江军委的决定，向海陆丰方向突围转移，途中几遭挫折。曾、王两部在东移海陆丰3个多月的斗争中受到很大损失。第二大队政训员何与成、中队长卢仲夫，新编大队副官李燮邦等6位干部被俘并惨遭杀害；部队从700多人减至100多人。但是，部队没有被消灭，两队领导和骨干保存下来，还有一批政工、民运等非战斗人员转移到港九等地，或在当地疏散隐蔽。

正当曾、王两部被敌军重兵围困，弹药缺乏，给养不继，

军事上完全处于被动状态的时候,廖承志从香港转来中共中央"五八"指示,指令"曾、王两部回到东宝惠地区,在日军与国民党之间,大胆坚持抗日"。①

中共中央"五八"指示,挽救了曾、王两部,且指明了两部的斗争方向。1940年8月中旬,"曾、王两部"100多人从海丰县经过山子吓等地,回到坪山,后于9月上旬,越过广九铁路,转移到布吉乡的雪竹径、杨尾、上下坪一带休整,准备迎接新的战斗。9月中旬,中共前东特委在宝安县布吉乡上下坪村召开这两支部队的干部会议(简称"上下坪会议"),传达和贯彻中央"五八"指示精神,总结东移的教训,并决定在东宝惠地区坚持开展独立自主的游击战争,建立敌后游击根据地,将领导中心设在东莞。

除此之外,上下坪会议对部队进行了整编,确定了坚持在东宝惠地区开展敌后抗日游击斗争,创建革命根据地的决定,并抛弃国民党第四战区给予曾、王两部的"新编大队"和"第二大队"番号,分别将番号改为"广东人民抗日游击队第三大队"和"广东人民抗日游击队第五大队",第三大队大队长为曾生、第五大队大队长为王作尧,中共东江特委、前东特委书记林平兼任这两个大队的政治委员,梁鸿钧任军事指挥。

上下坪会议之后,广东人民抗日游击队第三大队和第五大队分别挺进东莞和宝安,开辟以东莞大岭山和宝安阳台山为中心的抗日根据地。第三大队由70多人组成,曾生任大队长,邬强任副大队长,卢伟良任政训员,大队担负创建大岭山抗日根据地的任务。至1941年5月,第三大队建立了第一、第二、第三中队和短

---

① 深圳市宝安区档案局(馆)、深圳市宝安区史志办公室编:《宝安人民抗日战争纪事》,2008年9月。(内部资料)

枪队，共300多人，大岭山区已成立一支由800至900人组成的人民抗日武装队伍。

第五大队由30多人组成，王作尧任大队长、周伯明任副大队长、蔡国梁任政训员，大队留在宝安县，担负创建阳台山抗日根据地的任务。第五大队，名为大队，实际上只是由30人组成的1支短枪队和1支长枪队。前东特委为了加强党对路西宝安地区军政工作的统一领导，于1940年10月成立宝安县工委，指派王作尧任书记、刘汝琛任副书记，统一领导地方党、民运队（由归队非武装人员组成）和部队，广泛深入发动群众，进行阳台山抗日根据地的创建工作。1941年春夏之间，第五大队以长枪队为基础，先后组建了第一中队和重机枪中队。与此同时，他们组织青年建立抗日自卫队，并号召各阶层人士，有钱出钱，有枪出枪，在全区组织了8支、共配备有600多人枪的抗日自卫中队；并成立了抗日自卫总队，指派曾鸿文任总队长、刘宣任政训员。[1]第五大队在苦草洞战斗后，部队活动范围扩大到惠宝边地区的淡水、坪山、坑梓、横岗一带，组建了第二中队，吸纳并领导惠阳短枪队、西坑马鞍岭和塘埔抗日自卫队，开辟坪山抗日游击基地。至1941年5月，第五大队已由30多人发展到300多人，成为名副其实的大队，担负着保卫和发展阳台山抗日根据地的重任，成为抗战的主要武装力量，像一把插在宝安地区日军胸膛上的尖刀，让日军日夜惊恐和不安。

1941年6月至9月，驻宝安南头、深圳、布吉、横岗等地日军，连续8次，先后共出动2 000多兵力，反复对阳台山抗日根据地进行"扫荡"。日军所到之处，施行残暴的"三光"政策，

---

[1] 深圳市宝安区档案局（馆）、深圳市宝安区史志办公室编：《宝安人民抗日战争纪事》，2008年9月，第43页。（内部资料）

焚烧群众房屋，抢掠群众财物牲畜，强奸妇女，杀害群众，企图摧毁抗日根据地。为了抵御敌军的暴行，大队长王作尧、副大队长周伯明指挥第五大队和抗日自卫队展开了艰苦的反"扫荡"作战。6月底至7月初，日军对阳台山抗日根据地进行的4次"扫荡"均告失败，暂时停止了"扫荡"。经过连续作战取得胜利的第五大队，争取到了休整部队的时间，准备再战。

日军经过充分准备后，再次发起了连续4天的"扫荡"。农历八月十五日，驻南头日军约300人分两路到乌石岩地区"扫荡"，第五大队副大队长周伯明率第二中队在小黄田截击，毙伤日军中佐指挥官以下20多人。农历八月十六日，驻南头、深圳、布吉日军400多人，其中骑兵50多人，分东、西、南3路推进。是日，第五大队共毙伤日军30多人。农历八月十七日，驻深圳、布吉、横岗日军400多人，分3路到岗头、雪竹径、坂田地区"扫荡"：一路派100多人由布吉经分水坳、马鞍塘向岗头推进；一路派200多人由横岗经平湖出樟坑径，迂回清湖向岗头进犯；一路派100多人沿着布吉公路向雪竹径进犯。日军行进过程中，经常遭到抗日自卫队小分队的袭扰。第五大队第一中队在马鞍塘阻击日军，迫使日军无法前进；重机枪中队趁着日军在清湖做饭的时机，突然发起攻击，逼迫日军退向岗头，与布吉公路方向行进的日军会合后一同撤走。农历八月十八日，驻南头、布吉、深圳的日军共300多人，向望天湖进犯"扫荡"。第五大队组织群众转移后，转到日军后侧，在日军返回时进行伏击，杀伤日军数人。日军持续几天的"扫荡"在付出60多人的伤亡代价后以失败告终。

在3个月时间内，宝安日军对阳台山抗日根据地的8次"扫荡"均告失败。第五大队和抗日自卫队在反"扫荡"作战中共毙伤日军100多名，给深圳和东江抗日军民以极大的鼓舞。①

为了发展抗日武装，恢复惠宝敌后抗日游击战争，重建以坪山为中心的抗日游击基地，使其与宝安阳台山和东莞大岭山抗日根据地成为相互策应之势，中共惠阳县委根据中共前东特委上下坪会议精神和尹林平的指示，立即在惠宝边区开展抗日宣传活动，组织抗日武装。在日军第二次进犯淡水之前，即派蔡端等人到坪山、龙岗地区开展群众工作。随后，广东人民抗日游击队又决定派第五大队副大队长周伯明、政训员蔡国梁率领20多人组成的小分队，挺进惠阳坪山、龙岗、淡水地区，开展敌后抗日游击战。

从1941年2月日军第2次侵占淡水到12月日军进攻香港，惠宝边的武装小分队配合第五大队、第三大队，为恢复惠宝边区敌后抗日游击战争进行了艰苦的斗争，在惠阳县委和地方党组织的大力支持配合下，组建和发展抗日武装，为尔后建立惠宝边抗日根据地打下了基础。

1941年8月，曾生率领第三大队第一中队（代号虎门队）回到惠宝边地区，与在坪山地区坚持斗争的惠阳短枪队、茜坑马鞍岭抗日自卫队、塘埔抗日自卫队会合后，根据前东特委指示，成立中共惠阳前线工委，谭天度任书记，统一领导惠宝边地区的抗日武装，着手开辟以坪山为中心的抗日根据地。

抗日根据地不仅要抗击日军的"扫荡"，还要反击顽军的进攻。从1940年开始，顽军对东江人民抗日武装的进攻从未间断：1941年10月，顽军攻占东莞大岭山抗日根据地；1942年4月，敌军以第一八七师为主力，集中重兵进攻宝安阳台山抗日根据地，

---

① 深圳市宝安区档案局（馆）、深圳市宝安区史志办公室编：《宝安人民抗日战争纪事》，2008年9月，第49页。（内部资料）

同时，不断进攻坪山游击区；1942年秋，坪山抗日根据地建立后，顽军更是加紧了进攻的步伐。

以下是来自《曾生回忆录》的相关记载：

> 1942年，惠、东、宝军民要与占绝对优势的顽军作战，斗争非常艰巨。9月17日，顽军独立第九旅1个营和杂牌部队各1个中队，向驻盐田的惠阳大队进攻。顽军的主力由龙岗、横岗而来，另一路一个连和一个杂牌军中队，由坪山、三洲田向盐田迂回，采取钳形攻势。我惠阳大队大队长高健率领1个独立小队和1个短枪队，预先埋伏在碧岭至三洲田的险要隘路，伏击迂回的顽军。他们放过了杂牌中队，分割顽军正规连队的行军队形，分段歼灭。战斗历时20分钟结束，全歼顽军1个连。
>
> 1942年夏，惠阳大队派出民运队在横岗等地开展工作。我军对日伪的连续几次打击，迫使日军从沙湾、横岗等地撤走，只有沙湾、丹竹头留驻伪军，作为深圳日军的外围据点。①

1943年开始，根据中共中央南方局指示，深圳地区抗日军民对日、伪军展开了全面出击。2月6日，宝安大队布吉乡游击小组组长陈德和等人在群众的配合下，在岗头仔村伪乡公所击毙叛徒陈白玉，为人民除了一害。6月3日，宝安大队夜袭沙湾丹竹头伪军刘华部，歼敌1个排并大获全胜，缴枪30支，这是宝安大队成立以来取得的一次较大的胜利。11月22日，日军出动500余人，侵犯布吉等地，游击总队先后在坂田等地截击敌人。12月4日，日军集结500人，从布吉等地出发，对东江纵队实行包围"扫荡"，东江纵队先后在岗头仔村痛击敌人，杀伤大量日军，最终

---

① 曾生：《曾生回忆录》，解放军出版社1992年版，第287页。

粉碎了敌军的"扫荡"。①

以下是来自《曾生回忆录》的相关记载:

> 1943年11月,为了进一步控制梧桐山西部和南部地区,决定由惠阳大队攻打丹竹头伪军据点。
>
> 丹竹头伪军在6月份被我宝安大队袭击后,加强了兵力,沙湾和丹竹头驻扎伪军1个大队。惠阳大队进行的第一次攻击未能奏效,原因是侦查不够细致。惠阳大队再次准备攻打沙湾、丹竹头伪军。曾生召开了作战会议,仔细研究了作战方案。第二次攻击未能奏效,原因是计算不准,爆破用药量过大,爆破后突击队全部被震晕,第二梯队上去时,敌人火力太猛,战斗持续1个多小时撤出战斗。
>
> 丹竹头战斗后,伪军不敢出来抢掠百姓财产。而梧桐山东部和东北部地区,已经和坪山中心区连城〔成〕一片,成为巩固的抗日根据地。梧桐山西部和南部,除沙湾、丹竹头、沙头角外,广大地区已经为我军所控制。②

二、东江纵队在龙岗地域的抗日活动

1943年11月,日军打通广九线,并在沿线驻军防守,原驻广九线中段的顽军逃往惠(阳)淡(水)地区,整个路西地区已无顽军踪迹。因而宝安抗战的作战地区和作战对象发生了变化,阳台山区的部队在广九线和宝太线与日、伪军作战,惠宝边区部队的主要任务是反击顽军对坪山抗日根据地的进攻,海上部队在大鹏湾、大亚湾与日军争夺控制权,破坏日军近海运输线。

1943年12月2日,根据中共中央指示,广东人民抗日游击总

---

① 深圳市史志办公室编:《中国共产党深圳历史》(第一卷)(1924—1950),中共党史出版社2012年版,第149—153页。

② 曾生:《曾生回忆录》,解放军出版社1992年版,第287页。

队公开宣布是中共领导的部队，正式成立广东人民抗日游击队东江纵队（简称"东江纵队"）。纵队司令员曾生，政治委员尹林平，副司令员兼参谋长王作尧，政治部主任杨康华。

日军于1943年冬对东宝地区大"扫荡"失败后，为确保广九铁路畅通，特派出重兵驻守广九线沿线据点：从横沥至深圳段驻有1个联队和伪军第三十师及伪警察、伪护路队，其中在深圳、布吉等地驻有山下大队，在平湖、塘厦等地驻有藤本大队，在樟木头、横岗驻有加藤大队。东江纵队主力第三、第五大队和独立第三中队，于1944年初挺进广九线中段两侧，与日军展开了通车与反通车的斗争。[①]

东江纵队成立后，宝安大队独立小队被扩编为独立第三中队（代号飞鹰队），在中队长何通、政委黄克率领下，该队挺进路东平湖、清溪段参加广九线争夺战。1944年1月21日，驻在平湖的日军一个小队和伪军一个连队包围虾公潭，他们把全村的壮丁驱禁于村后的塘寮，惨无人道地向其中投放毒气。地下组织得到消息后立即将这个情况通知在附近隐蔽的何通中队，但这时部队只有48人、1挺机枪、20多支步枪。黄友向中队长何通发出出击请求，随后和小鬼班战友像猛虎下山一样冲过去，猛扑敌人，击毙击伤敌伪10多人，缴了几支枪，解救了虾公潭全村的壮丁。战后，黄友被提升为小鬼班班长。

驻平湖日军藤本大队，在平湖东北凤凰山设班哨，监视游击队行动，独立第三中队经商议决定拔掉这个班哨。1944年2月15日拂晓前，何通率领1个小队和机枪班登上凤凰山，隐蔽在日军修筑的堑壕内，黄友班和手枪班埋伏在附近的山顶道路两侧。

---

① 深圳市宝安区档案局（馆）、深圳市宝安区史志办公室编：《宝安人民抗日战争纪事》，2008年9月，第130页。（内部资料）

天亮后，9个日本兵大摇大摆地登山放班哨，当他们进入伏击圈时，黄友等一跃而起，随着驳壳枪响冲向敌人。仅几分钟，9名日军全部被黄友班和手枪班消灭。

1944年2月下旬至7月下旬，飞鹰队北上清溪地区，成功破坏日军砍树做枕木修复铁路的计划后，挥戈南下平湖地区。当时日军惊呼：广州、香港之间的广九铁路地区为"治安之癌"！

广九线上日、伪军连遭东江纵队打击后，便计划消灭东江纵队主力以确保铁路畅通。1944年3月31日，驻大朗日伪军四十五师1 000余人，进攻驻梅塘黄獐坑村第三大队。第三大队在第五大队配合下合力歼敌2个连。5月8日拂晓，驻樟木头日军加藤大队偷袭驻梅塘乡龙见田村第三大队。5月8日上午，第三大队于马山头与日军展开激战，毙伤日军50多人，李中壮烈牺牲；下午，第三大队在第五大队的配合下进行反击，毙伤日军近百人。日军逃回樟木头后，加藤大队长和10多人剖腹自杀，一日军指挥官说，"我到华南以来是第一次打败仗"。[①]

在藤本大队驻地东侧400米处的谭屋村（今平湖元屋围），驻有1个伪警察中队共计80余人，该中队虽配备新式装备，但因队伍组建不久，战斗力不强。飞鹰队经过反复侦察、周密准备，拟定了夜袭平湖歼灭伪警的作战计划。

7月21日晚，飞鹰队集中兵力150人、民兵50余人，由黄洞向平湖进发，因途遇大雨，天黑路滑，凌晨4时前赶到了谭屋村北。尽管战士们一路劳顿，但飞鹰队领导何通、黄克、张军等还是决心要打这场仗。按计划，张军率部分兵力警戒平湖方向，邬振祥小队由前门助攻，主力则向后门攻击，小鬼班与手枪班作突击队。他们在风雨声中秘密通过铁丝网，击毙敌哨兵，直扑后

---

① 管林根主编：《客家与龙岗》，花城出版社2002年版，第76页。

门，与敌方展开激战。小鬼班副班长李查理在后门口中弹牺牲，队伍前进受阻。在此紧要关头，年仅17岁的班长黄友用手榴弹压住敌人，又用小包炸药打开通路，并在机枪掩护下率先冲入后门，后续部队紧跟着涌入谭屋村。冼麟手枪班直捣伪警中队部，活捉伪警中队长蒙德普，余敌不支，纷纷缴械投降。此战只用20分钟，飞鹰队俘伪警40余人，击毙1人，缴枪70余支。

飞鹰队换上缴获的新枪，立即向雁田撤退。黄友带领的小鬼班5位小战士担任尖兵，在平湖镇和东莞凤岗交界的老虎山下沙岭村边，遭到日军藤本大队400余人的截击。日军首先占领有利地形，以轻机枪聚集猛烈火力，将飞鹰队压制在一片开阔地里，形势万分危急。小鬼班想尽办法占领田埂，英勇阻击日军，掩护中队安全转移。黄友等人凭借以一当十的大无畏勇气，击退日军多次冲锋。当其他战友英勇牺牲，阵地上只剩下黄友一人时，他把自己的两支枪砸断藏在泥浆里，硬撑着受了重伤的身躯爬起来，直挺挺地站着，继续与敌人火拼，直到牺牲。另一方面，何通与黄克组织部队交替掩护主力撤出开阔地，争夺老虎山。经过一番奋勇拼杀，飞鹰队终于突出重围，到达黄泥坑、官井头。在平湖、老虎山之战中，飞鹰队在日军巢穴中全歼一个伪警察中队，毙伤日军40余人，广九线争夺战以日军的失败而告终。1944年7月美国《美亚杂志》指出："虽然日军已控制了铁路两头两年，但他们还不能使火车畅行全线。" 11月，东江纵队政治部授予黄友和他的战友等5位勇士"广东人民抗日游击队战斗英雄"光荣称号，号召全纵队指战员向他们学习，并决定将黄友领导的班命名为"黄友模范班"。党中央也作出决定："追认黄友同志为广东人民抗日游击战争战斗英雄，中国共产党的模范党员。"

三、策应文化名人大营救

抗战以来,香港集中了大批文化界知名人士和爱国民主人士。香港沦陷时,困于港九的文化界知名人士和著名的爱国民主人士有300多人。日军侵占香港后,立即封锁港九交通要道,实行宵禁,在全香港进行地毯式大搜查,将矛头对准爱国民主人士和抗日进步分子。同时,侵占香港的日军总部发布命令,令旅居香港的文化界人士前往"大日本军报导部"或"地方行政部"报到,妄图将旅港的爱国民主人士和文化界知名人士一网打尽。爱国民主人士和文化界知名人士处境十分危险。

中共中央对这批爱国民主人士和文化界知名人士的安全极为关注。1941年12月8日,日军进攻香港的当天,中央就急电南方局和周恩来:"香港文化界人士和党的工作人员应向南洋及东江撤退。"周恩来立即指示在香港的廖承志等人作出周密安排。1942年1月,尹林平到坪(山)龙(岗)地区部署中共惠阳县委和惠阳前线工委开展秘密大营救工作。

1942年元旦刚过,广东人民抗日游击总队政委尹林平等人先后来到位于深圳西部阳台山深处的白石龙村,与已在此地的广东人民抗日游击总队队长梁鸿均、第五大队队长王作尧等人开会,研究紧急营救工作。会议决定利用中共部队与香港地区原有的两条主要交通线进行营救:那些在国内外有影响力的民主人士、国民党左派元老等,从西贡村坐船到上洞,由彭沃大队接送到坪山,然后从淡水坐船前往惠州;其他文化界人士则走宝安这条交通线,即从荃湾到元朗,与难民一起通过沦陷区日军的封锁线到白石龙根据地,再设法分散送往大后方。会上对营救任务做了明确细致的分工,其中,王作尧主要负责与香港方面进行联系、保障西路交通线的畅通、人员护送和警戒,同时设法筹款,以解决吃饭问题。

从九龙到白石龙村有50多公里路,沿途有日军的封锁线,又经过土匪盘踞的山头,必须派出足够的护送人员才能确保营救对象的安全。王作尧决定:派出最精干的交通员给被护送人做向导,并负责分批接送;尽量避开公路,要走山区和农田小路,避免遇到日军和熟人;派出便衣武装人员和警戒人员,一个站段一个站段地护送;由地下组织掌控的当地"洪门会"出面,对沿线的维持会、土匪做统战工作,争取他们为此次营救做掩护。①

曾鸿文

日军侵占香港后不久,在宝安坚持地下斗争的曾鸿文奉命率短枪队进入"新界"元朗地区活动,并与占据"新界"大帽山的土匪头子黄慕容谈判。由于曾鸿文青年时代加入了洪门会,曾在这一带颇有声望,此时又有实力,黄慕容被迫"让"出了大帽山。曾鸿文就在这一带迅速建立据点,并将队伍很快发展到数十人。他们发动群众,打击小股日军,惩治汉奸,打通了从九龙青山道经九华径到荃湾,经大帽山到元朗十八乡进入宝安根据地这条便捷而又安全的交通线,为"秘密大营救"立下大功。②

随着营救任务的进行,众多的文化界人士来到白石龙村(今深圳市龙华区民治街道白石龙社区),营救队原本计划一批接一批地将他们转送到路东田心村,再转往国民党统治的惠州。但是情况突然起了变化,日军为掠夺物资,又占领惠州、博罗,这使

---

① 见《王作尧:亲历1942年香港秘密大营救》,载《中国档案报》2015年12月4日总第2845期,第二版。

② 吴德文主编:《宝安军事人物》,中国文史出版社2007年版,第93页。

得大批被营救回来的人士不得不滞留在白石龙。为了安全起见，曾生布置龙华乡副乡长刘鸣周带领一批共产党员和抗日自卫队员，先后在白石龙村后面的丫髻山和阳台山上的蕉窝、深坑以及布吉乡的杨美村、雪竹径村、水径村等村后的树林中搭茅寮，办起了"山寮招待所"，把营救回来的人士分散安置下来……①

在这次秘密大营救中，被党组织和东江抗日游击队营救的爱国民主人士和文化界人士主要有：何香凝、柳亚子、茅盾、邹韬奋、胡绳、夏衍、戈宝权、张友渔、黎澍、乔冠华、沈志远、刘清扬、胡风、千家驹、范长江、萨空了、廖沫沙、蔡楚生、司徒慧敏、丁聪、叶浅予、章泯、金山、张明养、宋之的、梁漱溟、高士其等人。被营救脱险的还有国民党官员陈汝棠，国民党第七战区司令长官余汉谋的夫人上官德贤、南京市长马超俊的夫人等一批国民党军政官员及其家属，以及英美印等籍的国际友人近百人。

这次秘密大营救是中国革命史上的奇迹。它不但得到国内外各阶层人士的高度赞扬，而且对进一步加强中国共产党与爱国知识分子、民主人士的关系，促进抗日民主统一战线的巩固和发展，加强全民族的抗日团结，起到了重要的作用。

---

① 深圳市宝安区档案局（馆）、深圳市宝安区史志办公室编：《宝安人民抗日战争纪事》，2008年9月。（内部资料）

第三节 港澳同胞和海外侨胞的抗日活动

一、华侨、港澳同胞的抗日救亡活动

1938年10月,东江下游地区沦陷的消息传到海外,南洋惠属侨胞无不义愤填膺,纷纷行动起来,开展救国救乡活动。10月30日,南洋各地的惠属侨胞,在马来西亚吉隆坡惠州会馆召开南洋各埠惠州华侨代表大会,宣布成立"南洋英荷两属惠州同侨救乡委员会"(简称"南洋惠侨救乡会"),推举侨领黄伯才为主席、戴子良及孙荣光为副主席、官文森和黄适安(何友逖)等41人为委员。

南洋惠侨救乡会把分布在南洋英荷两属各地的10万惠属侨胞组织起来,形成抗日救国的集体力量,对促进华侨救乡运动广泛持久地开展,起到了积极作用。1938年12月中旬,在中共东南特委的主持下,南洋惠侨救乡会、香港惠阳青年会、余闲乐社和香港海陆丰同乡会等爱国团体的代表在香港开会,会议决定:成立东江华侨回乡服务团(简称"东团"),在香港设总团部办事处;确定东团以"动员东江群众协助军队及人民武装抗战,并拯救伤兵难民及辅导民众组织各种救亡团体"为宗旨。12月下旬,东团总团部办事处在香港正式成立,该处主要负责与南洋惠侨救乡会联系,动员组织华侨和港澳爱国青年回乡参加抗战,保证团员的活动经费和物资。

1939年1月,香港惠阳青年回乡工作团在坪山学校举办训练班,开设新三民主义纲领、抗日民族统一战线、游击战争、民运工作等课。训练班总负责人是刘宣、黄国伟,讲课人有曾生、郑晋、卢伟良、陈铭炎,参加训练的有当地党员和工作团成员共100多人,还吸收坪山学校高年级的学生作旁听生。1月中旬,东团总团部办事处成立之后,党组织即以香港惠阳青年会、余闲乐社和海陆丰同乡会所组织的回乡救亡工作团为基础,在惠阳县的淡水正式成立"东江华侨回乡服务团",任命叶锋为团长、刘宣为副团长。

在中共东南特委和中共东江特委的领导下,东团的活动得到东江人民的大力支持,国内外爱国青年踊跃参加东团活动,支援队伍不断扩大,很快建立了惠阳、海陆丰、博罗、紫金、河源、龙川、和平7个分团和东(莞)宝(安)队、增(城)龙(门)队、两才队、文森队、吉隆坡队以及东江流动歌剧团,东团人数也迅速地增加到500多人,活动范围遍及惠阳、紫金、龙川、海丰、陆丰、博罗、河源、龙门,增城、东莞、宝安、连平、和平等13个县和惠州市。

1939年6月,香港惠阳青年会除了组织惠阳青年回乡救亡工作团之外,还在香港组建了"惠青剧团"。7月下旬,惠青剧团离开香港,经过沙田、大埔、粉岭、上水、罗湖,于8月初进入宝安深圳镇,进行首场演出并获得成功。随后,惠青剧团在沙头角、黄贝岭、龙岗、横岗、坪山、淡水、秋长、惠州等地开展抗日救亡宣传演出,演出的主要节目有《放下你的鞭子》《死里求生》《有钱出钱,有力出力》等剧目及《游击队之歌》《大刀进行曲》《青纱帐》《我们在太行山上》《东北流亡三部曲》等歌曲,观看演出的有农民、市民以及国民党官兵。在巡回演出期间,惠青剧团还深入乡村,创办民众夜校,与群众召开座谈会，呼吁群众团结抗战。1940年5月，因国民党顽固派掀起反共逆流，惠青剧团被迫宣布解散，剧团成员有的参加了东江抗日游击队，有的留在当地进行抗日活动，有的返回香港。惠青剧团从成立到解散虽然只有10多个月时间，但剧团成员深入农村宣传演出、发动群众，为抗日救亡运动的深入开展作出了贡献。

东团团员们携带华侨捐献的物资，深入城乡，慰问饥寒交迫、伤病侵扰的同胞，发放救济粮食和衣物，免费给伤员、病员治病，鼓励受难的同胞行动起来，保卫家乡。与此同时，他们还通过写标语、画漫画、出墙报、发传单、演出抗日救亡戏剧等方式，控诉敌人罪行，动员群众奋起抗日。仅1年时间，抗日救亡团队出版专刊和宣言2 500份，宣传演出150场次，吸引观众达12万人次。此外，他们还通过在节日纪念日召开群众大会，举办战时小学识字班民众夜校，设立阅览室、文化站，举办座谈会，深入各家各户谈心等形式，宣传抗日救国的思想，动员群众组织起来，抗战到底。东江流动歌剧团巡演行程1 000多公里，演出剧目40多个，演唱抗日歌曲70多首，他们以生动的艺术形象，控诉敌人的罪行，激发群众的爱国热情，因而深受群众的欢迎。经过他们广泛宣传、发动，东江各县抗日救亡群众团体纷纷组织起来，到1940年初，仅东团各团队组织起来的群众就达1万多人。在群众广泛发动起来的基础上，东团各团队还通过组织打猎队、联防队、自卫队等各种形式，将农村民间枪支调动出来，用以武装青年，组织抗日自卫队。东团各团队在东江地区各县，都以民众自卫武装形式，建立了各种类型的抗日武装队伍，为东江人民抗日武装的建立准备了力量。

从财力、物力上大力支援祖国抗战、募捐筹措资金，是海外华侨和港澳同胞支援祖国抗战的主要形式。抗战爆发后，华侨和港澳同胞举行的筹赈运动连续不断，抗日捐款形式多种多样，如月捐、难童捐、救灾捐、购机（飞机）捐、寒衣捐、劳军捐、特别捐和献金、义卖、义演等。马来西亚槟榔屿华侨筹赈会长期开展月捐活动，吉隆坡华侨组织的"马华蜜蜂歌剧团"和加影华侨组织的"前卫剧团"，也在马来西亚各地进行义演募捐。据统计，从1937年至1941年，南洋救乡总会捐款捐物；1939年初，海外华侨寄给曾生部队捐款（经由宋庆龄转交）；东团两才队、文森队、吉隆坡队回国带回布匹、衣物、药品及其他用品不计其数。1940年以前，曾生部队所用的被服、军鞋、药品等物资，主要来源正是华侨和港澳同胞的捐献。①

除募捐财物与资金救国助战外，许多华侨和港澳爱国青年同胞还纷纷回国回乡参军参战，一度出现了父母送子女、妻子送丈夫、夫妇同行上战场、家长带领全家一起回国回乡参战的热潮。不少人还参加了中国共产党，成为地方党组织和抗日游击队的骨干力量，涌现出很多在民族危亡关头挺身而出、不惧牺牲的英雄人物。有的在战场上浴血奋战、英勇牺牲；有的身陷囹圄、坚贞不屈、英勇就义。烈士们以热血和生命，谱写出海外华侨和港澳同胞爱国主义光辉壮丽的历史篇章。

二、官文森的抗日活动

官文森，祖籍龙岗区盛平乡新合村（今龙岗区龙城街道盛平社区官新合村），1898年出生于马来西亚古毛埠的一个华侨工人家庭。官文森的父亲是个矿工，工作环境异常艰苦，官文森看在眼里，非常心疼父亲每日艰辛劳作。在物质条件异常贫乏的情况下，官文森全家移居马来西亚吉隆坡。

---

① 见《中国共产党东江地方史》编纂委员会：《中国共产党东江地方史》，广东人民出版社2001年版。

在工人家庭成长起来的官文森，品性温和，乐善好施，为人慷慨，又平易近人，因此能够在吉隆坡广交朋友，并深得朋友们的信赖。

日军入侵华南后，官文森听闻家乡受到日本侵略军蹂躏，义愤填膺，便和黄柏才等人组织"南洋惠侨救乡会"，积极捐资献物，寄回祖国，用于救济作战伤兵和难民。黄柏才与官文森商量，打算组织人员回家乡龙岗，参加抗日，以增强家乡的抗日武装力量。官文森十分赞同黄柏才的想法，认为这是救国救乡的直接行动。当官文森打听到"南洋惠侨救乡会"和其他华侨社团已组织了吉隆坡队回到坪山，并参加了曾生领导的抗日游击队时，心里十分高兴，决定独立组织一支"文森队"回国抗日。黄柏才也决定和张育才一起组织一支"两才队"回国抗日，于是，他们当即分头办理具体事项。

官文森找到身在吉隆坡的好朋友王春红，就组织队伍回国抗日的事，征求王春红的意见，并问他能否带领队伍回乡抗日。家在吉隆坡的王春红，对于这样的大事，拿不定主意，便回复要和家人商量之后再作决定。王春红父亲是一位爱国且深明大义的长者，他欣然答应了王春红回国抗日的请求。经过两个月的准备，条件逐步成熟，王春红毅然决定率领队伍回国抗日，并表示一定要把日本鬼子赶出中国之后，才返回马来西亚吉隆坡。

黄志强是官文森在吉隆坡的好朋友，祖籍坪山坑梓，1933年，他在吉隆坡组织过工人罢工，抗日战争爆发后又自任队长，组织宣传队深入各地开展抗日救国、救亡活动。1940年，王春红率领的"文森队"和黄志强率领的"两才队"，先后回到坪山，参加了曾生领导的惠宝人民抗日游击总队，直接同日军作战。

1942年，日军占领马来西亚，在吉隆坡大肆拘捕支持中国抗日的华侨和爱国人士。此时，官文森仍在吉隆坡，支持马来西亚共产党抗日，他的抗日行动很快被日本人侦悉，日本宪兵部发出通缉令，到处张贴"拘捕官文森、格杀勿论"的赏格。因官文森是吉隆坡的侨领，在吉隆坡华人中拥有很高的威望和深厚的人脉。在群众的帮助下，官文森开始了逃亡之路，经历了许多风险后，辗转到达新加坡，在朋友的橡胶园里度过了3年。直到1945年8月，日本宣布无条件投降，官文森才重新返回吉隆坡。

日本投降后，英国人便迅速派出军舰驶向马来西亚，重占马来半岛，继续对马来西亚进行殖民统治。英军重占马来西亚之后，镇压马来西亚共产党，许多加入马来西亚共产党的华侨遭到拘捕，他们有的被投入监狱，有的被递解出境，马来西亚又因英军侵略成为人间地狱。

抗战胜利后，国民党在全国范围发动内战。解放战争期间，官文森和在吉隆坡的广大爱国侨领一起，继续发动华侨捐款捐物，支持中国共产党，直到全国取得解放战争胜利。

1949年10月1日，中华人民共和国成立。官文森得到喜讯，立即赶回家中，和家人商量，把吉隆坡的全部家产作了处理，准备返回祖国。他带着家人经香港返回广州，受到当地归国华侨、中国致公党和人民政府的热烈欢迎，并被选为全国人大代表和致公党副主席。

1951年，龙岗盛平乡的干部群众倡议开办学校，在广州的官文森得到消息后，立即为家乡的学校建设捐赠巨款。

1957年，官文森病逝于广州，终年75岁。中央领导派人南下广州吊唁，并送来花圈和挽联。[①]

---

① 深圳市宝安区档案局（馆）、深圳市宝安区史志办公室编：《宝安华侨往事》，2006年8月，第130页。（内部资料）

三、李征在岗头村办报

李征，1919年10月出生于马来西亚马六甲。1938年，只有19岁的李征在马来西亚加入共产主义青年团，第2年加入了马来西亚共产党，任马六甲抗援后援会负责人、马六甲各民族各业工人联合会党团书记，在马来西亚从事救国救亡活动。1940年6月，李征被英国殖民当局逮捕递解出境后决定返回祖国，几经曲折，才从香港返回深圳葵涌。后来他又参加了东江纵队前身——曾生、王作尧部队，并被分配在第五大队，到布吉的缸瓦园（今龙岗区坂田街道光雅园居民小组）做民运工作，从此走上了在祖国抗战的道路。

在岗头村负责《新百姓报》的李征（图片来源：《宝安军事人物》）

1941年3月15日，广东人民抗日游击队第五大队民运队长卢克敏通知李征到大队部报到，接受新的任务。李征到大队部后，大队长王作尧询问他在马来西亚的情况，并对他提出办报纸的决定。王作尧知道李征在马来西亚马六甲办过《工友报》，有办报经验，因此，把他安排到大队部负责办报，并调配曾经与李征一起被递解出境的华侨工人廖荣以及一个姓周的女同事，三人组成报社人员。报社由李征负责并定名为《新百姓报》。办报的宗旨、编辑、采访、发行等具体事情，王作尧都作了明确的规定，而办报需要的印刷工具，由李征根据需要开出名单，叫部队驻香港办事处主任何鼎华从香港购买。

在大队部，王作尧和李征等报社人员写好了《创刊号·发刊词》，并创作长篇章回小说《神台村青年起义》做副刊，以此作为报纸第一期内容。按照决定,他们把报社搬到新围仔村(今龙岗区坂田街道岗头社区新围仔居民小组),并住进了邹义的家中。邹义当时二十七八岁,原是印尼华侨,返回家乡以后,一直以种田为业。抗战爆发后,邹义一直在家乡支持抗日游击队活动,他妻子梁嫂,也是妇女积极分子。邹义把报社安排在比较隐蔽的祠堂,而报社人员则在邹义家中吃饭住宿。报社在新围仔维持了两个多月时间,从第一期开始,《新百姓报》能够安全地出版和发行,这与邹义一家的帮助有很大关系。

办报一开始,就碰到印刷工具不足的问题,李征等报社人员决定采取简单的办法,用一根小竹筒刮油墨来慢慢地进行印刷。开始的时候,每星期出一期,每期仅200份,仅此也花了很大的精力才能完成印刷。后来,负责军需的何启明从香港送回白纸、油墨、凡士林、蜡纸、橡皮履带等印刷用品,印刷条件才逐步改善。

有了印刷工具,还要掌握印刷技术,这又是一个难题。报社人员一开始不大会用使用工具,经过多次实验,才逐步掌握。印刷技术过关之后,李征等报社人员办报的信心大大提高。从第三期开始,他们把报纸改为八开版纸,刚好一张蜡纸印一版,每期出报四版,第一版除刊头外,是国内外要闻、评论;第二、三版刊登惠(阳)东(莞)宝(安)地区新闻;第四版是副刊。从第一、二期的200份提高到第三期的300份,再到第四期400份,报纸的发行量有所提高。

战争年代,报纸的发行又是一个难题。李征征得大队长王作尧的同意,为了使《新百姓报》能够按期出版和发行,作了原则性的规定:"部队交通总站为总发行站,报纸出版就交给交通总站发行,各单位、各连队、各抗日民主乡政府是发行对象,并由边沿区、大后方各个税站发售给客商,东莞县地区交给第三大队；惠阳县地区交给茶园地方党负责人'阿差'（谢黄筹），宝安县路西的民运队员既是发行员又是通讯员。"

《新百姓报》发行到第四期，李征到龙华采访，在一间药店里，党员何赋儒向李征讲述了南头、西乡沦陷区和观澜游击区发生的事件。李征回到报社后，和廖荣等报社人员一起把采访到的消息写成了新闻稿，又出版了一期。在龙华望天湖税站，站长曾文介绍了女民运队员曾坚给李征认识，建议由曾坚在乡村征求订户，扩大发行。曾坚为人豪放、能歌善舞、极为活跃，她毅然接受任务，深入乡村为报纸征求订户。后来李征到布吉抗日民主政府所在地岗头村，请民运队员张素娥设法把报纸发行到观澜和松元厦村。李征又在杨美村和水径村托民运队员杨彩萍和朱金玉做通讯员，在布吉发行报纸，报纸的发行网便逐步建立起来。《新百姓报》因此能及时送到根据地各阶层人士和农民群众手中，同时又能通过税站和边沿区工作人员，发行到沦陷区和大后方去，以打破日、伪、顽军的新闻封锁，扩大抗日宣传。[1]

1941年7月，东江文化工作委员会经请示曾生等人，决定将第三大队《大家团结》和第五大队《新百姓报》两报合并，仍以《新百姓报》报名出版。从1941年3月创刊至当年底，《新百姓报》共出版16期，1942年1月经东江文化工作委员会决定改名为《东江民报》。

1942年2月，部队扩编为广东人民抗日游击总队。3月，总队决定将《东江民报》改名为《前进报》，作为总队的机关报，任命杨奇为社长，由总队政治部直接领导。该报在1941年3月到1942年2月期间，共出版了33期，后因部队北上而停办。

---

[1] 深圳市宝安区档案局（馆）、深圳市宝安区史志办公室编：《宝安华侨往事》，2006年8月，第86—87页。（内部资料）

第四节 抗日史实选载

一、岗头村人民抗日史实

岗头村是革命老区，具有光荣的革命传统。早在大革命时期，这里就有不少群众参加中国共产党领导的农民运动，经受过革命的熏陶。1941年1月，杨德元来到岗头村后，积极发展党员，成立了中共岗头支部，建立了岗头农民抗日自卫队，还成立了妇女组织岗头姊妹会。同年7月，布吉乡抗日民主政府成立，乡政府设在岗头陈氏宗祠，先后由陈白玉（后因叛变被游击队锄奸小组处决）、陈绍平、曾鸿文任乡长。

在乡政府的领导下，各个抗日群众团体发挥各自作用，带领广大人民群众开展抗日活动。当时，抗日自卫队有70多人，有步枪、鸟枪、土枪30多支，子弹数百发。

抗战中后期，岗头村发生了大洪水，村内河堤被洪水冲毁20多米缺口，200多亩水田受洪水侵害，粮食严重减产。党支部出面向游击队借款，组织发动群众兴修水利。陈德林、陈发良任修复水利工程指挥，他们组织游击队员和村民80多人，苦战10多天，修好了河堤。岗头农民抗日自卫队晚上站岗放哨，维护治安，还配合游击队作战，给部队送情报，运送各种军用物资。岗头姊妹会负责做好支援部队的后勤工作，为部队买稻谷、磨谷、舂米等。乡政府还组织群众向国民党政府抗税抗捐，向土豪劣绅展开斗争，实行减租减息，在社会上禁毒禁烟，深受群众欢迎。岗头村党支部还组织党员和自卫队员，去东莞牛栏埔为游击队寻找失去联络的战士，到龙华朗口村侦查敌军情况，为香港文化界人士传送密码电报。

1941年春，日军200余人从布吉出发，准备袭击游击区。经过坂田时，日军停下做饭。为打乱日军的阵脚，岗头农民抗日自卫队从岗头村出发，跑步2公里，赶到坂田的一座山上，组织火力向日军射击。遭到突然袭击的日军不知情况，乱作一团，连饭也不敢吃，匆忙组织反击。自卫队毙伤日军1人后，安全撤离。5月初，党支部接到上级指示，要自卫队协助游击队破坏布吉至龙华的公路，截断日军的交通线。自卫队出动50多名队员，突击2个晚上，顺利完成任务。不久，日军侵犯油松村，游击队正面迎战，自卫队奉命配合作战。接到指示，自卫队立即从岗头村出发，进入水斗村背后阵地，集中火力向日军开火，分散鬼子的火力，减少游击队压力。战斗打到下午，日军坚持不住，拖着20多具尸体败退。

1941年冬，香港沦陷，乡政府组织岗头村党员群众协助地下党将原设在香港九龙的一家被服厂转移到岗头村的黄泥垄山林里，还挖好了山洞，将游击队从"新界"运回的炮弹、子弹、炸药、雷管、花生油等军用物资存放保管起来。

岗头村群众为游击队存放军用物资挖掘的山洞
（照片来源：《龙岗红色史迹寻踪》）

1945年8月，日军投降后，岗头村党支部根据上级党组织指示，带领60多名自卫队队员开赴指定地点配合游击队收缴了日、伪军的武器。

1947年12月,原住杨尾村情报站的10多名游击队员转移到岗头村金竹园果园山寮驻营。因叛徒告密,敌人出动100多人前来"围剿"。游击队员向敌人展开射击,击毙敌排长。由于敌人知道地点,集中火力射击游击队员驻地,游击队员牺牲6人、被捕2人。解放战争期间,岗头村人民在中国共产党领导下,与国民党军队顽强斗争,20位优秀儿女在这片土地上为革命献出了宝贵的生命。改革开放后,龙岗区兴建工业区,当年游击队和自卫队队员为群众修好的河堤、群众协助游击队转移的被服厂遗址均已被毁,但游击队存放军用物资的山洞仍在。①

二、杨美村人民抗日史实

杨美村是革命老区,有很好的群众基础,抗日战争时期,人民群众踊跃投身抗日斗争,一批积极分子争相涌现,邱银娇和梁才好两位妇女就是优秀代表。

邱银娇(生辰不详),原籍越南,1939年投身革命,担任曾生部队的地下交通员,她自己的家成了游击队员的家。她为游击队送情报,为游击队员做饭菜、缝补军装,护理游击队伤员。她还将自己的2个儿子送上前线投身革命事业。后来,邱银娇被国民党抓捕投进监狱,被折磨至精神失常。2006年,杨美村召开座谈会,纪念这位已辞世30多年的"革命妈妈"。

梁才好(1910—1992年),又名梁嫂,原籍广西藤县。她童年时被卖到深圳镇,1935年同布吉杨美村农民刘马养结婚。受大革命影响,梁才好从一个家庭妇女成长为革命者,是杨美村第

---

① 见中共深圳市龙岗区委党史办公室、深圳市龙岗区档案局编:《龙岗区红色史迹寻踪》,中共党史出版社2008年9月第1版。

一位女共产党员。1940年秋，杨美村成为抗日部队的主要据点，她家成为部队的落脚点，民运工作队的女同志杨彩萍、宝安县地下组织的女同志赵学住在她家。1941年春，梁才好动员本村青年妇女协助部队站岗放哨，配合部队搬运缴获的枪支弹药等军用物资。1941年夏天的一个晚上，梁才好带领青年妇女数十人，完成破坏布吉至龙华公路的任务。后来由于叛徒出卖，敌人烧掉了她的房屋。梁才好设法与部队联系参加了革命队伍，丈夫也参加了布吉乡短枪队。1943年6月3日晚，宝安大队第三中队根据她提供的情报夜袭丹竹头，仅30分钟就结束战斗，击毙伪警10人，俘虏15人，缴获步枪28支、驳壳枪2支、子弹800余发、军毡20张。1946年2月，政工队何景琦等人在杨美村一带活动，被叛徒出卖，敌人带着叛徒来抓政工队人员。梁才好得知情况后紧急向政工队报信，使政工队安全脱险。这年冬季，她丈夫患病躲避敌人因不能下山、得不到及时治疗离开人世。梁才好没有被击垮，继续投身革命斗争，积极配合党在宝安重建武装，开展反"三征"活动，为宝安的解放作出了贡献。[①]

三、甘坑村人民抗日史实

1931年"九一八"事变后，中共地下组织领导的游击队进入甘坑村开展抗日活动。先后有华南抗日游击队、广东人民抗日游击队、惠东宝人民抗日游击队、东江人民抗日游击队、惠东宝人民护乡团在甘坑开展抗战活动。在甘坑村，游击队驻扎过的地方有10多处。甘坑村村民掩护地下党员和游击队战士，积极支持中国共产党领导的抗日游击战。老党员邓英、彭佛耀、李石宴等

---

① 深圳市宝安区史志办公室、深圳市宝安区档案局（馆）编著：《中共宝安人物传》（上），中国文联出版社2004年版，第316页。

第三章 全面抗战时期

人,都曾冒着生命危险为游击队送情报。有一次,日军从李朗开过来"扫荡",已经到了鲤鱼塘村口,村民吴二娇看见后,马上拿起一个耙,装作去做工的样子,跑到甘坑向游击队报告,游击队立即做好应对准备,取得了反"扫荡"的主动权。

1940年,时任惠宝人民抗日游击总队队长的曾生以大岭山和阳台山为中心建设敌后抗日根据地。1941年10月,顽军向大岭山抗日根据地大举进攻。曾生带领大队阻击敌人,因敌人数倍于大队,力量对

抗日游击队在甘坑村驻扎过的地方(照片来源:《龙岗红色史迹寻踪》)

比悬殊,曾生和梁鸿钧等几位领导经研究,决定改用小部队和抗日自卫队在大岭山区牵制顽军,主力则转出外线,到宝安与第五大队会合,集中兵力打击顽军后方。但部队一直找不到袭击战机,曾生和梁鸿均、王作尧开会,大家一致认为应恢复和扩大原来"新编大队"活动的惠宝边地区,使之与阳台山和大岭山抗日根据地相呼应。会后,曾生和叶锋带领"西征队"一部开赴惠宝边,和"虎门队"在田心会合。在宝安时,曾生便患了恶性疟疾,在去惠宝边的路上发作得很厉害,连续高烧,全身水肿。他只好在群众的帮助下,和叶锋带着卫生员和警卫员隐藏在布吉沙梨园,部队也在附近隐蔽。第二天一早,布吉的日军来骚扰,他们立即转移到山中。这时曾生仍在发高烧,部队坚持到晚上,日军退走,他们才下山进入村中。村民张国贤等迅速将曾生背到甘坑枫树窝菠萝丛中掩护起来,并请上坑刘仲田医生为他治病。曾

生吃过药后，觉得身体状况好转又带领部队走上征程。

在长期的革命斗争中，甘坑村有邓石泉、彭耀先、邓金仁、张发、邓发、谢佛金、彭华、张贵清8人为革命捐躯，他们后来被追认为烈士。①

---

① 中共深圳市龙岗区委党史办公室、深圳市龙岗区档案局编：《龙岗区红色史迹寻踪》，中共党史出版社2008年版，第75页。

第四章
解放战争时期

从1946年7月开始，人民解放军经过一年的作战，先后粉碎了国民党军队的全面进攻和重点进攻。到1947年7月，全国军事形势发生了重大变化，人民解放军从战略防御转入战略进攻。国民党反动派为了挽救其岌岌可危的统治，于1947年9月间，委任宋子文为广东省政府主席兼广东省保安司令。宋子文主政广东后，出于其消灭华南人民武装力量的目的，加强军事力量，扩编保安团，制定"清剿"计划。第一期以粤北、南路、兴梅三个地区作为进攻重点，第二期以江南地区的惠东宝和九连山地区作为进攻重点。

面对国民党反动派的两次"清剿",龙岗军民团结一心,不惧强敌。广东人民解放军江南支队主动寻找战机,展开伏击战和阻击战,摧毁敌人据点,给国民党军队尤其是地方反动武装以有力的打击。在龙岗地域,江南支队连获两次大捷(山子吓伏击战、红花岭阻击战)。山子吓伏击战,是该队"集中优势兵力、各个歼灭敌人"和"力求在运动中歼灭敌人"的典范;红花岭阻击战的胜利,证明了江南支队不仅善于打袭击战、伏击战,也能够坚守阵地打阻击战,在阻击战中大量歼灭敌人。

1949年初,辽沈、淮海、平津三大战役的胜利,敲响了国民党反动派的丧钟。龙岗人民积极做好迎接解放的工作。经过中共驻深圳情报站工作人员的策反,1949年6月13日,驻布吉火车站的国民党保安第五师十五团二营机炮连宣布起义。党领导下的统战工作,"不战而屈人之兵",使布吉火车站避免了战火的荼毒。

1949年10月19日,宝深军事管制委员会主任刘汝琛率160多名接管人员,从布吉进入深圳,接收国民党地方政权——深圳镇公所,成立深圳镇人民政府。深圳宣布解放。

第一节 人民武装斗争的恢复和发展

一、人民武装的自卫斗争

抗战胜利后，蒋介石加紧发动内战。东江纵队北撤以后，国民党背信弃义，违背保证东纵复员人员的生命财产安全的承诺，派出军队在东江（龙岗区境在其内）、北江等地实行"清剿"，到处搜捕并杀害东江纵队复员人员和中国共产党党员。在与国民党军队斗争中，龙岗地域成为粉碎国民党反动派第二次"清剿"的重要战场。江南支队有名的"江南大捷"中的二次战斗，都在龙岗区打响（山子吓伏击战、红花岭阻击战），连同前一次的"沙鱼涌"战斗，三次战斗的胜利，粉碎了国民党反动派对江南地区的第二次"清剿"，振奋了整个东江地区乃至全广东人民的斗争情绪，动摇了国民党的反动统治。

1945年11月，中共路西县委召开紧急会议，采取三项紧急措施：其中第二、第三条分别是：立即将多余的枪支弹药和物资掩藏好，把文件、枪支、弹药和其他物品交岗头、木古等村的党员隐蔽，实行坚壁清野；由何鼎华带领布吉的干部在布吉一带活动。

人民群众积极支援部队，为部队提供情报。1945年11月，国民党驻布吉的1个加强营袭击土洋村税务处，村民黄英发现后，立即向税务处报告，为税务处战士撤退赢得了时间。

二、粉碎国民党军队的"清剿"

1948年初，国民党广东当局发动第一次"清剿"，实行"分区'扫荡'，重点进攻"的方针，大规模进攻人民武装。江南支队多次袭击敌人，重创敌人的"清剿"计划。

1948年夏，国民党广东当局纠集7个团5 000多人，对惠东宝地区发动第二次"清剿"；在沙鱼涌遭受到江南支队打击后，7月23日，再次组织4 000余人，分别从横岗、沙鱼涌、淡水、新墟四路向坪山进攻。江南支队设伏于山子吓地带，粉碎了敌人的进攻。山子吓伏击战给敌人的"清剿"以重创，但敌人并没有吸取教训。8月3日，国民党徐东来等部2 000余人袭击驻扎在龙岗楼吓村的江南支队第一、二团。英勇的江南支队战士奋起反击，一团两个连扼守楼下村附近阵地，二团两个连和一个小鬼排迅速抢占红花岭高地，打退了敌人的13次进攻，后在江南支队第三团的增援下，取得了阻击战的胜利，毙、伤敌300余人。

为了打击敌人的嚣张气焰，8月中旬，江南支队第三团宝安大队夜袭平湖站国民党一个连，歼敌20多人，缴获步枪20多支。

在党的领导下，军民团结奋战，粉碎了敌人的第二次"清剿"，壮大了江南支队力量，布吉、横岗、龙岗建立了武工队。平湖、布吉建立了乡人民政权。

第二节 区域重要战事

一、山子吓伏击战

1948年7月21日,国民党广东保安第八团进攻惠阳约场,敌第一五四师一部抵达横岗(今园山街道地域,下同)。据情报,国民党军将于23日,集结4 000余人的兵力、分4路向坪山合围。①

东路为国民党保安第十三团及独立第七营,由淡水向坪山移动;西路为第一五四师第二十二团第二营及宝安县警队共600多人,由横岗向坪山进攻;北路为保安第八团一个营由约场向坪山推进;南路为驻守深圳、盐田一带的国民党税警总队经大、小梅沙向坪山进攻。江南支队对敌情进行了分析,决定在横岗和坪山之间设立伏击阵地,歼灭由横岗方向的来犯之敌。伏击横岗来敌的主要理由:一是敌人同时进攻的4路队伍中,以此最为薄弱,敌一五四师第一营刚刚在沙鱼涌被歼灭,敌军的心理受到很大冲击,害怕被歼灭,队伍情绪低落;二是敌军分4路进攻,每1路距离坪山二十公里,若是伏击距离坪山15公里的西路敌人,可将其余3路远远抛在后面,敌人不易增援;三是这一带地形复杂,只要抢先占据有利地形,可居高临下构成火力网、出其不意地打击敌人。江南支队决定集中7个连队1 000多人,在横岗和坪山之间

---

① 中共惠阳区委党史研究室、中共惠东县委党史研究室、深圳市龙岗区史志办公室著:《中国共产党惠阳地方史》,中国社会出版社2004年版,第401页。

设伏，歼灭由横岗方向进犯的西路之敌。

由横岗至坪山有两条道路可走。一条是经北岭铜锣径之大路，一条是经山子吓三洲田的小路。因走小路要翻山越岭且又是单边小山路，江南支队估计敌人由大路进攻的可能性大些，但又不能完全排除敌人由小路进攻的可能性，江南支队决定采取两面设伏，互相接应的战术。以第一团3个连和第三团1个连设伏于铜锣径，以第二团2个连设伏于山子吓小路。为了防止盐田方向之敌来援，以第二团1个连布伏于三洲田之南。若敌人从大路来犯，以第一团、第三团为主伏击敌人，第二团从侧后向敌进击，协同第一团、第三团歼敌；若敌人从小路进攻，则以第二团为主伏击敌人，第一团、第三团从侧后攻击，协同第二团歼敌。这样部署，不管敌人走哪条路，都可机动灵活地歼击敌人，但主要兵力置于大路设伏。

22日夜，江南支队参战部队按计划进入伏击地点。山子吓位于坪山之西15公里，山高岭峻，叠嶂层峦，地形陡峭，只有一条羊肠小道沿笔架山蜿蜒而上。小路南边为一座300米高的山峰，北面是草木丛生、乱石纵横的山沟。据此地势，第二团团长李群芳命令连长黄观生率新编连扼守三洲田负责戒备；肖强率独立中队1个排埋伏于山谷出口的右侧山上，任务是封锁山口，断敌退路；连长黄才率飞豹连及独立中队2个排隐蔽于南面山坡，以便拦腰斩敌。江南支队精心布设了一个"口袋阵"，只待敌人进入，便关门打狗，中伏之敌将四面受击。

23日清晨，天空乌云密布，狂风暴雨即将来临。约8时30分，国民党军第一五四师第二十二团第二营及宝安县警共600余人由横岗出动，不走铜锣径大路，而从山子吓小路翻越高山搜索前进。第二团设伏于山子吓的兵力仅200多人，与敌人对比，兵力明显处于劣势。李群芳、叶源根据地形有利、出敌不意、士气高昂等有利条件，当机立断，下令坚决迎击来犯之敌。当敌人完全进入伏击圈时，肖强带领的一个排如神兵天降般迅速插入敌群，近距离猛烈向敌群开火。敌军遭受突然袭击，惊慌失措，乱作一团，企图夺路而逃，却被黄才所率的飞豹连战士拦截阻击。政治处副主任潘崇则指挥重机枪射手，以密集火力向敌群扫射；小鬼班战士如猛虎下山，扑向敌阵。正当第二团与敌激战之时，设伏于铜锣径的第一团、第三团部队迅速行动，协同第二团夹击企图逃脱之敌。第一团白虎连以轻、重机枪火力封锁企图抢占山头阵地之敌，掩护第二团部队向敌发起冲击。第一团赤龙、黑豹两个连和第三团钢铁连则从山子吓两侧向敌发动攻击。

此时，狂风怒吼，雷电交加，大雨滂沱。江南支队参战部队形成合围之势，从四面包抄、歼击残敌，怒吼的杀敌声响彻山谷。敌营长看到即将全军覆灭，深感绝望，饮弹自尽。部分敌人狼狈遁逃。江南支队仅用40分钟，就结束了战斗。此战，毙、伤敌正、副营长以下官兵135人，俘敌连长以下官兵180人，击溃敌200余人，余敌80多人逃回深圳；缴获八二迫击炮、六〇炮各1门，轻、重机枪14挺，冲锋枪6支，卡宾枪5支，其他长短枪200多支，掷弹筒7支，子弹5万发，电台1部。江南支队第一、二、三团的肖志方、张定生、黄志伟、张苟、余寿华、曾观友等8人牺牲，10人负伤。

其他3路敌军得知西路之敌被围，不敢冒险施援，后由于西路敌军被歼，不得不放弃进攻计划，分别返回沙鱼涌、淡水等地。

此战的胜利，是运用毛泽东军事思想指导实战的胜利。战前，根据情报，做出准确的判断，制定正确的作战方案；在战场上，指挥员洞察敌情，抓住敌之弱点，不失战机，当机立断下令迎击敌人，是取得胜利的关键；广大指战员英勇顽强，特别是共产党员、干部身先士卒的模范行为，是取得作战胜利的重要保证。共产党员、连长肖强、黄才等带头冲锋陷阵，以实际行动鼓舞战士。班长余寿华是刚刚起义的战士，经过思想教育，提高了思想觉悟。战前，余寿华立下誓言：不缴获机枪决不回头。战斗中，冲锋命令一下，余寿华立即冲向敌机枪阵地，敌人子弹一颗又一颗地打在他的身上，他仍顽强地挥动手臂高呼："同志们！冲啊！"他一次次倒下去，一次次顽强地站起来，拖着血淋淋的身躯继续向前冲。在离敌机枪阵地仅十几米的地方，余寿华掷出最后一颗手榴弹，终于在敌人的连续扫射下倒了下去，壮烈牺牲。

山子吓伏击战，开创了江南支队"集中优势兵力、各个歼灭敌人"和"力求在运动中歼灭敌人"的范例。

二、红花岭阻击战

1948年7月25日，国民党军第一五四师一部、虎门守备总队、保安第八团、保安第十三团等部共4 000余人分4路占领坪山，图谋合击驻坪山西南马栏头的江南支队主力。

江南支队领导根据敌情判断：在坪山地区歼敌有困难，拟将主力向东转移，转到外线相机歼敌。但因连续两次大捷，部队士气高涨，求战心切，纷纷要求继续留在内线待机歼敌，再次给敌人打击后再转向外线。因此，部队主力驻守马栏头一周，由于连续几天大雨，敌人不敢轻率冒进；部队冒雨埋伏，未能寻得战机。

尹林平决定将部队向东转移，在外线寻找战机，一举歼灭敌人。因此，他安排第三团钢铁连返回东莞，第一团黑豹连、第二团独立中队护送干部和一批物资东上海丰，留下第一团2个连队和第二团2个连队,在坪山地区活动。7月30日晚,尹林平率粤赣湘边区临时党委机关及部队准备东移,驻扎在田心村。但因队伍的行踪暴露,8月1日,敌1 000多人集结于淡水,企图拦截江南支队东移部队。尹林平立即率队连夜向西折返,于2日凌晨抵达龙岗西北3公里处的楼吓和石溪村。3日凌晨5时30分,由于暴露了目标,国民党广东保安第八团等部2 000余人向龙岗方向扑来。江南支队警戒小分队首先与敌尖兵连交火。战斗打响后,尹林平立即命令第一团占领楼吓村附近的高地,坚决阻击敌人;同时命令第二团迅速抢占红花岭高地。红花岭是附近的制高点,占据红花岭,即掌握战斗的主动权。此时,国民党军队除一部分兵力继续向第一团阵地进攻外,集中主要兵力向红花岭进攻,争夺红花岭的激烈战斗就此展开。

为确保红花岭阵地不失、赢得时间、掩护粤赣湘边区临时党委机关人员安全撤退,李群芳所率连队抢占红花岭后,命令连长黄才和指导员叶仕如率飞豹连在主峰山腰展开阻击;连长黄观生和指导员罗特率新编连镇守靠近龙岗方向的另一个山头,每一个小山包均以一个班的兵力把守。飞豹连和新编连构成上下左右的交叉火力,依靠天然掩体和一切可以利用的掩蔽物,与10倍于我之敌展开激战。团指挥所设在主峰,留下手枪队和一个班的兵力作为预备队。

3日7时30分起,敌以八二迫击炮、六〇炮及轻、重机枪组成密集的火力,向红花岭猛烈轰击、扫射。顿时,山峰上硝烟滚滚。紧接着,敌人组织整连、整营的兵力,轮番进攻,第二团指战员与敌展开激战,坚守每一寸阵地。小鬼班战士虽然年仅十五六岁,有的甚至只有十三四岁,但他们意志坚定,作风顽强,作战非常勇敢。当敌人发起攻击时,小鬼班竟然全班战士一齐跃出掩体,顺着山坡翻滚至敌阵地前沿不到20米远的地方,突然立身，迅速向敌群投掷手榴弹、举枪扫射，一次又一次将敌击退。敌首徐东来恼羞成怒，指挥整团兵力发动进攻。此时，团长李群芳亲至前沿阵地，端起机枪扫射敌人。政治委员叶源也亲临前沿阵地挥枪杀敌，战士们斗志倍增，奋不顾身，以更加的猛烈火力杀伤敌人。在敌一部逼近主峰阵地前沿的紧急关头，指导员罗特率领2个班的战士，亮出刺刀扑向敌人，与敌展开白刃战、肉搏战，阵地上杀声冲天，威震敌胆。经过连番苦战，部队最终杀退了敌人。

战至中午12时，部队打退了敌人的8次进攻。阵地上骄阳似火，焦土遍地，滚滚的硝烟呛得战士难以忍受。他们个个汗流浃背，口干舌燥，又饥又渴，但没有一滴水，有的战士只好以尿解渴。纵然如此，全体指战员仍誓与敌人血战到底，与阵地共存亡。连身受重伤的张金生、刘仕友、池帮等战士也紧闭双唇，咬紧牙关，强忍伤痛，扳着枪机，怒目视敌。就在全体指战员饥渴难忍之时，当地群众冒着敌人的枪林弹雨，将一桶桶稀饭送到阵地上，解了将士们的燃眉之急。下午1时许，各连队弹药已消耗大半。为节省弹药、有效地打击敌人，团长李群芳下令：一是敌不近50米不开枪；二是开枪要见红，不见红不开枪；三是子弹打光了就拼刺刀。这时，敌人大规模地发动第9次进攻，坚守主峰阵地的连长黄才指挥战士奋力反击，带领战士端起刺刀冲向敌群，与敌展开肉搏战。刘波带领小分队冲在最前面，先后刺倒了2个敌兵，当他回头时，看见敌兵正用刺刀刺向受伤倒地的指导员罗特，刘波疾步冲上前去，一枪刺向敌兵心窝，敌兵惨叫一声倒地。年仅16岁的小战士李贵才和杨容带，飞身反击时，2人腹部中弹受伤，仍坚持战斗。连长命令他们迅速退下火线，但他俩仍顽强地与敌拼杀，直至壮烈牺牲。就这样，第二团指战员又一次打退了敌人的冲锋。战至下午4

时，部队共打退了敌人12次进攻。这时，连长黄观生负伤，指导员罗特负重伤（后救治无效牺牲），部队伤亡增大，弹药所剩无几。李群芳和叶源都意识到形势严峻，不约而同地撕毁身上所带的机密文件，准备率领全体指战员与敌决一死战。在这千钧一发之际，第三团副团长林文虎得悉兄弟部队被围攻，主动带领2个连队从清溪牛湖赶来增援，进入阵地后，立即以猛烈火力从侧面打击敌人。援兵赶到，部队士气大增，红花岭高地第二团部队也组织火力猛烈反击敌人。敌人两面受击，死伤累累，不敢恋战，全线溃退。此战，共毙、伤敌营、连长以下官兵300余人，连逃跑失踪在内，敌人共损失1个营以上的兵力。江南支队新编连指导员罗特，班长杨容带（杨少英），副班长林腾，战士李贵才、叶枢明、罗添、黄柏友、叶恺、叶炬等14人壮烈牺牲，30余人受伤。

红花岭战斗是一次敌我力量对比悬殊的阻击战。但由于江南支队在建军过程中，紧紧抓住了政治建军和军事教育两个重要环节，部队政治思想觉悟高，战斗素质过硬，战斗作风顽强。同时，队伍上下建立了良好的官兵关系，形成了坚不可摧的战斗集体。部队不仅善于打袭击战、伏击战，而且也能够坚守阵地打阻击战，在阻击战中大量歼灭敌人，夺取战斗的胜利。红花岭战斗后，江南支队转入外线作战。

江南支队第二团指战员不怕流血牺牲，与强敌浴血奋战的情景，深深地感动了当地人民群众。后来，在当地人民群众中广泛流传一首歌颂子弟兵的民歌。民歌词曰：

红花岭上火样红，几千敌人来逞凶；
八月三日大扫荡，大炮机枪响隆隆。
红花岭上火样红，二团同志真英勇；
打垮敌人冲锋十三次，红旗稳插山顶峰。

红花岭上火样红，人民战士立奇功，
以少胜多本领大，胜过当年孙悟空。①

---

① 中共惠阳区委党史研究室、中共惠东县委党史研究室、深圳市龙岗区史志办公室著：《中国共产党惠阳地方史》，中国社会出版社2004年版，第408页。

第三节 龙岗解放

1949年初,辽沈、淮海、平津三大战役胜利结束,国民党军队的主力基本被消灭,人民解放战争在全国的胜利已成定局。在广东,宋子文组织的两次所谓"清剿"均告失败,国民党广东当局试图作最后的挣扎。

1949年4月8日,经中共中央批准,中共中央香港分局改称中共中央华南分局。5月,路东县人民政府成立,下辖龙岗、横岗、大鹏、坪山等地。同时,龙岗、横岗成立乡政府,龙岗乡长为张明,横岗乡长为黄坚。9月底,各乡中共基层组织逐步建立,布吉乡总支下辖12个支部,党员107人。平湖乡中心支部下辖7个支部,党员43人。[①]

鉴于人民解放战争的大好形势和国民党反动统治即将覆灭,在中国共产党政治攻势和政策感召下,各地反动武装不断分化瓦解,投降、起义者与日俱增。1949年春夏间,东江第一支队第二团派往麻溪开展统战工作的黄山,得知驻广九铁路布吉站的国民党保安第五师十五团二营机炮连连长文挺彬,有投向人民队伍的意向后,立即向政委王舒报告。王舒抓住时机,派驻深圳情报站站长沈丹心和情报员赖华安对文挺彬进行策反工作。经多次接触交谈劝导,文挺彬遂下决心率部起义。6月13日,文挺彬趁

[①] 深圳市史志办公室编:《中国共产党深圳历史》(第一卷)(1924—1950),中共党史出版社2012年版,第279—285页。

敌营长离队前往广州之机，派人到横岗与东江第一支队第二团参谋詹悟和情报站站长叶健联系起义事宜。当晚，文挺彬率机炮连106人起义，携六〇炮3门、掷弹筒3支、轻机枪4挺、长短枪20多支，开往横岗待命。14日晨，保安第十五团一个营进攻横岗，遭到接应起义的东江第一支队第二团税站武装人员的阻击。敌军不敢恋战，退回深圳。文挺彬率部起义后，部队编为东江第一支队第二团一个连队，文挺彬任连长，黎汀任指导员；其后部队编为东江第一支队新编独立第三营第二连。

10月1日，中华人民共和国宣布成立。10月上旬，中国人民解放军胜利南进。刘汝琛带领军管会人员和税警途经布吉向深圳推进。10日，国民党广九铁路护路大队、税警团向人民解放军表明起义意愿。经布吉上下坪村谈判后，人民解放军顺利接收起义队伍。10月15日，新华社发表公告，宣布"广深"全线解放。19日，刘汝琛率160多名接管人员，从布吉进入深圳，接收国民党地方政权——深圳镇公所，成立深圳镇人民政府。晚上，深圳各界代表和群众共1 000多人在民乐戏院举行庆祝大会，军管会主任刘汝琛宣布深圳解放。①

老区人民唱起了山歌《打倒蒋匪庆解放》，欢庆解放：

（一）东江有个杀人狂，他名叫做邓其昌；
　　　唔打日本打内战，指挥顽军抢我乡。

（二）一九四二那一年，观澜来兵五百名；
　　　突然袭击我岗头，杀人放火物抢完。

（三）横坑弹药劫清光，强迫村民交弹枪；
　　　还有布匹和被服，两天押送大窝疆。

---

① 中共惠阳区委党史研究室、中共惠东县委党史研究室、深圳市龙岗区史志办公室著：《中国共产党惠阳地方史》，中国社会出版社2004年版，第439页。

（四）风门坳上机枪响，彭氏中弹田边亡；
　　　彭氏女婴仅两月，哭母饥饿又死亡。

（五）竹山牧童陈观生，中弹重伤后死亡；
　　　怀金观兰开小店，疑为共军送军粮。

（六）疑为共军送军粮，无辜被害观兰亡；
　　　被杀文书温文亮，都因白玉叛徒狂。

（七）杀害玉英实猖狂，顽军欠下血债账；
　　　打败日本打老蒋，村民牢记不会忘。

（八）消灭蒋军得解放，锣鼓喧天喜气洋；
　　　五星红旗全国架，全国人民庆解放。①

---

① 中共深圳市龙岗区坂田街道岗头社区委员会编印：《岗头革命纪念册》，2017年7月1日。（内部资料）

第五章
龙岗建区前的发展

清代,龙岗区域农业以种植业和渔业为主,农民以种植水稻、番薯、小麦、玉米、杂豆等粮食作物为生,生产水平低下,产量不高。工业有粮油加工、铁木器加工、制糖、食品、缝纫等手工作坊,规模很小。清末的龙岗区域农业经济属私有经济,佃农绝大部分租用地主田地种植粮食作物,生活十分贫穷。

中华人民共和国成立前,龙岗区域主要以水田、旱地种植为主。水田主要种植水稻,单季平均亩产100多斤,双季亩产300

多斤；旱地主要种植青菜、番茄、黄瓜、番薯、木薯、马铃薯、芋头、玉米和草菇等蔬菜和杂粮。龙岗农民一日三餐吃稀饭，以番薯粥为主，极少数农户间或吃上一顿番薯饭。男女老少均赤脚劳作，上山砍柴、外出挑担才穿草鞋，晚上穿木屐。平时在家守着田间作业，只有在圩日才上街买一点生活用品，诸如粗盐、火柴、针头线脑、煤油之类。

从中华人民共和国成立到1956年8月，龙岗基本完成了社会主义改造，龙岗区域经济基本恢复，政权趋于稳定。龙岗人民在党的领导下，完成了对农业、手工业、资本主义工商业的改造。此后，开始了全面建设社会主义时期（1956.9—1966.5）。1978年后，龙岗步入改革开放时期，龙岗人民走上建设中国特色社会主义的康庄大道。

第一节 中华人民共和国成立至改革开放前

一、基本完成社会主义改造时期

中华人民共和国成立后，宝安党组织一方面着手建立各级人民政府，一方面进行减租退租、剿匪反霸、整顿基层等一系列群众斗争和有关工作，龙岗的治安很快得到恢复。之后，中共宝安县委领导全县人民进行抗美援朝、土地改革、土改复查、镇压反革命和开展农业生产运动，用近3年时间就完成了国民经济的恢复工作。从1953年开始，又先后进行整队整党、民主改革、渔民改革和互助合作化运动。

中华人民共和国成立后的头3年，龙岗各地建立人民政权，进行土地改革，贫苦农民有了土地，农业生产得以恢复和发展。同时，扶持和发展个体工商业，初步建立国有和供销合作商业，整个经济得以复苏。

1953年，龙岗区域开始推进农业、手工业和私营商业的社会主义改造，龙岗各地走上集体化道路，群众的生产积极性高涨，经济发展顺利。1956年，龙岗区域基本完成对农业、手工业和资本主义工商业的社会主义改造，实现了由生产资料私有制到生产资料公有制的转变，广大工人、农民以极大的热情恢复发展生产，工农业和其他行业都得到比较好的发展。

二、全面建设社会主义时期

这一时期是龙岗人民进行大规模的社会主义建设的阶段。

1957年12月底,惠阳全县区级建制撤销,原来的364个小乡并成49个大乡和惠州镇,组建了50个乡镇党委,其中有龙岗地区中部的横岗乡党委、龙岗乡党委。1958年3月,宝安县龙岗地区西部成立布吉乡党委、平湖乡党委。1958年10月,横岗乡党委、龙岗乡党委合并为龙岗公社党委;布吉乡党委、平湖乡党委合并为红旗公社(1959年1月改称布吉公社)党委,11月,龙岗公社党委改属中共宝安县委领导。1961年7月,龙岗地区新建平湖公社党委、坪地公社党委、横岗公社党委。1963年1月,平湖公社并入布吉公社,平湖公社党委撤销。1966年5月,坪地公社并入龙岗公社,坪地公社党委撤销。

1958年至1962年,开展"大跃进"和人民公社化运动,各地成立政社合一的人民公社,采取搞群众运动的方式,兴修水利,兴办国有和集体工业,为龙岗经济发展奠定了一定基础。但由于受"左"倾思想影响,人民群众生产积极性受挫,工农业生产急剧下降,市场供应紧缺,经济陷入严重困难时期。

1963年至1965年,龙岗地区开始实行国民经济调整。为克服"二五"时期工农业生产下降和国民经济比例失调造成的困难,在开展社会主义教育活动的同时,贯彻执行中央"调整、巩固、充实、提高"的方针,人民公社实行"三级所有,队为基础",实行以生产队(小队)为基本核算单位,并允许社员经营少量自留地和家庭副业,改善农业生产条件,初步推广科学种田;工业方面实行"关、停、并、转",工业企业恢复计划、生产、技术、劳动等方面的管理,实行按劳分配;又纠正了部分"左"的错误,灵活贯彻"利用香港,建设宝安"的经济政策;商业恢复集贸市场，组织商品购销，保证市场供应，从而使龙岗经济得到恢复和发展。

1978年12月18日至22日，党的十一届三中全会召开，12月27日，宝安县委召开人大常委会会议学习三中全会公报，县委书记方苞提出要以党的十一届三中全会精神为武器，对次年全党工作重点转移到四个现代化建设进行一次思想大发动，从年终分配入手，总结经验，为次年搞好现代化建设创造安定的社会秩序。

第二节 龙岗建区前的改革开放时期

一、做好对外开放、对内搞活

改革开放后,龙岗各地利用紧靠深圳经济特区和毗邻香港的地理优势,充分发挥侨乡优势,对外开放,对内搞活,经济实力逐步壮大。

农业方面,龙岗各地先后推行联产承包、双层经营、专业承包责任制和股份合作制,大力调整农业内部结构,开发水产、水果、畜禽、蔬菜等生产基地,创办各类农业企业,发展创汇型农业,农村经济逐步发展壮大。1981年下半年,龙岗各地全面推行家庭联产承包责任制,按常住户口把土地平均分配,发包到户,实行大包干。"交够国家的,留足集体的,剩下自己的"。[①]

为了彻底打破"三级所有,队为基础"的"一大二公"模式,改变分配上的平均主义,充分调动广大农民的生产经营积极性,龙岗争取了多项措施。1984年,政府向农民发放土地使用证,签订土地承包合同,大力支持重点户、专业户、联合体开展专业承包,发展商品生产,涌现出一批从事养殖、蔬菜、水果等方面的专业户和重点户。

1987年,在完善家庭联产承包责任制基础上,农村实行集体

---

① 龙岗区地方志编纂委员会编:《深圳市龙岗区志》,方志出版社2012年版,第127页。

+农户的"双层"经营模式,既调动农民生产积极性,又发挥集中统一优势。此后,农村各地大力调整产业结构,实行专业承包经营和企业承包经营,扩大经营规模,逐步建立畜禽、蔬菜、水产、水果四大农业生产基地,生产鲜活产品供应香港市场。

工业方面。龙岗广泛开展横向经济联合,积极引进"三来一补"和三资企业,推动乡镇企业的快速发展,工业逐步成为龙岗的支柱产业。

商业方面。龙岗先后兴建了南岭、龙岗、布吉、平湖等13个集贸市场,鼓励个体工商户经商开店,商业经济逐步繁荣。

二、农业经济向工业经济的转变

中华人民共和国成立后至龙岗建区前,龙岗地域的经济结构在不断调整。从农业所有制上看,清代、民国时期,龙岗的农业为私有制。1956年农业社会主义改造完成后,农村走上集体化道路,基本上只保留了极少数自留地和家庭副业为私有经营。改革开放后,龙岗先后实行家庭联产承包责任制、双层经营和股份合作制,鼓励集体和私营经济共同发展,农业所有制结构发生变化。集体所有制经济比重逐步缩小,私营经济不断扩大。到1993年建区时,当地农村经济总收入为28.93亿元,其中:镇级集体收入12.89亿元,占44.55%;村级集体收入10.45亿元,占36.12%;家庭经营收入4.84亿元,占16.73%;其他收入0.75亿元,占2.6%。

从工业所有制结构看,清代、民国时期,龙岗各地只有私营手工业。1956年实行社会主义改造后,私营手工业全部过渡到集体和国营工业。到1978年,龙岗地域有全民所有制企业5家,从业人员143人,固定资产276.5万元;集体企业8家,从业人员173人,固定资产54.3万元。改革开放后,龙岗各地大力引进港澳台和外商投资企业，同时发展民营工业。到1993年建区时，有独立核算工业企业124家，其中：国有企业24家，占19.4%；集体企业25家，占20.2%；港澳台及外商投资企业60家，占48.4%；民营及其他企业15家，占12%。区委、区政府推行区属国有企业改制，加大招商引资力度，引进大批境内外投资者，港澳台及外商投资工业发展迅猛，民营工业日新月异，国有及集体工业相对逐步萎缩。

从商业所有制结构看，清代、民国时期，龙岗地域经商的人户不多，均系私商。中华人民共和国建立之初，开始建立国有、集体商业。1956年社会主义改造完成后，私营商业过渡到公私合营或集体商业。1979年后，个体及私营商业得到恢复和发展，并逐步成为龙岗商业的主体。到1993年，全区有商业机构网点9 309个，从业人员27 905人，其中：国有商业111家、1 389人，分别占1.2%和5%；集体商业232家、2 235人，分别占2.5%和8%；个体及私营商业8 966家、24 281人，分别占96.3%和87%。全区社会消费品零售总额16.49亿元，其中：国有商业1.34亿元，占8.1%；集体商业0.65亿元，占3.9%；个体及私营商业14.5亿元，占88%。

从清代、民国到中华人民共和国成立后的1978年，龙岗经济以农业为主，二、三产业比重很小。改革开放后，龙岗地域逐步调整经济结构，重点扶持第二产业，同时发展第三产业，经济格局和产业结构发生重大变化。到1993年，龙岗地区生产总值38.55亿元，其中第一产业增加值4.33亿元、第二产业增加值21.57亿元、第三产业增加值12.65亿元。

三、从物质匮乏到奔向小康的人民生活

中华人民共和国成立后，实行农业社会主义改造，龙岗人民生活有很大改善。建立高级社后，中央实行"二十条"搞活经

济的政策，允许发展副业，生产农副产品，农民也可有部分自留地，种植瓜果蔬菜，这样农村的农产品增多了，农民也可吃饱肚子了。除了交公粮外，农民手里有了一些余粮，生活有了保障。但由于经济发展限制，生活用品相对匮乏，不少依靠定量供应。

改革开放后，龙岗人民的生活有了根本性改善。由于实行了家庭联产承包责任制，广大农民种田的积极性得到极大提高，农产品产量有了很大提高。有的家庭还专门养鸡养鸭养猪，有的专门种植水果，有的养殖水产品，龙岗出现了很多专业户，他们通过辛勤劳动首先富裕起来。在他们的带动下，有的村民开始经商，开始办起小的五金加工厂、小的玩具厂。

改革开放至建区前，龙岗区域很多村民家庭逐渐添置了大件家具、电器，私家砖瓦住宅如雨后春笋般逐渐矗立起来。村民不但进厂拿工资，还可以拿到集体分红，很多家庭有了存款。以经济发展领先的革命老区村南岭村为例：1978年，全村141户、563人，社员10个工分日值才0.61元，村民年人均纯收入87元；1979年，年人均纯收入提高到155元；1983年，年人均纯收入1 147元。1985年，年人均纯收入2 732元。[①]

四、教育文化事业的传承与发展

清光绪年间，龙岗朱古石村华侨捐资建起中和学校。鸦片战争以后至民国初，龙岗有教会创办的龙岗福音堂女校。

1915年，龙岗有横岗学校、龙兴私立小学；1916年，在龙岗水围创办新生小学，在平湖圩创办纪劬劳学校；1918，在平湖响

---

① 见《南岭村志》编纂委员会编：《南岭村志》，海天出版社2005年版，第375页。

水圩创办同庆学校；1920年，在坪地西湖塘新围创办私立乐滩两等小学。其中，香港同胞、开明绅士刘铸伯在家乡平湖圩创办的纪劬劳学校，开宝安县华侨私立学校先河。此间，正常办学的小学有平湖圩纪劬劳学校、布吉曾族贯一学校。

20世纪20年代末至30年代中期，龙岗小学教育又有所发展。一些学校相继兴办，如龙岗的兰著学校、育贤学校等。1925年，由崇真会于1864年创建的布吉李朗神学院迁往坪塘，其旧址改为乐育初中（为德国天主教会主办），设两个年级、各1个班，学生42人，教职员6人。这是宝安县中学教育的开始。

1930年，当地群众及华侨、香港同胞捐款兴建平冈中学，原称"惠阳县龙岗区第八区平冈中学校"，当年开始招生授课。之后华侨继续汇款支持，各种仪器设施逐步完备。抗日战争时期，学校停办。日本投降后，在地方人士及华侨、港澳同胞的鼎力支持下，学校逐步恢复旧观，并新建"大溪地埠华侨教室""达成教室""四明教室"等。复校后，巫素真、廖其恭等先后被聘为校长，张松鹤受聘执教美术。从此学校颇具规模，教学质量不断提高。"文化大革命"时期改名"龙岗中学"。1980年，50周年校庆时，"平冈中学"校名恢复。同时，由丘鸿、周友仁等华侨、港澳同胞捐资20余万港元兴建一座学生宿舍。

1949年以后，龙岗的中学教育得以发展，具体如下。

1949年，停办已久的乐育中学复办，改名乐民初中。

1953年，私立布吉乐民中学合并于宝三中（观澜中学）。

1956年9月，平湖中学创办，原校址在纪劬劳学校内。1987年人民政府及海内外各界人士集资300多万元建新校。

1977年，坪地中学创办。

1985年，宝安县开办布吉职业高中班，次年，又划定布吉中学为职业高中，发展职业技术教育。

1990年，龙岗中学创办。

龙岗区域幼儿教育起步较晚。1979年，龙岗创办龙岗镇机关幼儿园，至1992年，有幼儿园43所，其中，公办幼儿园9所。

龙岗区早在抗日战争时期就有了民办夜校，宣传抗日主张。中华人民共和国成立后，龙岗举办了各类扫盲班。1991年，龙岗、横岗两镇创办成人学校。至1992年，各镇都成立了"成人文化技术学校"，实施"燎原计划"，为经济发展培养人才，培养对象为企业职工和乡镇干部，目的是提高劳动技能和管理水平。

1977年，龙岗区域均建立公社文化站；1986年，建立平湖、布吉文化娱乐中心，后又建设南岭村、丹竹头村、白泥坑村、平湖村、坪西村村级文化娱乐中心。

龙岗区人民喜好舞龙、舞麒麟等活动。1972年，宝安县文化馆以布吉坂田为试点，对麒麟舞进行改革，并推广。建区前，由于经济条件限制，只能置办一些小型道具。1992年3月，龙岗舞龙队成立。改革开放后，龙岗最早开展文艺设施建设的是平湖镇的白泥坑与鹅公岭，两村分别投资300万元、60万元建成村级公园。

1983年，龙岗区域内第一个村级图书馆——南岭村图书馆建立；1985年，建成第一个镇级图书馆——龙岗镇图书馆。

1988年，布吉镇举办首届运动会，这是龙岗区域内第一个镇级运动会，设足球、篮球、羽毛球、乒乓球、排球、田径、棋类7个项目，38个单位参赛。

1993年建区前，龙岗区域内大部分乡镇公共体育设施少而简陋，群众体育活动主要是在简易的篮球场、足球场开展，比赛活动一般安排在中小学体育场。

第三节 革命老区建设

中华人民共和国成立后,宝安县(含今龙岗区域)对老区村村民生活十分关心,从实施政策倾斜、物资救济和资金扶持,再到实施"同富裕工程""扶贫奔康工程"发展战略,走过了由救济到扶持,再到提升"造血"功能阶段。

一、救济与扶持阶段

改革开放前,宝安县政府限于财力,仅能集中全国各地的支援物资,有计划再行调配,按照当时老区村的不同实际情况,采取救济式的扶持,帮助村民度过三年困难时期,保障村民的基本温饱。而救济的主要对象是烈、军属和五保户,主要救济物资为粮食和衣物,保障救济对象的过冬、过节的温饱。在三年困难期间,首先也是对烈属、军属和五保户进行救济。对于人口多,劳力少的家庭,可以暂时借用生产队的存粮来渡过难关,秋后归还给生产队。

在平湖山厦村、上木古村、旧圩村等村,每到灾荒年,都先由县里统一调配物资,再由村里造册,按照烈属、军属、五保户、人口多的困难家庭顺序,实施救济。各村的干部们为烈属、军属、五保户送去衣服、粮食,安排好他们的生活。逢年过节,政府安排人员为烈属、军属和五保户砍来柴火,往水缸里蓄满水;村里分鱼分肉,也是优先考虑他们,充分体现了党和政府的关怀。

宝安县政府大力帮助老区村修建公路、水库，创办林场、农场，发展种植业。20世纪60年代，在宝安县财力的支持下，很多老区村开始搞种植业、建水坝、办果场、建砖厂、建小学等，村民的生活水平逐步提高。宝安县还组织力量对革命老区村实行通电、通水、通路，保障村民生产生活。

二、提升"造血"功能阶段

改革开放后，随着宝安县财力的增长，对老区村的扶持越来越多。政府的救济以现金为主，主要是以扶持专业户及对口救济的方式使当地居民脱贫致富。2000年，政府安排低保救助金、失业金，以及"五老"人员定期定量补助371元，2001年增加到671元。在优先照顾烈属、军属、五保户的前提下，扶持政策着重向养殖、种植专业户倾斜，帮助他们带头致富，从而带动村民致富。1983年，宝安县扶贫领导小组下设山区经济发展办公室，县、区（或镇）主要领导兼管扶贫工作，支持村民在村工作、安排进厂做工、自谋职业等。如革命老区村吉溪村，改革开放以后，在县里扶持下，通过联产承包责任制，解决了村民的温饱问题。改革开放后，农业生产开始向专业化、产业化方向迈进，出现了养殖、种植、加工等方面的专业户。上下围村1978年开办了100亩龙眼、荔枝、香蕉等果树种植场；1980年，开办了80亩蔬菜基地；开办了20家养猪场。1980年革命老区村简龙村，开办了4家养殖场（猪、鳖、鸡、鸭、鹅）；至1988年，开办了30亩蔬菜基地；1980至1990年，开办了300亩果树种植场（桃、梅、李、荔枝）。大福村在1980年开办了20家猪、鸡养殖场；至2004年开办了500亩龙眼、荔枝、李子等种植场，开办了800亩白菜、萝卜等蔬菜基地。

1984年至1986年,宝安县从老区经费中拨出130万元,支持坪地、龙岗等老区兴办来料加工工厂,引进玩具、手套、塑胶、电子、五金等项目。宝安县投资113万元,改造和新办老区种养场,扶持老区烈军属、堡垒户、复退军人和贫困户发展生产,治穷致富。

第六章
龙岗建区至党的十八大前的发展

1992年11月,经国务院批准,决定撤销宝安县,分设龙岗区和宝安区,隶属深圳市管辖。1993年1月1日,深圳市龙岗区挂牌成立。从此,深圳东部这片有着深厚历史人文底蕴和光荣革命传统的热土,掀开了历史的新篇章。经过20多年的不懈努力,龙岗区不断发展壮大,成为深圳的工业大区、人口大区。

龙岗区建区以来的发展可分为三个阶段。第一阶段,即1993年到2003年,是龙岗工业原始积累和民营经济腾飞阶段。在这一阶段，龙岗区从原始起步，强筋壮骨，逐渐打下深厚的基础。第二阶段，即进入21世纪初期，龙岗区抢抓历史机遇，乘势而上，快速发展。在此期间，龙岗借举办大运会之机，对内挖潜，对外扩张，大力提升经济实力和城市社会管理服务水平，通过办赛事、办城市，使龙岗的城区面貌和发展环境发生了历史性巨变。第三阶段，即党的十八大至今（详见本书第七章）。

第六章　龙岗建区至党的十八大前的发展

第一节 工业原始积累和民营经济腾飞阶段

龙岗的起步十分艰辛，条件非常艰苦。当时有种说法——深圳早起的有三种人：扫街的，杀猪的，还有就是到龙岗上班的。龙岗建区后，龙岗区的广大干部群众发扬了"拓荒牛"的精神，开拓进取、艰苦创业，全身心投入新区建设。龙岗区委带领全区人民坚持改革开放，大力发展经济建设，取得了翻天覆地的变化。随着龙岗区的发展，党的队伍不断发展壮大。龙岗区委十分重视党的建设，从严治党，教育广大党员清正廉洁，全心全意为人民服务，发扬党的优良传统和作风，增强党的战斗力，充分发挥党组织先锋模范作用，进一步加强统战工作，充分发挥工会、共青团、妇联等人民团体的桥梁和纽带作用，形成社会、政治安定团结的良好局面。

一、党员干部攻坚克难

1993年1月1日，中国共产党深圳市龙岗区委员会挂牌成立。

建区时，条件非常艰苦，区委、区政府借了原龙岗镇政府几栋附属楼办公。有些机关单位，更是十几个人挤在一间办公室里，有些同志午休就铺张报纸在地上睡，还有很多单位租用外面的农民房来办公。当时还没有区府大院，仅有几排办公用的房子。那里常常灯火通明，工作人员经常埋头加班，因为赶不回宿舍而临时住在办公室的情况几乎成为一种常态。建区后，龙岗区进一步加强党组织建设和班子建设，按照"务实、和谐、善政、廉洁"的要求，全面加强各级领导班子建设；坚持理论中心组学习制度，强化各级领导班子的理论学习，提高干部理论素养；把民主集中制作为领导班子建设的一项长期任务抓紧抓好；强化廉政建设，严格按照廉政要求办事，端正党风政风，要求凡改革措施出台、人事任免、重大项目投资、大额资金开支等都必须由集体讨论决定，不搞一言堂；以区直单位领导班子届中考察和街道领导班子考察调整为契机，进一步优化领导班子结构，增强班子活力与整体功能；选好配强"一把手"，切实把政治上过硬、民主作风好、清正廉洁、有较强驾驭能力的干部选拔到"一把手"位置；大力抓好后备干部队伍建设；强化区委统揽全局、协调各方的领导核心作用；支持人大及其常委会依法行使权力，支持政府自主负责地开展工作，支持政协广泛参政议政，充分发挥工会、共青团、妇联等人民团体的桥梁和纽带作用，认真做好统战工作。

由于领导班子和干部队伍建设全面加强，干部干事创业氛围更加浓厚，一批优秀年轻干部通过公推、公选走上处级领导岗位。龙岗区通过扎实开展基层组织建设年活动，逐步推开党代表任期制工作，有效推进"书记项目"，驻社区结对帮扶工作顺利开展，南坑社区综合党总支荣获"全国创先争优先进基层党组织"称号。2012年，龙岗区共有党的基层组织2 462个，其中党委145个，党总支150个，党支部2 167个；另有10个区属党工委。全区共有党员36 572名，其中预备员1 090名，女党员12 149名，少数民族党员731名；35岁以下党员17 899名，大专以上学历党员26 700名。

二、民营经济和民间组织的党建走上新台阶

1993年建区时，全区各镇及大型国有企业设置党委，中型国有企业设置党总支，小型国有企业、机关、事业单位及行政村设置党支部。至当年底，全区基层党组织共计532个，其中党委21个、总支20个、支部491个。

随着民营经济和民间组织党建工作的深入，龙岗区党组织得到了迅速发展：创建了全区第一个流动党员党支部——横岗镇个体劳动者协会流动党员党支部；筹建了全区第一个民营企业党支部——中共华粤实业有限公司党支部。1997年底，全区基层党组织746个，其中党委27个、党总支41个、党支部678个。区委还调整全区党组织隶属关系，形成各镇党委按属地原则管理本单位党组织，区直机关工委管理区属机关及事业单位党组织，区投资管理公司党委管理区属国有独资、控股、参股企业党组织，区社会企业党委管理龙岗中心城附近和区内部分较大民营企业党组织的管理体制。

2002年，横岗镇成立非公有制经济组织和社会组织党委，将全区民营经济和民间组织党建工作推上一个新台阶。区委组织部还成功探索"把党支部建在村民小组上"，全区农村形成以村党总支为主体、村民小组党支部为基础的新型组织架构。

三、体制改革解放生产力

龙岗区体制改革起步晚，但行动快，效果好。回顾龙岗区体制改革史，它历经艰难却从不放弃探索，每一次改革都是一次进步，是一次生产力的解放，如果说改革开放取得了辉煌战果，体制改革更是一场令人瞩目的盛事。

1994年，龙岗区实行第一次机构改革，在这次改革中，非常

设机构大部分被撤销，由50个调整为19个。2002年，龙岗区开展第二次机构改革，区级机关行政编制精简10%。

1994年底，龙岗区实行公务员制度；1996年开始探索处级干部公选。2001年起，按照市委、市政府要求，龙岗区逐步推行全员聘用和聘任制。此外，司法制度改革也逐步推开，取得明显实效。

1997年起，龙岗区打破常规，率先在全市开展"三公开"（政务公开、企务公开、村务公开）试点工作，引起广泛关注。1999年6月，全国村务公开经验交流会在坑梓镇（当时坑梓镇归属龙岗区——编者）召开。此后，全区100%的村和单位都建立政务公开栏，80%的村和95%的单位安装电子触摸查询系统，有的单位还开通网站公开系统。1998年始，龙岗区全面推行干部制度改革，推出干部任用公示制、任用干部表决制、党（总）支部成员选举"两票制"、推选镇长"两票制"、领导班子任期目标责任制、处级干部考察情况反馈制、企业领导人员管理体制等十大改革举措，得到中央组织部和省、市组织部门的充分肯定。

1999年8月，龙岗区在广东省率先启动第一轮行政审批制度改革；2001年5月，进行第二轮行政审批制度改革。两轮改革，彻底打破原来层层审批、层层禁锢的条条框框，一些繁琐的程序得到精简，全区各部门审批、核准事项从原来的563项减少到249项。由此，审批方式也得到优化，"窗口式办文""并联审批""网上审批""一站式审批"广泛实施。1999年10月，龙岗区成立区政府采购中心。2003年，采购中心独立设置，为区直属事业单位，各镇也设立采购中心。全年实现区级政府采购资金1.59亿元，节约财政资金1 900万元。

在前两轮行政审批制度改革减少到249项审批事项的基础上，2003年，龙岗区又启动第三轮审批制度改革，首批即取消53

项审批事项；建立健全职能法定制、首问责任制、AB配角制、"政误"公开制、不批告知制、办结时限承诺制、审批理由说明与查阅制、重大问题审批集体讨论制、过错责任追究制等相应配套制度；继续完善区镇财税分配制度和政府集中采购制度，强化了"收支两条线"管理，财政监管、调控能力明显增强。

四、社区股份合作制改革的"龙岗模式"

社区股份合作制是经济发展和改革开放的产物。1987年底，为了推进股份制改革进程，给发展壮大中的龙岗带来活力，龙岗区首先由横岗镇开始试点，推行股份制经济合作制，拉开农村股份合作制经济帷幕。1989年3月，保安村新陂塘自然村率先试行集体经济股份制。1990年，横岗镇行政村全部实行股份制。次年，9个行政村和48个自然村全部实行了股份制。在取得成功经验的同时，横岗镇大胆推行镇级股份制改革，由此形成了镇、行政村、自然村三级股份经济的最初模式——"横岗模式"。"横岗模式"产生后，各地争相学习借鉴，派生出"平湖模式""木棉湾模式"等。

龙岗建区后，农村股份制合作经济更是如鱼得水，迅速得到推广。到1997年，股份合作制经济在全区推行，已经覆盖全区70%的行政村和84%的自然村。

农村股份制在快速发展的同时，也存在明显的不足，1997年3月，龙岗区委、区政府决定以横岗镇荷坳村为试点，对农村股份合作制经济进行改革，制定农村股份合作制改革方案。这次改革的思路是：按现代企业制度的要求，依法进行资产评估和界定。明晰产权，合理配置股权；兼顾集体和个人利益，允许股权合理流转，依法保护股权；实行科学决策，民主管理，建立法人的治理机构和自我发展，自我约束，自我调节的良性循环机制；

激活资源配置，优化资产结构，增加经济发展后劲，以促进农村经济发展。试点工作于当年年底结束，龙岗区出台了《深圳市龙岗区横岗镇荷坳村股份合作经济组织章程》，产生了农村股份合作制新模式——"荷坳模式"。试点期间，农业部、财政部等十几个国家部委的领导前来考察"荷坳模式"。

农村股份合作制中的"荷坳模式"诞生后，龙岗区全面推广"荷坳模式"。到2004年，全区有25个行政村和432个自然村进行了改革，分别占全区行政村和自然村的82%、73%。"荷坳模式"因而成为"龙岗模式"。

五、从鼓励"三来一补"到吸引高新技术企业

龙岗建区后，龙岗区委、区政府站在时代前列，做风口浪尖领航人。为了鼓励外商积极投资兴业，龙岗区委、区政府以最大的诚意、最优惠的政策、最坚定的信心迎接四面八方商客，制定出台了《关于鼓励发展工业的政策措施》，鼓励外商兴办合资、合作和独资工业项目，对外商投资工业免征地方所得税和地方附加税，免征产品税和增值税，利润汇出免征所得税。1994年，区政府印发《关于进一步加快发展镇村经济的若干规定》，鼓励镇村继续稳定、提高、发展"三来一补"企业。对"三来一补"企业工缴费结汇实行新的结汇分配办法和统一的分配标准；各个"三来一补"企业的工缴费按中国人民银行当天挂牌汇率进行结汇，结汇总额先扣除银行手续费、外经服务公司商务手续费，征收增值税，余额按75%给"三来一补"企业。同时，区政府在地价款和工缴费分配中，提高镇村分配比例，让镇村有更多资金进行市政设施、厂房建设，为招商引资创造条件。区政府制定引进外资和横向经济联合的政策措施，优先安排项目用地，优先安排基建，优先安排贷款，保证水、电供应；创造比内地更优越的投

资环境，运用多种方法，开拓渠道，把引进和发展横向经济联合推向更高层次。

进入新世纪，龙岗区委、区政府加大招商引资力度，进一步优惠招商政策，制定投资引荐奖励办法，设立"高新技术项目引荐奖"，每年从财政拿出1 000万元，奖励投资引荐者，鼓励国外企业、社会团体和个人引荐高新技术项目落户龙岗。龙岗区制定土地使用优惠政策，对于高新技术项目用地，按工业基准地价的25%收取地价。2002年，龙岗区政府组织招商团远赴日本、韩国开展招商推介活动，向外国投资者宣传龙岗区的地理环境、发展现状及优惠政策，仅10天时间，就初步洽谈项目11个，协议投资额6亿多港元。区政府还组织招商推介团赴欧洲开展招商推介活动，先后在英国曼彻斯特、荷兰阿姆斯特丹举办龙岗区投资环境介绍会。会上，英国壳牌公司、荷兰控股投资公司分别与龙岗区签订投资合作协议，投资总额1.06亿元人民币。同时，龙岗区政府分别与当地主流工商协会、英国曼彻斯特工业商业协会及全荷华人社团联合会签订长期合作、相互推介、共创商机、共同发展的协议，开创以中介招商的合作模式。龙岗区政府通过香港展览中心对外经济介绍会，一次就与客商签订合作办厂合同和意向共35项，投资金额3.8亿美元。

为了给投资兴业者提供优质服务，龙岗区设立了区经济发展局、区对外经济发展公司，与沙湾海关、深圳海关驻龙岗办事处，一起在海关大厦办公，实现对外经济审批、海关业务、投资服务的一站式服务。同时，龙岗区外商投诉调解服务中心成立，直接受理外商投资企业的重大投诉事项，坚定了外商投资兴业的信心。

龙岗建区后的首个10年，共引进外资及港澳台资企业5 658家，其中"三来一补"企业3 390家，三资企业2 268家。2003

年，龙岗区实有外资及港澳台资企业5 865家，其中"三来一补"企业3 046家，三资企业2 819家。投资商来自36个国家或地区，其中香港企业4 965家，占投资企业的84.65%。

六、华为公司扎根龙岗

龙岗建区之初，"三来一补"是支柱产业，是龙岗的主要经济来源，特别是在社区，依靠这些企业形成土地经济、厂房经济。"三来一补"经济发展得比较好的是横岗镇，其次就是布吉等，这些镇把一个个山包推平，建成一个个工业区。

当时摆在龙岗区委、区政府面前最大的工作便是发展经济。建区伊始，龙岗区就积极与深圳市的城市建设总体规划和产业政策相衔接，制定了龙岗发展大工业、大能源、大旅游三大组团区域经济的发展规划和战略，明确了龙岗区经济发展的导向。

1993年6月14日，龙岗区委、区政府印发《关于鼓励发展工业的政策措施》，分产业政策、税收政策、用地政策、资金政策、奖励政策等共八章四十一条，是龙岗建区后工业发展的指导文件。

把经济搞上去，还要靠大项目、大企业带动，华为就是在这个时候落户龙岗的。

1997年1月26日，深圳市华为技术有限公司坂田生产基地动工建设。首期工程占地17.6万平方米，建筑面积10.6万平方米，基建总投资约6亿元，主要生产程控交换机及其他通信产品。

华为落户龙岗后，龙岗区积极为华为解决在建设发展中遇到的难题。同时，因为周围环境的改善以及华为的带动效应，很多企业纷纷落户龙岗。

华为最终在龙岗扎下了根，成为龙岗区的经济命脉之一。如今，华为对龙岗经济社会建设发展的贡献力巨大，华为扎根龙岗是龙岗经济发展的点睛之笔。①

七、以工业为主体的"大工业"经济

龙岗建区后，区委、区政府按照"抓管理，打基础，促发展，上水平"的工作思路，坚持"抓住机遇、深化改革、扩大开放，促进发展，保持稳定"的方针，提出"大工业、大流通、大旅游"的新区发展目标。

龙岗区制定出台了《关于鼓励发展工业的政策措施》，以龙岗区工业发展立足国内市场，以国际市场为导向，以经济效益为中心，通过外引内联，依靠科技进步，把龙岗建设成为以工业为主体、企业经营规模化、产品生产系列化的大工业基地。区规划建设了宝龙、坂雪岗、龙城等工业园区。一大批工商业企业迅猛发展，由此奠定了龙岗区经济发展基础。建区后第二年，龙岗区委、区政府进一步放开手脚，打破束缚，制定出台《关于进一步发展镇村经济的若干规定》，鼓励镇村在继续稳定发展"三来一补"企业的基础上，积极发展大工业项目，并在基础设施建设资金、工缴费结汇上给镇村以扶持和倾斜。各镇村纷纷行动，创造条件，建设大量的工业用房，吸引港澳台资金及外资的大量投入。

这一时期，电子通信、文体用品、食品、服装行业、加工贸易企业迅速发展，带动了各行各业的发展。由于工业和城市建设征用大量土地，耕地面积急剧下降。面对这一情况，龙岗区大力调整农村产业结构，重点发展畜牧业和渔业，这一举措收到了良好成效，农村经济在耕地大幅减少的情况下，仍呈现稳步发展的态势。

---

① 陈少雄等主编：《龙岗记忆》，中国华侨出版社2016年第1版，第7页。

商贸方面，龙岗区出台政策，兴建22个集贸市场，增加6 000多个商业机构网点，使第三产业迅速发展，满足了生产生活需要。一系列举措使经济快速发展，到1995年，龙岗区实现地区生产总值73.3亿元，工业总产值110.9亿元；农业总产值8.4亿元，社会消费品零售总额20.4亿元，固定资产投资总额28.3亿元，预算内地方财政收入5.5亿元，银行存款余额103.3亿元。

龙岗区委、区政府高瞻远瞩，脚踏实地，科学制定了国民经济"九五"计划（1996—2000年），确定了龙岗经济发展的基本思路：围绕工业化、城市化、现代化三大目标，实施产业结构、开发模式、发展策略大调整，建设大工业、大流通、大旅游三大基地，发展电子、机械、化工三大主导产业，开发宝龙、坂雪岗、龙城三大工业区，形成中部大中心和大工业、西部大流通、东部大旅游四大组团。

5年间，龙岗区加大基础设施建设力度，深化经济体制改革，推行区属国有企业改制，调整工业结构，重点支持和发展高新技术产业和民营企业，涌现出华为、比亚迪、康美思、天时达、圣端、华通、万德莱等一批批规模大、技术含量高的高科技民营企业。尽管外资外向型企业受到亚洲金融危机的冲击，但龙岗工业仍然稳步发展。农业上，龙岗区加强农业用地保护，继续调整产业结构，着重发展种植业和水产养殖业。种植业重点是发展蔬菜、荔枝、龙眼、花卉生产，水产养殖重点引进高产优质品种，推广新技术；同时，改变生产经营方式，合小并大，改个体、分散、粗放式经营为专业化、企业化、产业化集约式经营，集中技术管理优势，扩大生产规模，提高经济效益，农业生产稳步发展。商贸上，龙岗区新建24处集贸市场，增加10 000多个商业机构网点，引进经营面积3 000平方米以上的商场8家，新增营业面积12万平方米，进出口贸易进一步扩大，商业购销两旺。

2000年，龙岗区实现生产总值186.5亿元，比1995年增长154.4%；工业总产值310.9亿元，比1995年增长180.3%；农业总产值11.7亿元，比1995年增长39.3%；社会消费品零售总额45.8亿元，比1995年增长124.5%；固定资产投资总额50.3亿元，比1995年增长77.7%；预算内地方财政收入16.7亿元，比1995年增长203.6%；银行存款余额249.1亿元，比1995年增长141%。

第二节 新世纪初期的快速发展阶段

一、深化政治经济体制改革

为进一步深化改革,删繁就简,2005年,龙岗区对20多个行政机构进行职能调整、合并或下放,行政资源得到进一步优化,政府公共服务和社会管理职能得到强化。2015年9月,龙岗区成立区体制改革办公室,系统谋划和协调推进全区改革工作。11月,区政府全面部署改革工作,召开全区改革工作会议,印发《龙岗区2005—2006年改革工作要点》,投融资体制改革不断深化,举办投融资项目推介会,向社会推出污水处理等项目11个,涉及金额36亿元。

2006年4月,龙岗区委、区政府出台《关于建立促进改革工作机制加快体制创新的意见》,进一步完善改革创新机制,强力推进布吉、坂田、南湾等街道的城市管理综合执法改革经验做法,将21项城市管理执法权下放到街道综合执法队,按照"小区大街"的原则,将人、财、物向街道倾斜,在新一轮区街财政体制改革中,街道可支配财力增加近4亿元。一系列措施有效地解决了街道在城市管理中权力和责任相脱节的难题,初步形成"大执法、大管理、大服务"的格局。龙岗区在全市率先推出政府专项资助资金整合方案,制定财政性资金存放商业银行评价激励办法,在全国率先建立区级加工贸易综合信息管理平台,完成全区行政事业单位物业资产和未脱钩经济实体集中管理工作。

2007年起,龙岗区持续推进政治体制改革。相关举措和成效包括:大力开展法治城区创建试点工作,取得明显成效,龙岗区获评"五五"普法全国先进集体;积极配合市成立坪山及大鹏新区;实施大部制改革,政府部门精简至25个,精简幅度达17%;公务员分类管理步入正轨,全面完成事业单位聘用制改革;开展区街财政体制改革,全面推行国库集中支付;深化城市管理综合执法改革;成立城投公司,探索建立多部门参与的投融资平台。此外,龙岗区建立重点工作快速推进机制,设立国内首个区长公共服务质量奖,实施审批量化考核,电子政务平台获全国"十佳电子政务效能管理优秀应用案例奖"。

龙岗区抢抓机遇,大胆创新,在政府重点工作项目化管理上有所作为。为了强化投融资管理,2004年起,龙岗区加大投融资改革力度,大力实施《龙岗区投融资体制改革项目管理办法》,出台教育、招投标管理、银行融资、污水处理、公路交通、卫生、供水、文体8个领域的投融资改革实施细则。龙岗区在基础设施和公共事业投资领域积极推行多种融资方式,采用BOT模式建设的横岭污水处理厂续建项目、平湖垃圾发电厂二期工程开工建设;加强银政合作,全年利用国家开发银行贷款9.95亿元,支持土地储备及道路、物流园区建设;成功引进3家风险投资担保机构,为银行贷款投放创造条件。龙岗区完善政府投资项目管理体制改革,打破常规,对横坪路、沙荷路采用代建制进行建设,提高了效益,收到了成效,积累了经验。

2012年,龙岗区通过积极实施"1+5"改革试点意见,推动"工作项目化、项目目标化、目标责任化、责任考评化",通过项目化管理推动政府工作提速增效。相关举措包括:成立龙岗区保障性住房投资有限公司,打通保障性住房的融资渠道;创新投融资工作思路,率先在全市出台《龙岗区鼓励社会资金投资城市更新项目周边公共设施暂行规定》,政府按规定给予开发企业配套项目批复总概算40%的资金补贴,吸引了大量社会资本参与到市政配套设施建设中来;扎实开展社会信用体系建设,采用"市区合作、共建共享"模式建设区信用信息平台,建成全省首家区级企业信用信息平台并成功上线运行;设立5 000万元社会建设专项经费,建成或在建社区服务中心78家,促进社区服务中心多元化发展。

二、以农村城市化为抓手改革社区经济

根据深圳市委、市政府的统一部署,2004年,龙岗区全面实行农村城市化,原龙岗镇分设为龙岗、龙城两个街道办事处,其他9镇撤镇改街道办事处。当时全市在推行土地全部收归国有的政策,有些村民想不通,区里广大党员干部就一个个地做思想工作,一步步推动城市化。全区10个镇、91个行政村顺利完成撤镇设街道、撤村设居委会,所有原籍村民实现农转非,龙岗区从此结束了农村行政管理体制。

在这一过程中,龙岗区采取了一系列举措:在全面清产核资的基础上,推进镇属企业改制和村级集体股份合作制改造;推动原农村养老保险向城镇养老保险过渡,符合条件的原村民养老保险参保率达100%;启动农村集体土地转制,基本完成土地清查工作,新增土地储备14.6平方公里,土地储备总量达到101平方公里;着手理顺公共设施和公共事业管理体制,基本完成原镇、村学校的转制移交工作,原村民人均减轻负担2 000元;加强社区建设和管理,进一步健全了社区各类组织及工作网络。

龙岗区在完成社区股份制经济改革的同时,持续推进社区经济转型。2006年,全区股份合作公司总收入达到32.9亿元,

较上年增长8.7%；股民人均集体分配收入6 491元，较上年增长11.4%。2012年，龙岗区推进17个转型发展重点项目，组织发动5家股份合作公司意向投资1 030万元参股光启超材料产业基金和深商创投基金、9家股份合作公司投资2 050万元参与鼎业村镇银行增资扩股，创建龙岗区社区经济信息网，组织开设专题培训班、举办人才发展论坛、实地考察先进地区经验，扶持41个转型发展项目1 511万元，协助区供销社在社区选点开办"平价超市"，全年实现社区股份公司净利润、人均集体分配均同比增长5%，低端出租收入占总收入的比重同比下降7%。

三、转变经济发展方式

随着经济发展壮大，龙岗区经济结构呈现多元化发展。1994年后，当地工业迅速发展，农村加大工业用房投资，租金收入大幅度增长，集体经济发展壮大，从事农业的劳动力大部分向第二、第三产业转移，农民收入有较大提高。同时，城镇居民就业空间得到拓展，职业的多样化带来就业收入的提高。此外，城镇居民收入来源更加广泛，经营性收入、财产性收入、金融证券收入、福利性收入等成为新的收入来源。到1999年，农民人均所得7 742元，比1993年增长1.8倍；城镇居民收入18 754元，比1993年增长78.7%。

进入21世纪，龙岗区实施可持续发展战略，转变经济发展方式，以建设高新技术产品出口基地、物流配送基地和海滨度假旅游基地为重点，全面推行产业结构转型，加快工业化、城市化、市场化、国际化和规范化。2000年后，龙岗区第二产业、第三产业发展迅猛。

从工业所有制结构看，到2003年，全区有工业企业5 263家，其中，国有企业8家，占0.2%；集体工业2 576家，占48.9%；港澳台及外商投资企业1 229家，占23.4%；民营企业1 450家，占27.6%。全区实现工业总产值924.6亿元。其中，国有工业产值4.8亿元，占0.5%；集体工业产值35.4亿元，占3.8%；港澳台及外商投资工业产值537亿元，占58.1%；民营工业产值347.4亿元，占37.6%。从商业所有制结构看，到2003年，龙岗区有商业机构网点38 682个，从业人员134 377人。其中，国有商业26个，从业人员4 343人，分别占0.1%和3.2%；集体商业60个，从业人员6 000人，分别占0.2%和4.5%；个体及私营商38 596个，从业124 034人，分别占99.8%和92.3%。全区社会消费品零售总额101亿元。其中，国有商业5.1亿元，占5%；集体商业3.1亿元，占3.1%，个体及私营商业92.8亿元，占91.9%。

工业方面。龙岗开发建设坂雪岗片区、宝龙—碧岭片区、东部海洋生物高新科技产业区、大工业片区四大高新技术产业带，规划总面积97.9平方千米开发区，集中发展高新技术企业。2003年高新技术产业带实现工业产值394.1亿元，占全区工业总产值的45.6%。同时，大力发展民营企业。2003年，龙岗区委、区政府下发《龙岗区加快民营经济发展暂行规定》，表彰64家业绩突出的民营企业。区政府每年还安排资金5 000万元，作为民营经济发展专项基金，民营企业迅速崛起。

农业方面。龙岗畜牧业减少家禽饲养量，发展生猪生产；渔业稳定淡水养殖，扩大海水养殖；大力推广农业科技，发展"三高"农业，农村经济得到发展。商贸方面，市场建设由集贸市场向专业市场转变，经营模式由个体小规模经营向大规模连锁经营转变。各类专业市场发展到100多个，经营面积1万平方米以上的大型商场超过20个，营业面积在20万平方米以上的区域性大型批发市场12个，全区商业机构网点达38 682个，总营业面积超过200万平方米。

2003年，全区地区生产总值达489.8亿元（在地统计，下同），工业总产值924.6亿元，农业总产值12.5亿元，社会消费品零售总额101亿元，固定资产投资总额168.8亿元，预算内地方财政收入25.1亿元，银行存款489亿元。

建区后的第二个十年，龙岗区招商引资工作更是突飞猛进、日新月异，新引进及增资项目12 396宗（不含大鹏新区），投资总额208.65亿元。其中，新引进项目12 315宗，投资额188.13亿元；增资项目81宗，增资额20.52亿元；实现合同外资9.8亿美元；实际利用外资5.79亿美元；引进投资额1 000万元（含）以上项目295宗，投资总额133.44亿元。

"十五"期末，龙岗区地区生产总值、工业增加值分别相当于"九五"期末的2.3倍、2.7倍，占全市的比重分别由11.2%、14.7%提高到18.9%、24.3%。高新技术产业产值的比重从28.7%上升到46.3%。国地两税总规模首次突破百亿大关，相当于"九五"期末的4倍。

"十一五"期间，龙岗区综合经济实力继续稳步增强，主要经济指标实现"翻番"。2011年龙岗区实现地区生产总值2 140亿元，年均增长13.4%；工业增加值1 393亿元，年均增长15.3%；社会消费品零售总额461亿元，年均增长17%；全社会固定资产投资690亿元，年均增长15.7%；财政一般预算收入127亿元，年均增长23.4%；工商税收382亿元，年均增长19.3%；出口总额333亿美元，年均增长14.5%。经济质量和效益明显提高。全社会研发投入占GDP比重达10.4%；新增国家级高新技术企业158家，高新技术产品产值年均增长19.8%，2011年达2 600亿元，占工业总产值的67.6%；PCT国际专利申请量占全国总申请量比重连续5年保持在20%左右；每平方公里土地产出税收是2006年的2.4倍，增速明显快于GDP增速；万元GDP水耗、电耗分别下降43%和23%；获评"全国科技先进城区""全国科技进步示范区"。

四、人民生活进一步改善

1993年龙岗建区后，区委、区政府大力发展工商业，努力提高辖区人民生活水平。从收入看，建区初期，龙岗区农村居民收入主要靠种植、养鸭业收入和集体股份制经济分红，城镇居民收入来源以就业者收入为主。1993年，农民人均所得为2 794元，城镇居民人均可支配收入10 497元。

进入21世纪后，随着经济的发展，龙岗区就业人员大幅度增加，居民工薪收入得到提高，经营性收入、财产性收入、福利性收入等也有增加。同时，区政府从2000年开始实施同富裕工程和扶贫奔康工程，当年投入资金7.88亿元，兴建基础设施等项目154个。此后每年都投入大量资金用于同富裕和扶贫奔康工程，促进农民增加收入。到2003年，农民人均所得9 898元，比1999年增长27.8%；城镇居民收入24 871元，比1999年增长32.6%。

从消费看，1993年建区初期，居民收入不高，消费以温饱为主，注重衣、食、住、行，其他消费比例较小。1995年，居民消费价格总指数为105.8%，居民人均消费性总支出为11 652.9元。其中，食品类支出3 707.6元，占31.8%；居住类支出3 088.6元，占26.5%；日用品类支出2 256.8元，占19.4%；衣着类支出685.63元，占5.9%；交通通信类支出620.22元，占5.3%；教育类支出426.84元，占3.7%；医疗保健类支出294.45元，占2.5%；文化娱乐类支出154.17元，占1.3%；其他支出418.6元，占3.6%。

随着居民收入的不断增长，消费支出也同步增长，消费结构发生变化。日用品类、居住类消费比例明显下降，食品类消费比例稳中有降，交通通信类、教育类、医疗保健类、文化娱乐类、衣着消费类比例逐步上升。居民生活水平日益提高，居住条件明显改善，高档消费品进入寻常百姓家，居民出游成为时尚，文化、健身等活动蔚然成风，城乡居民安居乐业。据2002年统计，龙岗居民人均居住面积29.57平方米，比1995年增加15.95平方米。每百户居民平均拥有彩电155台、冰箱103台、空调210台、电脑75台、摄像机15架、移动电话194部、小汽车20辆。

2004至2006年，龙岗区进一步优化产业结构，经济得到快速发展，人民生活进一步改善。2004年，居民人均收入为18 858.08元，2005年为19 811.88元，2006年为20 669.94元，3年3大步。其中，居民人均可支配收入，2004年为18 369.41元，2005年为19 328.28元，2006年为20 116.37元。

据2010年龙岗区100户城市居民家庭（含户籍和非户籍）抽样调查显示，城镇居民平均家庭总收入为30 991.31元，同比增长11.2%，人均可支配收入为28 331.87元，同比增长9.1%；城镇居民人均工资性收入为24 451.46元，同比增长10.6%，工资性收入占可支配收入比重为86.3%，是家庭生活来源的主渠道；城镇居民人均财产性收入有所增长，其中其他投资收入增长显著。城镇居民人均财产性收入为1 793.11元，同比增长62.7%，增加额为690.94元；财产性收入占可支配收入比重为6.3%。

2010年，龙岗区居民人均消费支出19 662.05元，同比增长4.8%。八大类消费支出中，呈现"五升三降"的格局。食品类支出人均7 474.72元，同比增长4.6%。其中，在外饮食人均支出为1 651.17元，同比增长8.1%。物价的上涨，特别是食品类的价格大幅上涨，是居民食品类支出增加的重要原因之一。衣着类支出人均1 730.22元，同比增长8.8%。居住类消费支出人均2 164.11元，同比增长20.1%。受房租上涨和水电等燃料用量增加的影响，水、电、燃料及其他支出同比增长7.7%。家庭设备用品及服务类支出人均1 512.87元，同比增长43.7%，其中耐用消费品支出同比增长57.9%，居民购买家庭设备、日杂用品等支出明显比往年增多。医疗保健类支出人均672.38元，同比下降9.9%。随着医疗保险的普及，居民购买药品的支出减少，其中药品费的支出同比减少24.3%。交通和通讯类支出人均3 371.67元，同比下降9.6%。其中，交通类支出1 983.15元，同比下降24.2%；通讯类支出人均1 388.52元，同比增长24.5%。教育文化娱乐服务类支出人均2 038.90元，同比下降1.3%。其他商品和服务类支出人均697.18元，同比增长9.8%。

2012年，城镇居民人均可支配收入35 546.80元，城镇居民人均消费性支出23 127.28元，居民消费价格总指数102.6%。居民消费性支出构成比例为：食品占40.84%，衣着占7.67%，居住占9.40%，家庭设备用品及服务占5.75%，医疗保健占3.60%，交通和通讯占18.08%，教育文化娱乐服务占12.31%，其他商品和服务占2.35%。

五、城市面貌日新月异

交通建设事关城市的经济发展和人民生活。龙岗建区后，区委、区政府立足高起点、高规格，大胆前瞻，确立"龙岗要全面快速发展，交通必须优先"的指导思想，把发展交通运输事业摆在重要议事日程。

2007年起，龙岗区以交通为重点的基础设施建设全面提速。至2011年的5年间，市、区共投资1 084.6亿元，建设39个重大基础设施项目。包括，地铁3号线、5号线建成运营，深惠路、水官高速、龙翔大道、黄阁路等改扩建工程完工，盐排高速、盐坝高速、南坪快速期、丹平快速一期、北通道、南通道、碧新路北段等一批高快速路建成通车，一系列项目共打通75条断头路。全区道路总里程达1 438公里，规划道路建成率由27.8%提高到37.5%，交通状况显著改善。紧接着，深汕二期、平吉大道等8条主干道建成通车，主干道建成率达到49.5%；坂李大道等12条新建及续建主干道项目进展顺利；打通16条断头路；提升龙岗大道，实现由过境公路向市政大道转变；地铁3号线北延段、16号线作为轨道交通三期建设规划修编调整线路上报国家发改委；深圳东站于2012年12月21日启用。

随着投入的增多，更多的工程项目得以实施，城市面貌日新月异。2007至2011年，龙岗区城市建设进入快速发展期。其中，坂田特区一体化先行示范区规划建设全面完成；深惠路沿线、坂雪岗科技城和大运新城等重点片区改造取得实质性进展；95个拆除重建类项目列入市计划，其中75个项目已编制专项规划，15个项目开工，在建面积达348万平方米，移交公共设施用地49万平方米，城市更新的数量和面积均居全市前列。2012年，龙岗区继续围绕"强中心""兴产业""丰土地""安社区""促设施""美环境"6个方面开展规划研究与编制，三大新城建设取得实质性进展。按照城市副中心定位，龙岗区开展大运新城、深圳国际低碳城等重点片区规划研究和城市设计，实现产业发展规划和城市发展规划的无缝对接；选聘大运中心"一场两馆"运营商，探索商业收益反哺场馆运营模式，激活存量体育设施，带动周边商业文化发展；将坂田特区一体化先行示范区建设和华为新一代通信产业基地建设紧密结合，抓好坂田科技城规划编制审批、城市更新、土地整备、公共配套等系列工作；签订华为控股全球总部基地项目一期用地补偿协议；举办了国际低碳城规划建设高端研讨会，推动国际低碳城建设上升为国家战略。

在大力发展经济的同时，龙岗区委、区政府按照"两手抓，两手都要硬"的方针，舍得投入，大力发展教育、文化、体育等建设，基本实现精神文明与物质文明同步发展。

六、农村教育向城市教育的转变

按照优先发展教育的方针,龙岗区委、区政府遵循深圳市1991至2000年教育发展战略,制定教育发展规划。1993年,龙岗区刚成立,财政基础薄弱,区委、区政府多方筹措资金,对已有的教育资源进行调整,对中小学校进行科学合理布局。经过三年的调整,全区中小学校虽然减少7所,但在校学生却增加了3 900人。随着经济的发展,龙岗区政府对教育投入逐年增加。1995年,区财政投入13 837万元;2000年,投入33 318万元;2003年,投入70 592万元。教育经费的迅速增长,保证了教育事业的快速发展。至2003年,全区有中小学校158所、在校学生95 308人,专任教师6 227人,分别比1993年增长0.6倍、1.4倍和3.6倍;317所学校(包括幼儿园)中等级学校约占51.7%,其中区一级学校89所、市一级学校52所、省一级学校23所;适龄儿童入学率为100%,初中生毕业率为100%,基本普及12年教育。2004年1月18日,龙岗区被广东省教育厅评为广东省教育强区。

1997年,是龙岗区教育发展史上重要的一年。这一年,深圳广播电视大学龙岗分校正式招生,龙岗区基础教育、职业教育、高等教育和成人教育协调发展,标志着龙岗区大教育体系的形成;这一年,龙岗区西埔小学改制为民办小学,全区中小学从此由单一的公办制走上公办与民办相结合的双轨制。2002年,区政府进一步放开民办教育政策,出台了《关于进一步扶持民办教育的决定》,这项政策的推行,极大地调动了全民办教育的积极性,民办教育突飞猛进。至2003年年底,龙岗区有民办学校84所,占53.2%;在校学生95 308人,占50.8%。民办教育已撑起龙岗教育事业的半边天。

随着城市的发展壮大,教育事业也同步发展,龙岗区针对辖区现状，积极推进教育城市化。为了推动这项工作，区政府每年增加财政支出2 426万元，并决定用每年教育费附加的50%支持"村小"的提升改造，打破教育发展的不平衡。全区43所原村办小学收归政府办学，当年，全区审批民办中小学9所、民办幼儿园8所，共增加近3万个学位。全区民办学校共吸纳中小学生12.2万人、幼儿3万人。

龙岗区还正式启动农村教育向城市教育的转变，变教育三级（区、镇、村）管理为二级（区、街）管理。各街道将41所原村小收归政府办学，由街道直接管理。龙岗区每年增加区级财政教育投入2 200万元，明确区、街道管理责权，落实区、街道管理责权划分，加强街道对所辖中小学、成校的各项管理。

教育事业的发展，使教育资源均衡配置迫在眉睫。龙岗区着力构建支教援教工作的"双向互动、三级对口、多元支教"长效机制，让优秀教师向资源较差的学校流动，对原村办小学，实施办学经费、教师编制、教师培训3个方面的倾斜，确保50%以上的教育费附加用于原村办小学的专项改造，提升办学档次和质量；规定义务教育阶段学校不能以各种名义在校内设立重点班（含实验班）和非重点班，各学校要建立健全帮扶学习困难学生的工作机制，给学习困难学生以更多的关心和帮助，给每个孩子提供公平、健康成长的机会；充分发挥骨干教师作用，教师分工要合理搭配；加强民办学校管理，促进公办、民办学校共同发展。

2007至2011年，龙岗区教育迅猛发展，财政性教育投入累计74.6亿元。全区实行"一级办学、一级管理"的现代教育管理体制，基本完成农村教育向城市教育转变。龙岗区完成42所村小均衡化改造升级，横岗高级中学等35个项目竣工，新增公办学位3.84万个和教师编制3 400个，公办学校正临编教师比从6∶4提高到8∶2；设立1亿元民办教育扶持资金，民办学校规范化率达

100%。香港中文大学（深圳）、深圳信息职业技术学院、深圳中学等优质教育资源落户龙岗；成立龙岗区职业训练中心，建立适应产业转型升级的职业教育和培训大平台；高考进步率连年稳居全市前列，教育质量达到全市先进水平。龙岗区成为广东省首批推进教育现代化先进区，同时获评"全国科普教育示范区"。

七、文化体育事业生机勃勃

龙岗建区后，文化体育事业发展较快，文化体育投入逐年增多，先后建成文化站11个、有线电视台（站）11个、文化广场68个、公园47个、影剧院21家、文体中心及文体活动室91个、卡拉OK舞厅140家、投影场11家、录像带租赁点12家、音像制品零售点105家。凭借众多的文艺设施，龙岗区连续搭起以龙城广场、横岗文体广场为代表的众多"大家乐舞台"，为广大群众特别是打工青年献上一道文艺大餐。在发展"大家乐舞台"的同时，区文艺部门定期举办文艺汇演、声乐比赛、创作舞蹈比赛，先后承办1997年全国第二届舞龙比赛、1999年中国（深圳龙岗）客家文化节、2003年广东省首届民间歌会等国家或省级大型文艺活动，提升了文化品位，丰富了群众生活。在大众化文艺活动蓬勃开展的基础上，龙岗舞龙、横岗交谊舞、布吉秧歌、坪地客家山歌、平湖大合唱等，均已形成颇具特色的"文艺品牌"。通过采取"走出去、请进来"的方式，龙岗区文艺部门先后与美国、韩国、马来西亚、加拿大、俄罗斯、匈牙利、菲律宾、塞拉利昂、澳大利亚等国家和地区的文艺团体或个人进行友好交流。异彩纷呈的群众文艺、日益频繁的对外交流，大大地推动了文艺创作。全区音乐、舞蹈、戏剧、书法、摄影、美术、文学创作蓬勃兴起，硕果累累，相继涌现《根情》《客家母亲》等一批高扬主旋律、紧跟时代步伐、展现时代精神的文艺精品。1994至2003年，龙岗区文艺精品共获国际奖项8个、国家奖项46个、省级奖项43个。

建区前，龙岗除为数不多的篮球、足球等体育项目外，主要开展舞龙、舞狮、舞麒麟、舞草龙和划龙舟等民间传统体育活动。建区后，由于经济的发展和生活水平的提高，人们对体育运动的需求也越来越迫切。为此，各级政府不断扩大体育投资，努力推进群众体育、学校体育和竞技体育的全面发展。

从1992年起，龙岗区相继成立舞龙队、舞狮队、舞麒麟队、龙舟队，传统体育项目逐渐由民间自发组织转向由政府组织参加国内外赛事。1994年区文体局、团区委共同主办"南岭杯"青年足球邀请赛，干部职工踊跃报名参加，热情空前高涨，足球、篮球、羽毛球、乒乓球、田径、公路赛跑、武术、拔河、游泳、中国象棋、围棋、保龄球等各种比赛连续举行。1996年，区老干部中心积极组织老年人开展体育比赛活动，各镇相继成立秧歌队、木兰剑队、木兰扇队、腰鼓队、门球队，老同志积极参加省老干部门球赛、市"好日子"老年人健步行等活动。至2003年，龙岗区共获国家和省级群众体育工作奖35项，其中龙岗镇2000年被国家授予"舞龙运动之乡""全国篮球城市"称号，横岗镇2001年被评为"第三批广东省体育先进镇"。

为推进竞技体育的发展，龙岗区采取成立业余体育学校、举办各类型学习班、聘请知名教练、举办区内运动会、承办省级以上体育赛事、参加国内外比赛等多种方式，培养体育队伍和体育人才。1993至2003年，龙岗区业余体育学校共获得市级以上体育竞赛金牌200多枚，并为上级专业队及高等院校输送65名优秀人才，走出了提升竞技体育水平的成功之路。

经济的高速发展，给龙岗区文化体育事业带来勃勃生机。2007至2011年，龙岗区建成各类体育场所210处，启动"三馆一城"和街道文体中心规划建设，3个街道文体中心投入使用；基本完成大鹏所城和鹤湖新居保护一期工程，成功打造画博会和设博会2个平台，创建12个文博会分会场，大芬油画村、中国丝绸文化产业创意园被认定为国家文化产业示范基地；建成全国最大的24小时自助图书馆，新建19家分馆，新增图书117万册，全区数字电视用户超过50万户；获省级以上文艺作品奖项240个、体育比赛金牌100多枚。区图书馆被文化部评为国家一级图书馆。"坂田永胜堂舞麒麟"通过国家级"非遗"项目公示，"平湖纸龙"进入市级"非遗"名录。文化产业发展迅速，大芬油画村、三联玉石、南岭丝绸、宝福珠宝文化名片更加夺目。

2012年，龙岗区精心筹办WTA（Women's Tennis Association，国际女子网球协会）网球公开赛，使其成为中国"四大"顶级网球赛事之一；同年，还成功举办了国际男子篮球俱乐部挑战赛。龙岗区支持25万元推动南岭社区率先建成全国首个24小时社区自助图书馆，推动区图书馆大力争创区长公共服务质量奖；投入1 000万元新建和改造健身路径等"三小"文体设施项目128个开展文化惠民展演、公益电影、公益培训、非遗展览、民俗演出等一系列惠民活动，受益群众300万人次。全区21所学校被评为省级或市级体育传统项目学校，4所学校被评为市高水平运动学校。《莲花红莲花白》《竹蜻蜓》《大围屋·雪娘》等文艺作品获得包括中宣部"五个一"工程奖在内的市级以上奖项174个（国家级89个、省级17个、市级68个）。

八、建立日趋完善的社会保障体系

龙岗区社会保障工作是随着经济的发展兴起的。1993年，龙岗区刚刚成立，经济基础相当薄弱，一些困难群众存在春荒和夏荒困难。针对这一情况，区政府对困难群众实行春夏荒期间救济、冬令期间救济、临时救济、特困户定补。至2003年年底，全区共救济困难群众20 287户、55 876人，发放救济金776.60万元。全区资助380个贫困户建安居房，资金总投入2 938.1万元。其中，区投入1 384.3万元、镇投入967.6万元、行政村投入392.3万元、困难户自筹193.9万元。建区后至2003年，龙岗区共有"五保"对象3 019人，每人每月补助金250至400元。龙岗各镇均有敬老院，且均为省级敬老院。

作为社会保障的重要组成部分，社会保险也得到了快速发展。1993年1月，龙岗区实施《深圳市社会保险暂行规定》，建立企业职工养老保险制度。该保险覆盖各类企业员工和机关事业单位职工，实行社会共济与个人账户相结合的模式。同年，龙岗区开始实施农村社会养老保险工作。次年，全区86个行政村全部实行农村社会养老保险制度。1996年7月1日起，基本养老保险覆盖范围调整为除区级以下"三来一补"企业的非深户外的所有企业、国家机关、事业单位、社会团体员工。2001年2月1日起，龙岗区执行《深圳经济特区企业员工社会养老保险条例》，将原来排除在外的区级以下"三来一补"企业的非深户员工、股份合作公司和村办企业非深户员工纳入基本养老范围。2002年，农村社会养老保险管理职能划转到市社保局，实行全市统筹，纳入财政专户管理；同时，实施职工医疗保险基金制。

随着经济的发展，龙岗区社会保障也得到了较快的发展，全区社会保障体系日趋完善。2007至2011年，区政府以创业带动就业，促进24 245人实现就业及再就业，户籍居民登记失业率连续5年低于2%，"零就业家庭"保持动态归零。龙岗区实施"优才工程"，引进各类人才3.3万人；建立以人才为重点的住房保障体系，建设1.15万套保障性住房；启动社工服务项目试点，积极探索"一站式"服务模式"建立来龙岗建设者关爱体系"；培育社会组织643个。龙岗区逐步实现居家养老服务实现全覆盖；在全国率先实现残疾人"人人享有康复服务"目标；扶贫开发"双到"工作成效显著，投入1.2亿元，落实项目400多个，帮扶的40个贫困村集体经济全部达标，80%以上的贫困户脱贫。2012年，龙岗区参加养老保险人数为190.55万人，参加医疗保险人数为181.75万人，参加工伤保险人数160.10万人，参加失业保险人数24.48万人，参加生育医疗保险54.86万人；全年共征缴社会保险基金55.66亿元，支付保险基金15.13亿元。

第三节 革命老区建设

龙岗建区后，区委、区政府按照"强基础、兴产业、解贫瘠、促和谐"的总体思路，以基层设施建设为重点，以产业发展促进老区建设为目标，从破解老区欠发达地区最核心的制约因素抓起，集中时间、集中资源、集中力量，重点对所辖革命老区文物保护区域实施"扶贫奔康工程"和"同富裕工程"。通过全区广大干部的共同努力，龙岗区扶贫和老区建设及文化建设工作取得了显著成效，老区人民物质文化生活水平有了明显提高。

一、以"同富裕工程"扶持老区建设

龙岗建区后，为了加强革命老区建设，改善老区人民生活，区委、区政府结合辖区实际，制定了《龙岗区革命老区建设实施方案》，定期为革命老区下拨专项建设资金。如1995年，龙岗区对革命老区扶贫及项目建设总投资达700万元，其中区农村基层组织建设工作领导小组办公室安排500万元，区民政局安排200万元，重点帮助农村基层工作队驻点村建设、扶持3个扶贫公司和贫困村急需解决的项目。1998至1999年，龙岗区财政每年拨款150万元，用于扶持革命老区建设，帮助镇、村解决水、电、路及部分敬老院改建和设备问题。2000至2003年，龙岗区财政每年拨款100万元，用于扶持革命老区建设，主要帮助部分镇、村解决水、电、路及部分居委会完善配套设施。

据统计，从建区至2003年，龙岗区投入老区建设经费1.67亿元，新建和改造水泥路361公里，修建桥梁38座，架设输电线路426公里，改造自来水管道34宗，修建校舍5.9万平方米，兴建文化娱乐场所14个，修建医疗站15间，创办工厂企业15家、第三产业65家，扶持种植茶果等经济作物1万公顷。老区建设资金的投入，为老区建设提供了源源不断的活力，一大批工业企业在成长，一大批村落社区换了面貌，一大批人民群众过上了幸福生活。2003年，老区工业总产值242.32亿元、农业总产值4.2亿元、人均收入2.2万元，与1994年相比，分别增长273%、40%和621%。随着改革开放的深入，不少老区村庄已步入富裕村行列，有相当一部分老区群众办起了企业，购买了私家车，生活已达小康水平。

为了进一步消灭贫困，1995年，深圳市对欠发达地区实施了为期3年的第一期同富裕工程。工程对象是全市1994年末人均集体分配收入低于2 000元的416个欠发达自然村。在实施第一期同富裕工程期间，市、区、镇财政共无偿投入19亿元，安排基础设施建设项目416个，帮助发展生产经营项目181个，使欠发达村生产、生活条件有了明显改善，村级集体经济有了较大发展，村容村貌有了明显改观。

从2001年起，深圳市用3年左右的时间实施第二期同富裕工程。第二期同富裕工程的实施范围是：基础设施未实现"四通"（公路、供电、供水、电话），2000年人均集体分配收入低于2 000元且人均纯收入低于5 000元，以及1/4的群众目前仍住泥土房、而且人口相对集中的自然村。实施第二期同富裕工程的重点是宝安、龙岗区的欠发达村。通过市、区、镇三级财政投入，龙岗区在符合城市规划的前提下，用3年时间分期分批解决欠发达地区的供水、供电、通讯、治河、道路、学校、卫生设施，改善生活条件和投资环境。此间，龙岗区集体经济有较大的发展，欠发达村人均年集体分配收入超过2 000元。

在龙岗区坪地镇（全镇有革命老区村48个，基本覆盖全部自然村），1999年全镇共有贫困村32个、村民5 777人，相对贫困的人口占比高达60%。2000年开始，镇党委、政府选择人均收入较低、集体经济较薄弱的13个自然村作为"扶贫奔康"对象，投入资金1 100万元，建设"同富裕工业园"。2001年，坪地镇建成厂房4.7万平方米并招商成功，年租金获利493万元，使13个自然村的2 822人受益，受益最高的1 983元，最低的230元。2002年，镇党委、政府又投资1 681万元，及时启动第二期工程，在坪东村建起总建筑面积为6.2万平方米的10栋厂房和10栋宿舍楼。同年9月，坪地镇参加香港投资环境推介会，招商签约3宗。其中，韩商投资3 000万港元，租赁厂房1.2万平方米；港商投资1.2亿港元，租赁厂房宿舍3万平方米；香港龙复贸易公司租地2万平方米。6个行政村当年共受益558万元。2003年，坪地镇实施第三期扶贫奔康项目，建设富地岗商业中心。年底，6个行政村增收313万元。为此，坪地人民把扶贫奔康工程称为"筑巢引凤的德政民心工程"。

2004年，全市开始实施第三期同富裕工程。市、区财政加大对欠发达地区的投入，进一步改进和完善供水、道路、排污（排洪）、供电等基础设施建设，满足欠发达地区群众生产、生活需要，帮助收入低的群众加入社会保障网络，改善群众居住条件，努力使群众人均年集体分配（分红）超过2 000元，推动宝安、龙岗两区城市化建设。这一年，龙岗区进一步扶持欠发达地区。市、区共安排同富裕和扶贫奔康工程资金8 100万元；启动"同富裕工程"项目15个，主要解决通水、通路问题，"扶贫奔康工程"完成项目37个，为282个居民小组增加收入5 610万元。"同富裕工程"项目使一批低收入村脱贫,这一年,人均收入在2 000元以下的贫困居民小组减少23个。龙岗区有关部门积极牵头,组织妇联、共青团、文联等部门积极开展首届"关爱行动"。全年救济子女读书难和临时生活困难家庭112户,向低保户发放最低生活保障金506.9万元;帮助3 636人就业和再就业,城镇居民登记失业率控制在2.25%以内。2005年,龙岗区帮扶工作力度进一步加大。市、区两级安排同富余资金5 417万元,其中2 900万元用于欠发达社区缴交养老和医疗保险。区财政投入5 000万元用于"扶贫奔康"项目建设,安排5 000万元为原村民一次性补交养老保险金,支持东部三街道开发13个"短、平、快"项目,人均年集体分配在2 000元以下的居民小组比上年减少35个。2006年,龙岗区完成同富裕项目19个,实施"扶贫奔康"项目30个,共有197个居民小组实现脱贫奔康。

2007至2010年,深圳市开始实施第四期同富裕工程。第四期同富裕工程实施的范围是:宝安、龙岗区的欠发达地区。市财政资金扶持的重点地区是:龙岗区南澳、大鹏、葵涌、坪山、坪地、坑梓等6个街道,对宝安、龙岗区因生态保护、水源保护而划定为限制发展的特殊地区,在符合规划、环保的前提下适当予以倾斜。

龙岗区民政部门每年开展对老区人民的慰问工作。2003至2004年,龙岗区每年慰问革命老区村(社区)10个,各村(社区)慰问金2万元,合计20万元;2005年,慰问革命老区村(社区)11个,各村(社区)慰问金2万元,合计22万元;2006年,慰问革命老区村(社区)11个,各村(社区)慰问金3万元,合计33万元;2007年,慰问革命老区村(社区)16个,各村(社区)慰问金5万元,共计80万元;2008年,慰问革命老区村(社区)17个,各村(社区)慰问金5万元,共计85万元;2009年,慰问革命老区村（社区）16个，各村（社区）慰问金5万元，共计80万元；2010年，慰问革命老区村（社区）10个，各村（社区）慰问金5万元，共计50万元；2011年，慰问革命老区村（社区）16个，各村（社区）慰问金5万元，共计80万元；2012年，慰问革命老区村（社区）20个，各村（社区）慰问金5万元，共计100万元。

二、以城市化社区推动老区建设

社区是加强社会管理和公共服务的重要平台，是保障和改善民生的重要依托。在龙岗，由于城市化建设的推进，许多革命老区村的存在形式已经不是传统意义的村落，而是变身为农村城市化社区或社区所属的居民小组。随着改革的深化、经济的转轨和社会的转型，龙岗区社区建设的推进，直接关系到老区人民群众的生活水平。

2003年，龙岗区设有村民委员会91个、村民小组602个，社区居民委员会15个。随着城市的不断发展，龙岗区及时推动"村改社"工作，2004年，全区91个行政村全部按要求改设为社区居委会，全面实现城市化。

"村改社"之后，龙岗区及时部署社区换届工作，由于组织工作得力，换届工作进展顺利。2005年，全区127个社区居委会顺利完成换届选举工作，选出居委会干部648人，并于8、9月对新当选的社区居委会干部进行上岗培训，培训率达100%。全区共有24个社区被评为"深圳市平安和谐社区"。龙城街道被评为"全国和谐社区示范街道"，布吉街道南岭社区被评为"广东省平安和谐先进社区"。全区固本强基社区建设初审项目56个，向市里上报项目26个，获审批项目19个。

2006年，龙岗区147个社区工作站通过定岗定员，核准定员人数1 671人，其中领导职数469人。区委组织部、区委党校和区社区办联合对社区工作站人员任职培训班，培训社区干部1 081人。在培训社区干部的同时，龙岗区对2004年、2005年固本强基社区建设项目新增拨款4 149.5万元，全区共下达固本强基社区建设前期工作计划项目53个，其中新建项目46个，改建项目7个；有23个项目申请市固本强基社区建设项目补助计划。2004至2006年，龙岗区共下达前期计划项目116个，市、区、街道三级共安排投入固本强基项目资金22 866万元，实际使用市、区财政配套资金5 532万元，有7个项目竣工并投入使用。

经济的飞速发展，带来了社区建设步伐的加快。2007至2011年，龙岗区财政对社区建设投入达50亿元，实施欠发达社区扶贫奔康工程58个、同富裕工程31个，完成98个社区固本强基项目，帮助近2万名困难群众缴纳社会保险。"村改社"小区物业管理基本实现全覆盖，社给水管网改造一期工程竣工。居委会全部实现直选，省、市"六好"平安和谐社区分别达83%和88%。社区的稳定和发展，激发了社区干部干事创业的积极性，根据龙岗区出台的扶持社区经济转型发展28条措施，全区安排专项资金8 700万元，成立股份合作公司协会，大胆投资兴业，还利于居民，推动84个社区参股高速公路，4个社区参股村镇银行，股民人均分红突破万元大关。2012年，龙岗区继续大力帮扶贫困社区，制定《龙岗区开展区属单位结对帮扶社区工作实施方案》，由区属单位、街道、社区三级派员共同组建50个工作组全脱产驻点社区开展帮扶工作。至年底，各工作组共帮助社区解决突出问题591宗，协助解决扶持资金1 200余万元。

三、发扬革命老区拥军优属的优良传统

拥军优属是革命老区优良传统。龙岗区一向十分重视拥军

优属工作，每年元旦、春节和建军节期间，龙岗区委、人大、政府、政协、区纪委主要领导和有关部门负责人，组成拥军优属慰问团，走访慰问驻区及周边地区部队、武警部队和公安边防部队，送去慰问品和慰问金。地方政府与驻地军队关系日益密切，互动越来越多，1995年，龙岗区与驻区某部队一起创办军地两用人才学校。此后，区、镇政府每年支持学校经费，并列入每年的财政预算。战士们在学校学到技术，退伍后都得到较好的安置。2001年后，区、镇、村支持部队改造营区、文体设施和国防建设资金；区、镇每年为部队减免水电费。此外，区内各医院均有军人及优抚对象优先窗口，驻军较多的镇还在车站、邮局、银行等地设置"军人优先窗口"；区委、区政府及各镇为驻区部队赠订《深圳特区报》《深圳法制报》《晶报》《龙岗日报》1 000份，赠送图书10 000册，并拨款给布吉检查站、驻葵涌镇特勤大队总部购买书箱和电脑设备。2002年，区政府拨款给某集团军建游泳训练场。同年8月，区、镇拨款支持驻区某部队兴建多功能礼堂，拨款支持驻港部队教导团建设文化长廊。

在做好拥军工作的同时，龙岗区还着力做好优属工作。每年元旦、春节等节日，区民政部门都走访慰问全区烈军属、革命伤残军人和在乡老复员军人，并向他们赠送慰问品和慰问金。1993年至1997年，区政府帮助77户老复员军人解决住房困难，其中为22户新建房屋，为55户修理、改造房屋。1999年，龙岗区开始对农村和城镇义务兵家属发放优待金。农村义务兵家属优待金由镇、村两级财政解决，城镇义务兵家属优待金由市、区财政各负担50%。义务兵在服役期间获得荣誉称号、立功或被评为优秀士兵，增发当年优待金，其中荣立三等功以上者，镇、村分别给予500到2 000元的奖励。对革命烈属、因公牺牲军人家属、病故军人家属实行定期补助并逐年提高。2001年，对全区200名在镇、村的老游击队员、老堡垒户、老交通员、老苏区干部、老党员每人每月补助530元。2001年到2003年，全区投入74.8万元，解决了13户优抚对象的住房困难（建筑面积2 250平方米，用款31.2万元）、55户（次）生活困难户和121户（次）优抚对象的医疗困难。

为了进一步把拥军优属落到实处，龙岗区对革命烈属、因公牺牲军人家属、病故军人家属（简称"三属"）实行定期补助，并逐年提高。

对军队退役人员的安置工作，龙岗区党委、政府高度重视，1993年至1994年，龙岗区全部退伍义务兵被安排在企事业单位工作。针对退伍安置出现的弊端，龙岗区大胆创新，在全市率先出台《农村退役士兵安置和奖励办法》。2010年，龙岗区接收退役士兵和转业士官131名，组织55名退役士兵参加各类就业培训，发放安置补助金、定恤定补金及生活补助费近1 883万元。走访慰问部队、优抚对象和复员军人，送慰问金及慰问品近1 100万元，为部队医疗设备购置、基础设施建设提供经费1 531万元。

区政府还建立和落实优待抚恤自然增长机制，定恤定补对象全部按照规定和标准享受到定恤定补金。全区义务兵全部享受优待金。发放重点优抚对象和参战退役人员医疗参保专项经费，解决优抚对象医疗难、生活难、住房难。

第七章
党的十八大以来的发展

2012年11月8日,中国共产党第十八次全国代表大会召开。龙岗人民欢欣鼓舞,士气高昂。龙岗区扎实推进贯彻十八大各项工作,广泛开展迎接党的十八大系列活动,精心组织各类宣传、学习,十八大精神深入人心。十八大以来,龙岗区委、区政府深入贯彻党的十八大路线方针政策,在深化改革、不断发展龙岗区经济、社会、民生建设的同时,大力推进老区建设与发展,老区人民生活不断改善,人民生活满意度持续提升,精神文明建设有了长足的发展。

党的十八大以来，龙岗区进入一个新的发展阶段。这一阶段，龙岗区迎来空前大发展，一批高精尖项目落户辖区，极大地提升了辖区品质和内涵。龙岗抢抓"东进战略"的发展机遇，深圳国际大学园、深圳国际低碳城率先推动国际化创新合作、绿色低碳合作，向"大学之城""创新创业之城"转型，向创新驱动、产城融合、社会共治共享的新阶段迈进。

在十八大精神鼓舞下，龙岗人民传承红色基因，与时俱进，全面推进社区经济、政治、文化、社会以及生态文明建设，推动革命老区迈上了兴旺繁荣的新阶段。2014至2016年，龙岗GDP占深圳全市比重分别为14.5%、15.1%、16.3%；龙岗对深圳GDP增长的贡献率分别为14.5%、15.1%、16.3%，对深圳经济发展的贡献逐年加大；3年来分别拉动深圳GDP增长1.22%、1.97%、3.09%。2017年，龙岗区实现地区生产总值3 858.62亿元，跃居全市第二，增长9.8%。2018年，龙岗区常住人口238.64万人，户籍人口72.78万人，非户籍人口165.86万人。2018年，全区实现地区生产总值4 287.86亿元，比上年增长11.0%。

第一节 全面加强和改进党的建设

党的十八大后，中共龙岗区委紧紧围绕执政能力建设和先进性、纯洁性建设主线，全面加强和改进新形势下党的思想建设、组织建设、作风建设、反腐倡廉建设和制度建设，着力打造学习型、服务型、创新型基层党组织和"为民务实清廉"的党员干部队伍，不断提高各级领导干部的思想政治能力、动员组织能力、驾驭复杂环境能力，为推动龙岗跨越发展提供坚强的政治和组织保障。

一、从转变作风抓起

党的十八大的召开，吹响了党的作风建设的号角。龙岗区进一步转变作风，着力加强党的建设。

2013年，龙岗区委深入开展群众路线教育实践，扎实开展"先学、先查、先改"活动。全区开展"三进三服务"活动2 006场次，参与党员志愿者逾5万人次。区委严格落实中央"八项规定"和市委"六项专题行动"，查处违反"八项规定"问题12个，涉及10人。全区"三公"经费总体下降18.2%，以区委、区政府名义印发的公文减少31%，会议减少29.7%，检查考核项目压减90%。为提升干部作风，出台了"任务令、嘉奖令和批评书"实施办法、"函询通知书、提醒通知书、诫勉通知书"预警告诫办法、党政问责办法，加强干部出国（境）管理，开展"效能提升年"六项行动，常态化开展明察暗访。全年，党的建设呈现以下两个特点：（一）基层党建亮点突出。服务型党组织建设深入开展，"健全监督机制、规范社区运作"等书记项目扎实推进，培育了"党员红细胞"工程等品牌，党员志愿者服务项目上升为市委"书记项目"。（二）廉政建设取得新成效。出台加强廉洁从政的决定和考核办法，增强纪律教育实效，强化行政监察和问责，实行领导干部经济责任审计与财政资金绩效审计相结合，建成社区"三资"监管服务系统，强化对党员干部的监督约束。诚信建设取得积极成效，建成全省首家县（区）级征信用信平台，全省政务诚信建设现场会在龙岗区召开。2013年，龙岗区共有党的基层组织2 423个，其中党委152个，党总支138个，党支部2 133个，全区共有党员3.46万名。

2014年，龙岗区坚持从严治党，通过举办处级干部轮训班等形式，深入学习贯彻十八届三中、四中全会和习总书记系列重要讲话精神，不断增强各级党组织和广大党员干部政治意识、大局意识。区委建立干部履职信息库，完成区管班子及区管干部届中考察、调整优化工作，提升选人用人科学化水平；顺利完成社区换届，选优配强社区和"两新"组织第一书记，完成74个软弱涣散党组织整顿；社区"三资"监管工作得到市委、市纪委主要领导和省委督导组的充分肯定；启用区党员服务中心，实现社区党群服务中心全覆盖，服务型党组织建设得到中组部领导充分肯定，全市社区党建和社区服务工作现场会在龙岗区召开。

龙岗区在全市率先出台《关于落实党风廉政建设党委主体责任和纪委监督责任的实施意见》，支持区纪委推进"三转"，聚焦主责主业。全面开展人、财、物"三清"专项行动，共涉及临聘人员3.3万人，清理出专项资金19.7亿元、政府物业397万平方米，并纳入统一监管体系，既提高了政府资源使用效率，又有效防控了廉政风险。龙岗区强化审计监督，严肃执纪问责，查处违反八项规定问题34宗、处理41人，数量同比均增加两倍以上；全区纪检信访举报和查办案件呈现"一降四升"态势，初信初访受理量下降32.8%，纪检信访核查率提高34.5%，办结率提高20%，成案率提高至33.9%，立案数增加60%；成立"三严三实"专题教育协调小组，成立四个联络小组，强化督导检查，编写《专题教育工作问答》和《专题教育日程安排参考》，认真落实专题党课和学习研讨要求。区委领导班子、区直属各单位、各街道均按时保质完成领导讲党课，开展专题研讨。全区所有处级干部，全部以普通党员身份参加专题组织生活会。查摆问题不断深化，以"三聚焦、三查找、三确保"为突破口，查摆"不严不实"问题，通过调查问卷、召开座谈会等形式广泛征求意见。2014年，龙岗区共有党的基层组织2 439个，党委155个，党员3.53万名。

2016年，龙岗区出台基层党建3年规划，建立全面、精准的从严治党体系。一是扎实开展"两学一做"学习教育。龙岗区把学习十八届六中全会精神作为"两学一做"学习教育的重要内容，坚持"六讲六学"，开设"两学一做"专栏，成立"学做"讲习团，党员干部的"四个意识""四个自信"不断增强。二是认真做好区级班子换届工作。龙岗区从严执行换届纪律，选举产生新一届区领导班子，实现换届期间"零投诉、零上访、零违纪"。龙岗区以区级班子换届和街道分设为契机，及时对各街道和区直有关单位领导岗位进行补充调整；探索干部选拔任用工作办法，推行实名推荐干部制度，干部工作科学化水平进一步提升。三是强化基层党组织建设。龙岗区开展书记抓基层党建述职评议，推进社区党建标准化建设、驻点直联、软弱涣散社区党组织整顿等工作，基层党组织战斗力不断增强；构建"六化"型园区党建新格局，中浩工业城园区党建模式在全国园区党建现场会推广。当年,龙岗区机关党建标准化改革获全市首届"党建杯"创新大赛一等奖。四是严抓党风廉政建设。龙岗区认真学习贯彻《关于新形势下党内政治生活的若干准则》和《中国共产党党内监督条例》;严格落实"两个责任",全面开展"两个责任"标准化建设;强化审计监督,对18名领导干部开展经济责任审计。2016年,全区共有党的基层组织2 469个,党工委13个,党员386万名。

2017年,龙岗区深化监察体制改革,认真贯彻《中国共产党廉洁自律准则》和《中国共产党纪律处分条例》,严格落实"两个责任",积极践行监督执纪"四种形态",加快推进审计全覆盖,全面从严治党成效突出。全市唯一一家家风文化廉政教育基地在龙岗区鹤湖新居的龙岗客家民俗博物馆正式挂牌,区纪委荣获"全省纪检监察系统先进集体"称号。至年底,全区共有党的基层组织2657个,党工委15个,党员4.06万名。

2018年,龙岗区践行新时代党的建设总要求,推动各级党组织全面进步、全面过硬,干部队伍作风持续提升,全面从严治党不断向纵深发展、向基层延伸;稳步推进思想建设,常态化制度化开展"两学一做"学习教育,严格规范"三会一课"制度,推进领导干部以普通党员身份参加所在支部组织生活会,各级党组织召开专题组织生活会9 634次。龙岗区广泛开展"我当网格员"、党员政治生日、重温入党誓词等主题活动,党员干部党性意识进一步增强;开展"作风建设提升年"行动,实施作风建设提升20条措施,干部队伍执行力战斗力明显加强;坚持在急难险重一线岗位上历练干部,抽调153名处、科级干部全流程参与土地整备、治水提质等攻坚任务。

二、加强基层党建

2013年，在社区基层党建工作中，龙岗区将"健全监督机制，规范社区运作"作为区委书记基层党组织建设"书记项目"，召开"书记项目"推进会，出台《关于健全监督机制、规范社区运作的意见》和《社区干部述职、问政、评议暂行办法》，落实工作措施，建立权责明晰、衔接配套、运作有效的社区监督机制，推动社区规范运作。龙岗区统筹安排、协调推进社区综合党委（纪委）、居委会、股份合作公司的换届选举和社区工作站专职人员的聘用，召开全区社区换届选举工作会议，对相关工作进行全面部署，在109个社区全部成立社区纪委。龙岗区深化街道、社区党员志愿者服务工作，龙岗区党员志愿者服务工作得到上级领导的给予高度肯定；开展2012年度星级党员志愿者评选工作，评选出1 640名星级党员志愿者，全区星级党员志愿者人数达到2 822名；评选19个党员志愿者服务优秀项目和16个党员志愿者服务优秀团队；印发《关于规范龙岗区党员志愿者服务队队部建设的通知》，规范党员志愿者服务队和党员志愿者服务站建设。龙岗区统筹开展社区换届选举，109个社区综合党委、117个居委会、130家股份合作公司、303个居民小组均按计划完成换届选举工作，选优配强社区领导班子；出台《关于改革社区治理体系提高基层治理能力的意见》等"1+7"文件，以改革社区治理体系为重点，推动"党、政、居、经、社、服"等基层组织和平台各司其职、各尽其责；构建以社区综合党委为核心、以居委会自治为基础，以社区工作站为政务管理服务平台，社区各类主体共同参与的社区治理体系。

龙岗区成立区委基层治理领导小组，扎实推动基层治理，设立每年5 000万元基层治理组织建设专项经费，制定基层治理重点工作任务清单，从建强组织体系、理顺体制机制、夯实群众基础、化解突出问题、提升幸福指数五大方面推动全区基层治理工作。龙岗区实施"一核多元协同共治"社区治理体系改革，重点推进加强社区党组织建设、"政企社企分开"、整合优化社区人力资源、加强社区居委会建设、完善社区综合服务体系等5类项目；开展软弱涣散社区党组织整顿，排查出11个软弱涣散社区党委，对这些后进社区通过安排区领导挂点、选派第一书记、派驻工作组、下拨帮扶经费、开展专题培训等措施推动整顿工作，全部实现"摘帽"；安排1 110万元工作经费，推动"驻点直联"标准化建设。

2018年，龙岗区按照"1+10+N"〔1个市级+10个区级+N个社区（园区）党群服务中心〕党群服务中心联盟体系建设要求，在全区建设党群服务中心。中心设有综合服务区、综合活动区（党员宣誓大厅）、党建书吧区、全区党群服务中心指挥区、视频会议区、"智慧党建"体验区、电教演播区、辅导报告区（党建大课堂）和龙岗城市故事汇展馆，拥有"智慧党建"设备多台以及党建图书、报纸杂志和影像资料1万册（份）龙岗区服务基层组织集体开展参观学习、组织生活，兼顾开展一些面向党员个人服务项目。龙岗区将党建工作与人才服务工作结合，党员和人才可以在政策法规宣传机中查询区党员和人才关爱、激励和奖励政策；建成区级远程监控和多方会议系统，连通街道、社区和园区党群服务中心，实现"一盘棋联动、一张网指挥"；利用"智慧党建"设备，能实现党建业务、人才政策法规、活动安排一键查询和检索，能满足基层党组织集中开展电化教育和党员个人学习党建概况、特色项目、支部工作法、身边最美党员先进事迹等需求；运用前沿VR技术，创新打造一套"不忘初心、牢记使命，重走红军路系列党性教育VR体验系统"，将南昌、井冈山、瑞金3个"摇篮"纪念馆全方位、全景式、全覆盖、立体化"移植"至区党群服务中心内,开发南泥湾八路军大生产和铁道游击队战斗体验场景。

第二节 推动经济转型升级

2013年，欣逢龙岗区建区20周年，也是全面贯彻党的十八大精神的开局之年。经过20年的发展，龙岗区经济发展取得了可喜的成就，但此时的龙岗经济正处于从工业化中后期向工业化后期过渡的阶段，必须从粗放式、低端的发展转向创新、智慧、低碳、精细的高端发展。为了实现这样的转型，龙岗区着力构建5个体系：坚持高端集聚、创新驱动，建立先进的产业体系；坚持规划引领、低碳发展，建立精细的城市建管体系；坚持需求导向、民生优先，建立便捷的公共服务体系；坚持夯实底线、确保安全，建立稳固的城区安全体系；坚持严格管教、转变作风，建立科学的党的建设体系。紧紧围绕党的十八大提出的"两个一百年"奋斗目标，龙岗区按照区第五次党代会的部署，以"城市管理年"和"效能提升年"为载体，以"转型升级、跨越争先"为目标，追求质量、勇于创新、注重效能、突出高端、立足实干，全面推进经济社会发展各项工作，努力打造生态龙岗、创业新城，加快建设现代化国际化先进城区。

一、经济高速增长

2013年至2018年，龙岗区经济保持健康、高速的发展，具体情况见下表。

十八大以来龙岗区主要经济指标

项目名称		2013年	2014年	2015年	2016年	2017年	2018年
生产总值	绝对值（亿元）	2 143.48	2 321.25	2 636.79	3 177.06	3 858.62	4 287.86
	增长率（%）	11.2	9.5	10.5	9.9	9.8	11
规模以上工业企业增加值	绝对值（亿元）	1 225.03	1 398.65	1 623.75	2 004.55	2 240.65	2 755.02
	增长率（%）	13.0	12.1	16.2	11.2	12.0	18.1
社会消费品零售总额	绝对值（亿元）	475.48	523.07	549.56	670.52	732.12	768.65
	增长率（%）	11.6	10.0	3.0	8.3	9.2	8.2
固定资产投资额	绝对值（亿元）	575.01	602.00	658.09	763.70	946.69	1 123.72
	增长率（%）	14.4	8.7	9.3	16.0	24.0	18.7
外商直接投资	绝对值（亿美元）	6.00	3.31	2.71	2.00	1.01	2.32
	增长率（%）	3.6	-44.8	-18.3	-26.0	-49.8	130.9
出口总额	绝对值（亿元）	299.42	304.60	373.69	—	2 346.72	2 532.3
	增长率（%）	2.1	3.6	4.7	—	4.6	7.9

（续上表）

项目名称		2013年	2014年	2015年	2016年	2017年	2018年
公共财政预算收入	绝对值（亿元）	130.77	158.37	204.33	240.14	236.78	254.65
	增长率（%）	8.2	21.1	29.0	17.5	1.4	7.6

二、培育高新技术产业

党的十八大后，龙岗区调整优化高新技术产业发展目标，制定实施《龙岗区关于加快培育发展战略性新兴产业的实施意见》，进一步加大对高新技术企业扶持力度，在政策层面助力高新技术产业发展。2013年区政府下拨科技发展资金1 914万元，扶持自主高新技术产业项目52个，带动社会投入1.8亿元，助推科技企业创新发展。

为稳步推进智慧城区建设，龙岗区推进完成智慧龙岗总体规划研究，编制《龙岗区智慧城区规划纲要（2014—2020）》，正式启动实施智慧城区建设，给与高新技术产业强大的支持，逐步形成以平台汇聚人才、资本、技术、项目发展格局；启动财政资金股权投资改革，完成科技项目扶持546项，扶持资金1.9亿元；协调解决高新技术企业530多名高端人才安居住房问题。

龙岗区持续以优惠政策，大力支持创新企业发展。2016年，龙岗区新增创新平台19家，科技型研究机构2家，新增国家级高新技术企业189家；扶持项目553项，资金达1.65亿元；国际专利申请达4 526项，占全市23.3%；创建科技示范社区30个，其中国家级5个。龙岗区获评广东省2016至2020年度全国科普示范区。

为支持高科技企业开展科技研发，龙岗区不断推出相关政策。2017年,龙岗区对高端科技企业给予最高1 000万元研发投入激励,最高1 000万元租金扶持,引导培育一批高含金量、高附加值企业,推动高成长性中小科技企业快速发展。龙岗区全年扶持科技项目近2 000个,金额达3.37亿元;新增国家级高新技术企业540家,累计1325家;新增创新平台19家,累计150家;新增2个诺贝尔奖科学家实验室,1家海外创新中心。

2018年,龙岗区持续完善科技基础设施布局,积极落实"十大行动"计划。龙岗区依托产业、空间、高校等优势,积极争取市级重大科技基础设施向龙岗布局倾斜,加快建设新型科研机构,实现第3所诺贝尔奖科学家实验室落户。一方面,龙岗区多举措壮大存量,协同深圳龙岗智能视听研究院承办首届AITech"极智未来"2018国际智能科技峰会,支持香港中文大学(深圳)机器人与智能制造研究院举办中国工程院院士论坛等活动,帮助太空科技南方研究院申报国家、省、市科技计划项目7项。另一方面,龙岗区多路径扩大增量,加强集成电路产业布局,与国家集成电路设计深圳产业化基地达成合作意向,拟引入该基地IC测试验证中心和IC设计服务平台;加快打造创新平台体系,鼓励企业申报重点实验室、工程技术中心、产品检测中心等创新平台,新增10家,累计160家;推进大型工业企业创新能力培育(提升)计划,5亿元、3亿元及规模以上工业企业研发机构覆盖率分别为100%、83.6%和36.1%,超额完成市考核指标。

第三节 提高社会保障水平

党的十八大以后，龙岗区社会经济建设持续深化，人民生活不断改善。区委、区政府优先发展民生事业，加快建立完善的公共服务体系，不断提高社会保障水平，加大支持原居民素质提升力度，扶持户籍人口就业创业，帮助他们创新发展；尤其在劳动就业、社会保障、社会救助上体现党和政府的关怀，在大力发展经济的基础上，努力提高老区人民的生活水平。

一、促进劳动就业

党的十八大以后，龙岗区贯彻落实促进就业优惠政策，促进劳动就业，同时确保区就业专项资金支付到位。2014年，龙岗区争取市失业保险基金促进就业经费3 117.8万元，中央就业补助经费1 323万元，市就业服务属地化管理专项经费910万元，促进就业创业工作稳健发展；实行区、街道、社区三级审核制，全年新认定就业困难人员2 363人，全区享受就业困难人员招用补贴226人，享受灵活就业补贴6 986人，享受临近退休补贴104人。全区办理就业登记240.99万人，办理就业登记立户企业2.25万家。失业登记及失业金申领业务落实到位，全区户籍人员办理失业登记3 645人，其中346人申领失业保险金；异地务工人员办理失业登记1.43万人，其中1.33万人申领失业保险金。全区212名创业人员享受社保补贴，49名创业人员申请场租补贴，43名创业人员享受首次创业补贴，25名自主创业者申请办理小额担保贷款。

为进一步推进劳动就业工作，龙岗区全面实施以创业带动就业的"龙翔工程"，提高创业层次，营造创新创业的良好环境。2013年，扶持310名龙岗户籍失业人员创业，其中培养创新创业人才60名，带动就业589名。在6月的珠三角九市大学生创业座谈会上，龙岗区作为唯一一个县（区）级单位参会并介绍经验。当年，龙岗区认定硅谷动力电子商务港、大运软件小镇、华夏动漫城等7家创新创业孵化基地，大力协助基地开展创新创业者引进工作。龙岗区在7个街道建立"创新创业加油站"，建立包括52名创新创业导师和8名创新创业特聘导师在内的第一批专家队伍，鼓励创业成功人士与初始创业人员一对一结对帮扶，创业服务内涵得到延伸和深化；建立包含165个创新创业项目的免费查询库，通过街道创业服务平台向辖区户籍人员推广开放。龙岗区还组织以"促稳定就业 扶创新创业"为主题的龙岗区2013年户籍失业人员专场招聘会暨创新创业项目推介会，精选近100个创业项目进行现场推介，推荐6 000多个工作岗位供高校毕业生选择。

在落实促进就业优惠政策的同时，龙岗区继续帮助就业困难人员就业。2015年新认定就业困难人员1 752名，累计向268名就业困难人员发放招用补贴472.53万元，向5 496人发放灵活就业补贴3 952.02万元；共审核发放248名创业人员社保补贴118.96万元、80名创业人员场租补贴60.4万元、91名创业人员首次创业补贴38.4万元。全区共促进2 248名户籍失业人员实现就业和多形式就业，城镇居民登记失业率为0.75%，"零就业家庭"持续动态归零。2017年，龙岗区新认定就业困难人员791名，促进2 068名户籍失业人员实现就业；认定4 156人享受灵活就业补贴，219名就业困难人员享受招用补贴，1 210人享受各类创业扶持政策补贴。龙岗区全年使用区就业专项资金2 660.14万元，使用中央及市就业资金715万元。

2016年,龙岗区加快创新创业孵化基地建设,新认定天安云谷产业园、创兆广场、708090创客汇为创新创业孵化基地,全区孵化基地数量达10家,其中大运软件小镇、硅谷动力电子商务港被认定为"广东省创业孵化示范基地";并承办了以"众创先锋·智赢未来"为主题的"全国大众创业万众创新活动周"天安云谷分会场活动。龙岗区全年累计培养620名创新创业人才,累计带动就业1.2万余人。

2017年,龙岗区推动"龙翔工程"升级版落地,进一步激发大众创业热情。龙岗区出台《龙岗区创业孵化基地管理办法》,推荐厚班企业创客中心等5个项目申报区创新创业孵化基地,推荐天安云谷产业园、李朗软件园等10个园区申报市级创业孵化基地;试点成立横岗街道青年就业创业平台,帮助户籍居民拓宽就业创业渠道;全年共帮扶262名户籍青年实现创新创业,带动3 110人实现就业;新认定就业困难人员791名,促进2 068名户籍失业人员实现就业。当年,龙岗区认定4 156人享受灵活就业补贴,219名就业困难人员享受招用补贴,1 210人享受各类创业扶持政策补贴,全年使用区就业专项资金2 660.14万元,使用中央及市就业资金715万元。

2018年,龙岗区推进实施创新创业带动质量就业"龙翔"工程升级版,组织各街道开发创新创业园区,评选年度区级创新创业孵化基地9家,推荐大运软件小镇参评国家级创业孵化示范基地。龙岗区评选区第五届创新创业先锋人物10名,打造"双创"先锋人物品牌;帮扶270名户籍青年实现创新创业,带动就业3 240人。组织150家(次)企业组成招才引智团,赴湖北、湖南、广州3地开展"优才中国行"校园招聘活动,举办招聘、宣讲会各6场,面试应届毕业生1 819人次,达成意向902人。

二、推动社会保险全覆盖

社会保障关系到每个社会成员的切身利益，直接影响到经济社会协调可持续发展和社会公平正义的有效实现。党的十八大后，龙岗区加快推进覆盖城乡居民的社会保障体系建设，稳步提高保障水平，推动社会保险全覆盖，做到应保尽保。

2013年，龙岗区参加失业保险147.71万人，征收失业保险费8.27亿元，核发失业保险待遇633万元，同比增长28.66%；参加养老保险213.02万人，核发养老保险待遇4.36亿元，同比增长19.12%；参加医疗保险182.51万人，征收医疗保险费12.62亿元，同比增长18.61%；参加工伤保险155.45万人，工伤保险认定7 260人。

2014年，龙岗区参加失业保险149万人，征收失业保险费8.4亿元，核发失业保险待遇0.26亿元；参加养老保险116.8万人，征收养老保险费59.81亿元，核发养老保险待遇10.61亿元；参加医疗保险182.6万人，征收医疗保险费15.9亿元；参加工伤保险156.6万人，征收工伤保险费2.05亿元，支付工伤保险待遇1.89亿元。

2015年，龙岗区参加失业保险149.7万人，征收失业保险费8.93亿元，核发失业保险待遇0.6亿元；参加养老保险114.1万人，征收养老保险费67.18亿元，核发养老保险待遇12.01亿元；参加医疗保险192.8万人，征收医疗保险费18.28亿元；参加工伤保险158.2万人，征收工伤保险费1.94亿元，支付工伤保险待遇2.22亿元。

2016年，龙岗区参加失业保险146.8万人，征收失业保险费4.61亿元，核发失业保险待遇0.99亿元；参加养老保险127.8万人，征收养老保险费69亿元，核发养老保险待遇11.85亿元；参加医疗保险194.5万人，征收医疗保险费21.07亿元；参加工伤保险155.09万人，征收工伤保险费1.37亿元，支付工伤保险待遇2.04亿元。

2017年，龙岗区参加失业保险156.65万人，征收失业保险费5.57亿元，核发失业保险待遇1.08亿元；参加养老保险146.55万人，征收养老保险费85.87亿元，核发养老保险待遇13.33亿元。参加医疗保险214.9万人，征收医疗保险费26.29亿元；参加工伤保险158.27万人，征收工伤保险费1.94亿元，支付工伤保险待遇2.36亿元。

2018年，龙岗区社会保险参保单位10.36万家；各险种参保总人次951.19万人次；征收各项社会保险费148.31亿元。其中，征收养老保险费103.11亿元，医疗保险费35.2亿元，工伤保险费1.83亿元，失业保险费5.57亿元，生育医疗保险费2.6亿元。

三、开展扶贫济困和社会救助

2013年，龙岗区通过举办"广东扶贫济困日暨深圳慈善日""深圳社会慈善捐赠月"活动，募集善款1 860.32万元，其中仅雅安抗震救灾募捐913.95万元，支援救灾工作。这一年，龙岗区开展的扶贫、救助活动有：区救助站共接待救助1 424名社会求助人员，为符合低保条件的596户1 523人，累计发放最低生活保障金320万元；发放中央、省、龙岗区三级低保对象临时价格补贴1次共计45万元；为困难群体发放养育扶助金、临时困难救助金等共计219.92万元；上半年共协助253人次申请到关爱基金340.1万元；做好台风灾害救灾工作，下拨救灾资金71.8万元。

2014年，龙岗区针对低保、优抚、老人等7大类困难群体共1 722个样本，开展养老、医疗、就业等方面帮扶情况问卷调查活动，形成《龙岗区困难群众帮扶政策问卷调查分析报告》，起草《关于进一步加强社会救助体系建设的意见》。龙岗区做好社会救助和社会保障工作，全年为全区低保户261户640人，累计发放救助金317.8万元，其他救助220万元，共协助143人次领取关爱基金208.3万元，救助社会流浪人员1 632人；扎实开展全国综合减灾示范社区创建活动，做好应急基本生活物资储备。

龙岗区对符合条件的辖区居民实行最低生活保障救助，最低生活保障救助坚持公开、公正、公平原则，严格实行动态管理，做到"应保尽保、应退尽退"。龙岗区认真开展低保标准提高及低保金补发工作，2015年审批新增享受最低生活保障待遇39户95人，取消享受最低生活保障待遇51户137人，续期审批享受最低生活保障待遇211户514人。全区享受最低生活保障待遇249户598人，累计发放最低生活保障金420.26万元。龙岗区在散居孤儿养育方面，累计为11名散居孤儿发放养育费13.23万元；在项目救助方面，累计审批养育扶助申请225份，为符合条件低保户181户488人及低保边缘户22户70人发放养育扶助金106.4万元；为所有18岁以上未参加过任何医疗保险的低保和低保边缘对象购买综合医疗保险，为所有18岁以下低保和低保边缘的对象购买少儿医疗保险；实施"雏鹰展翅"计划，累计审批低收入家庭大学生学费资助申请56份，发放助学金12.55万元；积极协助区教育局开展低收入家庭中小学生春季学费、学生服费资助工作，审核申请材料90份；累计审核低收入家庭廉租房货币配租申请材料21份，住建局已审批通过。在临时救助方面，龙岗区累计审批临时生活困难申请41份，救助临时生活困难家庭41户98人，发放救助金4.9万元。

2016年，龙岗区审批新增享受最低生活保障待遇23户56人，取消享受最低生活保障待遇47户127人，续期审批享受最低生活保障待遇132户319人，全区享受最低生活保障待遇共225户527人，累计发放最低生活保障金327.27万元。龙岗区全年新增散居孤儿2人，共有散居孤儿8人，累计发放养育扶助费10.8万元；累计审批养育扶助申请209份，为符合条件的低保户180户445人及低保边缘户26户79人发放养育扶助金100.14万元。从11月开始，龙岗区正式开展医疗救助"一站式"结算服务，方便困难群众就医，提高医疗救助时效，累计审批临时医疗困难申请203份，发放救助金112.3万元；帮助患有重大疾病来深建设者及其子女向市慈善会申请来深建设者关爱基金，全年累计审核申请材料266份，协助261人次领取到关爱基金397.1万元；全年审批低收入居民23人参加社区公益服务项目，发放补贴28.7万元。

2017年6月，龙岗区启动"广东扶贫济困日"活动，至年底，共接收该专项捐款1 320.48万元，用于对口帮扶海丰县贫困村；同年，开展户籍困难居民重大疾病医疗资助、外来劳务工重大疾病医疗救助活动，资助困难户籍居民大病患者351人428.82万元、外来劳务工大病患者263人243万元。龙岗区开展"金秋助学"行动，资助低保或低保边缘户困难家庭学生73人30.7万元，帮助困难学子完成学业。根据低保户和低保边缘户实际生活水平，龙岗区将困难户每月生活物资补贴金额从原来每户50元/月上调至每户80元/月，慈善超市全年累计向875户低保户及低保边缘户家庭发放生活救助物资金额21万元。

2018年7月，龙岗区启动"广东扶贫济困日"活动，接收捐款1 352.01万元，拨付扶贫款1 113.04万元，款项主要用于对口帮扶海丰县贫困村，促进对口帮扶地区脱贫奔康。龙岗区开展户籍困难居民和外来劳务工重大疾病医疗救助工作，审核重大疾病患者申请238份，资助善款245.04万元。其中，户籍居民152人，资助善款175.04万元，外来劳务工86人，资助善款70万元。龙岗区开展"金秋助学"活动，资助贫困家庭学生13人完成大学学业，资助善款5.9万元；为救助见义勇为好市民高朝雄捐款21.5万元。

四、居民收入和幸福指数稳步上升

党的十八大以来,龙岗区经济快速发展,居民收入和幸福指数稳步上升,群众满意率逐年提高。2014年,全区居民人均可支配收入为3.61万元,比上年增长9.3%;居民人均消费性支出2.54万元,比上年增长10.4%;恩格尔系数为35.8%。2015年,全区居民人均可支配收入为3.93万元,比上年增长8.8%;居民人均消费性支出为2.78万元,比上年增长9.4%;恩格尔系数为35.0%。2016年,全区居民人均可支配收入为4.28万元,比上年增长8.9%;居民人均消费性支出为3.08万元,比上年增长10.8%;恩格尔系数为32.1%。2017年,全区居民人均可支配收入为4.66万元,比上年增长9.0%;居民人均消费性支出为3.26万元,比上年增长5.8%;恩格尔系数为31.4%。2018年,全区居民人均可支配收入为5.04万元,增长8.2%;居民人均消费支出3.49万元,增长7.1%;恩格尔系数为30.4%。

第四节 发展教育和文化事业

建设文化之区,打造龙岗品牌,大力推进"文化强区",是十八大以来龙岗区的重点工作之一。龙岗区委、区政府围绕社会主义核心价值观,广泛开展文化大讲堂、道德大讲堂、志愿精神宣讲,提升市民素质。全面推动教育优质化、均衡化、现代化发展,持续提高教育投入,争创全国义务教育均衡区和教育国际化实验区。

一、建设优质教育之区

十八大以来,龙岗区坚持"和谐教育"发展方向,加快建设高端优质教育之区。龙岗区的义务教育均衡优质发展获国家级肯定,以全市最高、全省第二的优异成绩全面通过"全国义务教育均衡区"国家督导验收。此外,龙岗区还以高质量通过《深圳市学前教育发展行动计划(2012—2013)》专项督导验收。龙岗区积极推动国际大学城建设,以最大的热情迎接一批国际知名高校在龙岗办学,香港中文大学(深圳)、深圳北理莫斯科大学先后落户龙岗;基础教育改革领跑全市,全面完成《龙岗区2014年建设高端优质教育城区改革方案》中七大任务,在全国率先开展"政府资助学校"试点改革,公办学位建设连续5年位居全市之首。

龙岗区通过引进市内外优质教育资源,为辖区学校补充师资力量，壮大教师队伍，大胆选拔教育人才；公开选拔副处级公办学校副校长以及向全国公开选拔石芽岭学校等4所新开办学校的校长；自主开发精品培训课程，创新"三级联动""三维一体""田园式""名师工作室"等多种研修研训模式，注重专家引领和自主学习相结合，通识教育和专题培训相结合，构建教师学习与发展系统。

龙岗区科学编制《龙岗区教育发展"十三五"规划》，启动涉及龙岗教育关键环节和重点领域的九大研究课题，与北京市东城区教委建立基础教育改革战略联盟，获批深圳市基础教育办学体制改革试验区；获评"深圳市质量重点项目""深圳市十大最受欢迎教育实事"。

龙岗区学校建设工作坚持以问题和需求为导向，探索"高起点规划、高标准建设"，高效、优质、快速推进学校建设工作。2016年，龙岗区总投资逾6亿元，改扩建义务教育阶段学校11所，占全市42%；实际新增义务教育阶段优质公办学位1.29万个，增量增幅居全市各区之首，为建区以来之最。

根据全区"东进战略攻坚年""作风建设提升年"战略部署，龙岗区科学谋划教育顶层设计，对标国内外教育发达地区，起草《关于加快教育发展的若干意见（2018—2020）》《关于加快教育发展的三年行动计划（2018—2020）》，下大力气解决教育领域不平衡不充分问题，绘就新时代龙岗教育发展新蓝图；创建"学位建设推进工作领导小组"，学位建设增量增幅持续领跑全市。至2018年底，全区有区属各类全日制学校189所，在校学生和专任教师分别为34.24万人和2.14万人。全区高考上线人数（大专以上）为7 224人，比上年增长9.7%；有幼儿园476所，在园儿童13.22万人。

二、建设首善文化之区

党的十八大后,龙岗区积极整合文化资源,大力开展各类文化活动。政府部门出台政策,支持文艺创作,一批文艺精品应运而生,获国家、省、市级奖项。

龙岗区坚持以建设"文化之区""活力休闲之城"为抓手,着力保障和改善文化民生,促进公共文化服务均等化,推动全区文化系统齐心协力做好文化惠民、文化品牌、文化活动等方面工作;依托区属文化单位及街道(社区)资源,建立首支区、街、社区"三位一体"文化义工志愿者队伍,参与创建全国文明城市、"文化惠民"、书香义工等文化志愿活动,进一步提升全区公共文化服务水平。

2015年,龙岗区推出"你点我送"公益文化进基层6 000课时,公益艺术培训201班次5 016课时;区文化馆各功能房(室)面向市民免费开放,举办活动1 920多场,惠民近6万人次,成为全市人气最旺文化场所;举办区第六届社区文化艺术节暨第二届客家文化旅游体验季系列文化主题活动123项。区文化中心以"龙岗艺术季"为主线,全新推出"龙岗大舞台""深港文化交流季",推出惠民演出近150场,惠及市民6万余人次。龙岗区打造"城市戏剧节"和"少儿艺术季"两大品牌活动,引进国家话剧院《山楂树之恋》、中央芭蕾舞团经典芭蕾舞剧《红色娘子军》、北京现代舞团现代舞剧《二十四节气·花间十二声》等国家级精品剧目,引进精品儿童剧5部;在深圳迷笛音乐节设专门舞台演出。区图书馆实施"总分馆服务提升计划",将7个街道分馆改造成自助分馆,实施"社区图书馆资源盘活计划",选取10家社区图书馆改造成区域自助分馆;总分馆接待读者295万人次,外借图书100.7万册次,举办各类阅读活动683场;重点打造

"龙图书院"品牌项目，全年举办公益讲座216场。

龙岗区持续开展非物质文化遗产保护工作："平湖纸龙舞"被评为广东省非物质文化遗产；开展对"横岗安良舞麒麟"等5个非遗名录申报工作及8个非遗项目补助经费申报工作；利用区非物质文化遗产展厅，进行非物质文化遗产图片、实物等静态展示。

至2018年底，龙岗区有影剧院59家，比上年增加7家。电影观众1 119万人次，增长11.0%。公共图书馆（室）有107家，藏书471万册，增长16.6%。博物馆、卡拉OK歌舞厅、出版物零售点分别是7家、209家和367家。全区有全民健身广场114个，标准体育馆28个，标准体育场71个。国民体质测定结果显示，全区体质测定总体合格率为90.9%，下降4.3个百分点。

第五节 革命老区村的建设与发展

龙岗区委、区政府深入贯彻执行党的十八大、十九大路线方针政策，始终坚持科学发展观，解放思想、真抓实干、凝聚民心、攻坚克难，以改革促发展、以创新促转型，努力为辖区人民创造一个和谐发展、安定团结的社会环境。致力于老区建设发展，龙岗区更是牢牢抓住经济发展的主线，依靠经济实力，不断改善老区城市环境，加大老区建设投资，提升城市规划建设品质。

为保障当地居民的就业创业，保障欠发达地区居民的社会福利和人民的生活提高，近年来，龙岗区加大对社区环境、工业建设、教育布局的改善力度，不断探索改革之路，努力建设一个稳定、健康、持续发展的"幸福龙岗"。

一、壮大集体经济

党的十八大以来，党中央高度重视集体经济发展。十九大报告提出，"深化农村集体产权制度改革，保障农民财产权益，壮大集体经济"。龙岗区积极响应十八大、十九大号召，推进股份合作公司试点改革工作，不断深化股份合作公司改革，加强集体资产监管，不断推进集体经济转型发展，促进产业升级。老区人民焕发了新的生机和活力，走上了持续、快速、稳健的发展道路。

为了壮大集体经济，龙岗区成立区股份合作公司试点改革工作领导小组，研究制订《龙岗区股份合作公司试点改革工作总体实施方案》。2013年，龙岗区通过整合社区党风廉政信息公开平台、社区经济信息网和社区财会核算网，构建"龙岗区社区集体经济管理服务平台"，在全区8个社区试点运行；组织做好股份合作公司班子成员换届的任期审计，拟订《龙岗区社区股份合作公司集体用地开发建设和交易监管实施细则》，完成股份合作公司重大事项备案审核22宗，选取推进2013年度社区经济转型发展18个重点项目，组织将440个项目更新列入社区经济转型发展项目库；发动多家股份合作公司投资2 050万元参与龙岗鼎业村镇银行增资扩股，做好投资东部过境高速公路和国安村镇银行的跟踪协调工作。

2014年，龙岗区选定18家社区股份合作公司开展"综合改革、转型发展、规范监管、政企社企分开、股权改革"等5大类改革试点，实施《龙岗区社区经济转型发展工作快速推进机制》，通过19项措施助力社区产业高端化、工业园区化、社区城区化。龙岗区设立社区发展基金，盘活社区集体闲散资金，搭建社区闲散资金和重点投资项目投融资渠道；成立基金管理公司，组织110家股份合作公司开设基金投资账户，募集资金约3亿元；加强股份合作公司换届选举的全程监督，全面完成全区130家股份合作公司换届选举工作；实施《龙岗区社区股份合作公司集体用地开发和交易监管实施细则》，规范社区自主开发、合作开发、城市更新、集体用地及其项目公司股权转让、集体用地抵偿债务等交易，引导社区集约高效利用集体用地，保障股份合作公司及股东合法权益。

2015年，龙岗区制定《龙岗区2015年深化股份合作公司改革方案》，建立区街联动、部门协作机制，规范股份合作公司管理；选取社区21个重点项目开展转型试点，以点带面，促进转型升级，提升市场竞争力和可持续发展能力；组织编印《龙岗区社区股份合作公司改革发展纪实》，引领社区股份合作公司加快改革发展步伐；优化提升"三资"监管服务系统，为全区51家社区股份合作公司配备自助查询服务终端，共录入各类"三资"监管服务信息24.56万条，实现社区"三资"信息全面公开；制定出台《龙岗区社区股份合作公司集体用地开发和交易监管实施细则》，规范社区自主开发、合作开发（改造）集体用地及其项目公司股权转让、集体用地抵偿债务监管，引导社区集约高效利用集体用地，促进社区经济转型发展，保障股份合作公司及股东合法权益；全方位落实扶持政策，落实扶持资金约1 500万元；做好股份合作公司重大事项监管，审核完成股份合作公司重大事项备案13项，合计用地面积99.13万平方米，建筑面积528.42万平方米，总投资（含担保）536.24亿元。

龙岗区建立补贴机制，配合市财政委形成《深圳市困难社区社保缴费财政补助方案》上报市政府；优化提升社区"三资"监管服务系统；在社区"三资"监管服务系统中共录入各类信息37.87万条，其中"三资"项目信息32.31万条，实现社区"三资"信息全面公开。推进国有集体产权公开交易平台建设，组织起草《龙岗区国有集体产权交易中心建设工作方案》《龙岗区财政局关于设立龙岗区国有集体产权交易中心的请示》《龙岗区集体产权交易监督管理试行办法》等文件；推动政企社企分开，做好社区股份合作公司重大事项备案及全区街属企业监督管理等工作。

龙岗区修订完善《深圳市龙岗区经济与科技扶持发展专项资金支持社区股份合作公司转型发展实施细则》，并融入区产业扶持政策"1+N"文件，提高对集体工业园区开发建设或升级改造项目扶持标准，鼓励社区股份合作公司投资开发项目融入优势大企业产业链；组织落实扶持项目17个，扶持资金1 500万元。支持社区股份合作公司实施多元化经营发展战略，组织各街道推动社区经济转型发展重点项目，以点带面促进转型升级，推动一批典型转型发展项目形成。布吉甘坑（联合社会资本）建设甘坑客家小镇，建成全市唯一传统客家民俗文化体验基地；南湾南岭村（社区+名校+国企）建设"启迪科技园众创空间"，打造"孵化服务+创业培训+天使投资+开放平台"四位一体新型孵化器，组建产业投资基金，投资参股众创空间中孵化项目；坂田岗头（融合社会资本）建设天安云谷项目，规划建成大型都市新兴产业综合体，得到各级领导充分肯定和高度评价；南湾樟树布（自主改造）建设荔景商务小区，将小区打造成中小科技企业集聚基地，带动整个片区人口结构、产业类型、市容环境等综合提升，租金由原来每月约10元/平方米提升到40元/平方米；横岗红荷（社区资本与国有资本结合）建设大运软件小镇，成为龙岗区集聚软件、电子商务、工业设计等优质企业重要载体。

2017年10月31日，龙岗区集体资产管理办公室挂牌成立，为区政府直属行政机构，按正处级建制。龙岗区集体经济组织有社区和居民小组2级，2018年，龙岗区360个集体经济组织有社区股份合作公司142家（其中社区级股份合作公司51家、居民小组级股份合作公司91家）。社区股份合作公司所属分公司有201家，社区股份合作公司所属子公司有17家。社区全部股份合作公司注册资本33.78亿元，股本总额88.2亿元，其中集体股占43%、个人股占57%；股份总数约38亿股，每股净资产约2.33元。社区股份合作公司参控股及关联企业有115家，其中，社区股份合作公司项目子公司46家、项目分公司37家、其他参控股企业29家。龙岗区有以社区股份合作公司为中方的中外合作企业1家、以社区股份合作公司为甲方的三来一补企业2家,社区股份合作公司承租企业(含向社区股份合作公司缴交管理费的企业)525家。社区股份合作公司资产总额399.93亿元,负债总额154.7亿元,净资产总额245.23亿元。社区股份合作公司实现收入57.19亿元,总支出36.7亿元,年度实际净利润20.49亿元。社区股份合作公司个人股股东(股民)人数66 690人。股民集体分配总额30.12亿元,股民人均集体分配45 166元。

以下是部分老区村(社区)2017年集体经济年收入和股民人均分红情况。

2017年龙岗区部分革命老区村(社区)集体经济收入及股民人均分红一览表①

街道	社区	革命老区村	社区集体经济年收入(万元)	股民人均分红(万元)
平湖街道	山厦社区	山厦	5 795	7
平湖街道	上木古社区	上木古	3 010	3.6
平湖街道	新南社区	简头岭、红朱岭	4 659	1.1
吉华街道	甘坑社区	甘坑	2 506	1.45
吉华街道	三联社区	禾沙坑、松元头、塘径	418	5
吉华街道	水径社区	石龙坑、上水径、细靓窝、下水径、大坡头	8 871	3.6
坂田街道	大发埔社区	大发埔	493	2.2
坂田街道	和磡村	和磡	1 200	5
坂田街道	上雪村	雪竹径	3 262	12

① 本表系编者根据龙岗区各街道党工委办填报资料汇编制作。

（续上表）

街道	社区	革命老区村	社区集体经济年收入（万元）	股民人均分红（万元）
南湾街道	吉厦社区	吉厦	2 257.6	4.5
	沙塘布社区	沙塘布	2 203	5.1
	樟树布社区	樟树布	2 300	3
园山街道	西坑社区	西坑	8 900	4
龙岗街道	新生社区	低山、仙人岭、田祖上、车村	18 000	4.3
	龙岗社区	梁屋、上圩、福和、后尾坜、市区、吓埔、沙梨园、洪围、杨梅冈、格水、石湖、萝卜坝	11 471	1.28
龙城街道	吉祥社区	岗贝村、新西村、老西村	3 360	2.93
	嶂背社区	嶂背	1 350	1.75
宝龙街道	同乐社区	老大坑、黄屋、坑尾、其面、企岭、水流田	16 900	3.3
	龙东社区	大埔、新大坑、上井、下井、石湖龙、源盛、三和	2 082	1.15
坪地街道	坪西社区	高桥、香元、香园排、花园、新屋场、料龙、澳头、岭背、果园	10 570	3.68

（续上表）

街道	社区	革命老区村	社区集体经济年收入（万元）	股民人均分红（万元）
坪地街道	中心社区	白石塘、富乐、岳湖岗、山塘尾、寿利、河背、上輋、黄竹、石灰围	8 124	4.5
	年丰社区	田坑、上围、骆屋、围肚、新屋、矮岗、余屋、曾屋、横岭	1 506	0.3

二、慰问革命老区村

党的十八大以来，龙岗区委、区政府十分关心老区人民的生活情况，区民政部门每年坚持开展对老区人民的慰问工作。

2013年春节，区委、区政府慰问平湖街道上木古社区、布吉街道甘坑社区、坂田街道杨美社区、南湾街道厦村社区和沙湾社区、横岗街道大康社区、龙岗街道龙新社区、龙城街道龙西社区、坪地街道六联社区，分别发放慰问金5万元，共计45万元；2014年春节，慰问南湾街道、横岗街道、布吉街道、坂田街道、龙城街道、坪地街道、龙岗街道、平湖街道（2个）革命老区村9个，分别发放慰问金5万元，共计45万元；2015年春节，慰问南湾街道丹竹头社区、横岗街道大康社区、布吉街道甘坑社区、坂田街道大发埔社区、坪地街道坪东社区、平湖街道山厦社区、龙城街道吉祥社区，分别发放慰问金5万元，慰问龙岗街道龙岗墟等2个社区合计8万，共计43万元；2016年春节，慰问南湾街道丹竹头社区、横岗街道大康社区、布吉街道甘坑社区、坂田街道大发埔社区、坪地街道坪东社区、平湖街道山厦社区、龙城街道吉祥社区,分别发放慰问金5万元,慰问龙岗街道龙岗墟等2个社区合计8万,分别发放慰问金5万元,共计40万元。

三、革命老区村致富奔康实例

龙岗建区后,老区人民在改革开放的旗帜引领下,伴随城市化的脚步,积极开展致富奔康行动。2004年龙岗区"居改社"后,特别是党的十八大以来,龙岗区老区村换发新貌。各村(社区)结合自身实际,在原有工业、物业基础上,大力发展集体经济,为村民谋福利。老区村文化体育、党建活动中心等设施日臻完善,村民文化、文明程度得到大幅提升。各村都建有健身场地,很多村都办起了"四点半课堂",沿袭古老的中华民俗,各村每年组织富有本村特色的文化活动。以下列举部分革命老区村经济建设和集体收入、人民生活水平情况。

平湖街道平湖村 平湖村是随着党的开放政策发展起来的。早在2004年,平湖社区就建立了社康中心、平湖街心公园。2005年,平湖经济发展公司与平湖实业股份有限公司合并,成立平湖股份合作公司,注册资本2 691.019 7万元。当地经济飞速发展,先后兴建有富民工业二区、大皇公工改商业中心、凤凰商业广场和凤凰商务酒店等。2007年,平湖凤凰新村建成,有住宅楼17栋,每栋18层,共816户;商业建筑面积9.5万平方米,村民全部住进凤凰新村。

物质文明的发展带动精神文明建设取得新成就。平湖村自1986年开始,着手村民自治示范村建设,1992年被评为全国64个"村民自治示范村"之一。同时,平湖村开展文明村建设,1994年被评为深圳市"文明村";开展卫生村建设,1994年被评为深圳市"卫生、绿化先进村";开展六好平安和谐社区建设,2008年被广东省授予六好平安和谐社区称号;开展五星级社区建设,被龙岗区授予"三星级社区"称号。2012年,平湖社区党群服务中心建成,设有星光老人之家、妇女之家、图书室、竹墨轩、曲艺社等18个功能室;同年10月,社区文体中心建成。2017年,平湖股份合作公司年总收入达到7 460万元,第一至第九分公司总收入约2810万元,年人均收入3万多元。

平湖街道山厦村 山厦村是革命的摇篮。2004年,山厦股份合作公司经营性净资产为7 350万元;2007年,山厦社区与龙岗区第五人民医院合作设立了社康服务中心;2008年,修建了山厦公园;2016年,社区党群服务中心建成,服务中心设有星光老人之家、健身乐园、图书室、"四点半"课堂、妇女之家等10多个功能室;2017年,集体经济固定资产达到2.9亿元,年总收入达到5 795万元,年人均收入达到7万元,全村居民分红总额2 277万元。居民全部住进山厦新村。

平湖街道上木古村 2004年,上木古社区设立了社康服务中心。同年,上木古经济发展公司改制为上木古股份合作公司,公司经营性净资产为2 525.11万元。2011年,修建了上木古岭根吓公园。2013年,党群服务中心建成,设有星光老人之家、健身乐园、图书网络园、"四点半课堂"、妇女之家等10多个功能室。2013年,上木古水塔公园建成。2017年,社区有2所幼儿园,在园幼儿700多人。至2017年,社区供水、供电、供气、通讯、道路等基础设施建设更加完善,上木古村股份合作公司固定资产达到2.22亿元,年收入3 010万元,居民人均分红3.6万元。

吉华街道甘坑村 甘坑村于2001年投入350万元(其中区出资100万元,镇出资150万元),建设扶贫奔康厂房1栋,面积5 500平方米;2002年,投入385万元,建设同富裕工业园长500米、宽20米的主干道路;2003年,投入286万元,建设了同富裕工业园长368.1米,宽9.5米的主干道路,解决了同富裕工业园的路难行问题；2003至2004年，建成同富裕、奔康工程帮助实施的经济项目有4个，总投资1 618万元，总建筑面积1.46万平方米，年新增收入169.5万元；2008年投入400万元，在秀峰工业城购进工业厂房一层。2004年城市化后，甘坑社区步入了经济跨越发展、居民幸福感逐步提升的全新时期，实现了由小山村向城市化社区的蜕变。

2013至2014年，甘坑村利用客家历史文化及建筑风貌，打造由文化休闲区、特色产业区、农耕体验区、湿地科普区、农业观光区、山地运动区6大板块组成的客家文化风情小镇。2014年5月，甘坑客家小镇被选为中国（深圳）第十届文博会的分会场。2017年，甘坑客家小镇获评为"国家级文旅特色小镇""2017中国文化旅游融合先导区（基地）试点"，并被评为2017年深圳百万市民最喜爱的旅游景区。2017年，该村社区集体收入2 506万元，股民人均分红1.45万元。

吉华街道禾沙坑村　2006年，在各级政府的大力支持下，禾沙坑村三联水晶玉石街景观改造工程顺利竣工；"三联水晶玉石文化村"被列入龙岗区"十一五规划"重点发展对象，连续五届被选为文博会分会场，被授予"深圳市文化产业基地""深圳市文化+旅游型示范基地"和"龙岗区文化产业创意园区"。禾沙坑村于2016年成立了和生股份合作公司；2017年，在三联水晶玉石文化村从事水晶玉石行业的技术人才及相关从业人员已超过了4 000人，加工厂有200多家，商业街珠宝店200多家，年生产总值高达近10亿元人民币。村里有新建成的新办公大楼、珠宝加工街、珠宝大楼、三联大酒店、接待大楼等物业，总面积2.8万平方米；还有三联社区城市更新项目，项目分四期开发，开发建设期预计为6年，将把三联片区整体打造成为一个集大型商贸、休闲娱乐、星级酒店、商务办公、高档居住等多元化为一体的次城市中心区。截至2017年12月，一期范围签约率按户数已达98%。禾沙坑村有小学1所，幼儿园4所，体育设施有三联文化广场、三联体育活动中心，其他休闲设施有三联郊野公园、三联老人活动中心、三联图书室等。村民分红由2004年的6 300元提高到2017年的5万元。

坂田街道雪竹径村（新雪社区） 原雪竹径村分为上雪村、下雪村。历史上，村民主要以种植水稻、番薯、芋头等农作物及菠萝沙梨等水果为生；村民住的土房，走的是泥路，基本没有任何基础设施，生活水平低下。改革开放后，村内发生巨大变化，1986年接通自来水、1993年实现水泥道路硬化、2000年开通网络。改革开放后，当地通过联产承包责任制，解决了温饱问题；20世纪80年代初期，农业开始向专业化、产业化方向迈进，出现了养殖、种植、加工等方面的专业户。

进入城市化后，新雪社区环境发生翻天覆地的变化。2006年坂田街道成立后，社区在街道办事处支持下开展路面修缮、环境品质提升、交通隐患治理、自来水管网建设、消防管网铺设、智能化安全管理系统安装、视频监控系统建设；同时，在各村增设篮球场、健身路径、儿童乐园、添置乒乓球台，兴建了上雪公园、上雪科技园体育公园。各村在成立股份合作公司后，经济也一年一个新台阶。政府投资实施了上雪居民小组综合整治工程（二类）、雪象社区下雪村居民小组消防整治工程（三类）、下雪村后山西一巷道路旁挡墙治理工程、新雪社区金鹏学校旁道路围墙治理工程，完成了雪象托坑水库路、科技一路、上雪科技园道路改造、上雪路改造工程、雪象片区雨污分流管网工程，有效解决了坂田北片区供水水压不足、消除了片区消防安全隐患。2016年，新雪社区完成上雪科技园社区公园及上雪科技园、体育公园建设。2017年，上雪股份公司收入总额3 262万元，股民年终人均分红12万元；下雪股份公司收入总额1 244万元，股民年终人均分红5万元。

坂田街道岗头村 岗头村的岗头同富裕工业区，是2000年由区政府、布吉镇扶贫奔康领导小组办公室拨款350万元建造的，扶贫对象是马蹄山、风门坳两村村民。工业区于2002年2月开始出租，2002年年底股民获得扶贫奔康补助金。2009年，岗头股份合作公司牢牢把握政府主导的"坂雪岗科技城"建设契机，与深圳天安骏业投资发展（集团）有限公司深度合作，将岗头社区占地23万平方米的"岗头旧工业区"（包括"新岗工业区"，建筑面积约28万平方米）改造成为新一代新兴产业集群区，并命名为"天安云谷"。岗头股份合作公司逐步完成从原农村集体经济向现代企业制度过渡，成为转型发展的典型。2017年，岗头社区2级股份合作公司总收入1.27亿元，股民人均分红约4.5万元。

南湾街道厦村 改革开放后，厦村通过联产承包责任制，解决了群众温饱问题，1979年第一家"三来一补"企业落户厦村。1992年，自樟树布村分设行政村后，厦村村委投资100万元成立厦村经济发展公司，当年实现工业产值460万元，创收135万，人均收入5 057元。2004年，厦村改社区后，各项改革不断深入，各项城市生活功能更加完善。同年8月25日，厦村社区党支部、厦村社区居民委员会正式挂牌成立；同年12月27日，厦村股份合作公司正式挂牌成立，村集体资产总额为11 851万元，当年经济总收入1 000万元，人均分配1万元。2007年10月，厦村将4块非农用地指标统一调整到飞达厂地块，合并后共计1.71万平方米可供开发；2013年，对社区消防管网等基础设施进行全面整治，安全发展环境得到很大改善。2015年，沙湾中学实现改扩建，招生能力大幅提升。厦村对穿村而过的沙平公路进改造，对沙湾河等河道进行清淤整治，并基本完成沿河雨污分流，村容环境大幅提升；

镇级沙湾医院改造升级为区级医院，医疗设备日臻完善。

南湾街道南岭村 党的十八大以来，社区坚持以人民为中心，两个文明一齐抓，连续五届保持全国全省文明单位称号。南岭村社区党群服务中心成为全市最大、功能最全的社区党群服务中心。社区中心文体广场、求水山公园、社区道路等设施不断完善，极大地改善了居民的生活。辖区内南岭小学、沙西小学均实现改扩建，学位总量提升到2 300人；2009年，求水山酒店获评五星级酒店；求水山公园成为龙岗十大旅游景点。到2017年，社区供水、供电、供气、通讯、道路等基础设施建设更加规范，雨污分流工程也基本完成，共有6条公交线路穿越社区，正在建设的地铁14号线即将在社区设站。2017年，南岭村社区集体经济总收入超3亿元，为国家创造税收1.8亿元，净资产超过35亿元，全村人均年收入15万元。

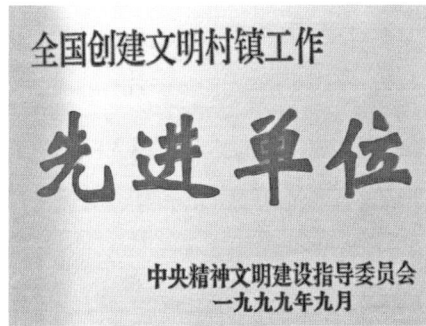
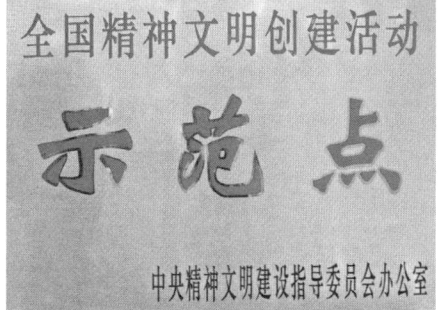

南岭村获得的部分荣誉

横岗街道深坑村 改革开放进程的加快，使经济飞速发展，2004年城市化后，原深坑村改为深坑居民小组。在党和各级政府支持下，深坑进一步加强基础设施建设，道路交通设施、文教体卫公共设施、供水供电设施、道路等各项基础设施日益完善。深坑公园、杜鹃公园和篮球场、深坑舞台等文体设施为居民提供了丰富的精神文化生活，也为居民带来了更多的便利。2016年底，深坑进一步加强基础设施建设，在幸福小区和深竹小区实施雨污分流工程，建立了完备的排水系统，对雨水进行收集利用，对污水进行集中排放管理。改革开放以来，深坑进一步加强对教育的重视，从2016年起，对原籍考生考上大专的给予5 000元的奖励，考上本科的予以10 000元奖励。如今的深坑村环境优美、道路畅通、经济发达。村集体经济收入由2004年的约1 100万元提升至2017年的3 700万余元，村民年人均可分配收入由1.2万元增加至7.6万元。

横岗街道塘坑村 1949年至1978年，村民基本靠务农为生，以经营种植业为主，经济基础差、底子薄。村民生活虽有所改善，基础设施仍然严重滞后，生产技术相对落后，村民收入低下，生活水平较差。1968年，塘坑村正式通电。改革开放后，随着工业化、城市化的逐步推进，传统种植业快速消失。1988年，村集体利用自有资金建起第一栋面积为1 500平方米的厂房，并于1989年引进第一家港资工厂，1991年至1992年的两年间进驻企业就达到24家，村经济得到快速发展。1998年11月，塘坑村委牵头兴建塘坑新村，共建统建住宅16栋和文体活动中心及附属配套设施1座。2000年10月，塘坑村的64户原住民实现了集体"上楼"。

党的十八大以来，在党和各级政府大力支持下，塘坑村进一步加强各项基础设施建设，文教体卫公共设施、供水供电设施、道路等各项基础设施日益完善。居民就业、经济收入实现飞跃：村集体经济收入由300万元提升至2 000万余元，居民人均分红由1万元增加至6.9万元。

园山街道西坑村 1958年，人民公社化以后，西坑老区村由惠阳县划归宝安县管辖。改革开放后，西坑村通过联产承包责任制，解决了村民的温饱问题。20世纪80年代初期，西坑老区村开始走"招商引资"的工业化发展之路，到2004年，工业化厂房面积达2 000平方米。在工农业生产的发展过程中，西坑村的集体经济也不断发展壮大，群众的生活水平不断提高：20世纪80年代初通自来水；1987年成立了经济发展公司；90年代末，全部实现了道路硬化；1997年，与横岗人民医院协作设立了社康服务中心；2000年，社区中心公园及文化广场建成；2002年，西坑社区图书馆落成，文体设施的建设，丰富了居民的文化与娱乐生活。2004年，西坑经济发展公司改制为西坑股份合作公司，总资产达到3.41亿元，经营性净资产为25 616万元，居民人均分红2.5万元。此后，集体经济有了较快的发展，西坑村先后兴建了一村工业区、西湖工业区、百鸡斗工业区、二村工业区、彩迅工业区、港迅工业区、荣升发工业区、潭面路工业区，工业区总面积达45万平方米。2017年，西坑股份合作公司总资产为7.4亿元，年收入8 900万元，居民人均分红4万元。

园山街道大康村 2004年，大康经济发展公司改制为股份合作公司，下设莘塘、上中、龙村、下中、大凤、大万、福田（均为老区村）7个分公司，注册资本4 750多万元。大康村在对旧厂房进行改造的同时，引进了一批高新技术产业和园区。2004年以后，大康村民转为城市居民，土地转为国有。大康村民的就业，主要是第二产业和第三产业。2005年，大康商业城建成使用。2016年，大康社区对供水管网进行改造，有效地保证了居民的用水安全。到2017年，大康股份合作公司固定资产达到35 467万元，居民分红2 969万元，居民人均分红2.3万元。居民年人均收入达5万余元。

龙岗街道朱古石村　2004年，五联经济发展公司改制为五联股份合作公司。其中，下辖朱古石分公司固定资产1 088万元。此后，集体经济有了快速发展。2017年，工业厂房面积达到1.2万平方米，并向高新技术产业发展，同时，供水、供电、供气、通讯、道路等基础设施建设更加完善。村集体（分公司）固定资产达到1亿元，年总收入达到800万元，居民人均分红4.35万元，年人均收入约8万元。

龙岗街道仙人岭村　2004年农村城市化以后，仙人岭自然村与龙岗中心医院协作设立了社康服务中心。新生公园、新生文化广场、活动中心、健身路径等文体设施的建设，丰富了居民的文化与娱乐生活。教育方面，村里有1所幼儿园，在园幼儿120多人；1所小学，在校学生1 000余人。2007年，仙人岭村的人均分红是8 500元，年人均收入达到3.5万余元；先后兴建工业园厂房面积达到8万平方米。2017年，新生股份合作公司仙人岭分公司的总资产达到9 800万元，固定资产达到2 700万元，年总收入达到2 100万元，居民人均分红2.22万元，居民年人均收入5万余元。

龙城街道田寮村　2004年，田寮农村经济合作社改制为"深圳市爱联股份合作公司田寮分公司"。随着城市化的加速推进，龙城街道加快基础设施建设，田寮村供水供电道路设施不断完善，田寮村紧紧抓住城市化加速发展机遇，加速建设、购买厂房物业，并通过工改商，加速推进爱联地铁站旁（名居广场）等项目，使田寮分公司经济发展再上新台阶。2017年底，田寮分公司拥有集体物业43 400平方米（其中厂房16 000平方米、办公600平方米、商业26 800平方米），总收入从2004年的约500万元发展到2017年900多万元，居民、股东的收入也不断增加。至2017年，股东人均分红4.5万元。

龙城街道新联村 改革开放初期，新屯、蒲排、石火（均为革命老区村）原居民生活水平较低，居住村落为原始农村地貌。1980年，生产队分田到户，家家户户务农为生，并按规定上缴公粮。1992年初，各自然村以集体经济发展为基调开始了新的生产模式，新屯、蒲排、石火纷纷兴建厂房，招商引资，集体经济靠厂房租金收入，原居民逐步从农业向工业发展，在工业厂房就业的人数越来越多。2004年，由自然村集体经济创造的分红收入为每人每年2 800元，村民生活水平逐步提高。自2004年至2017年，社区原居民的年均集体经济分红约为1.7万元。

宝龙街道阳和浪村 2004年，同乐经济发展公司改制为同乐股份合作公司。其中，阳和浪分公司的固定资产6 000万元。社区内建有社康中心、幼儿园和中小学、党群服务中心、老年活动中心及各种文体设施等。这些服务设施的建设，丰富了居民的文化与娱乐生活。教育方面，村里有1所幼儿园和1所小学。此后，集体经济快速发展，厂房面积达到6万平方米，引进的企业不断向高新技术产业转化。至2017年，村内供水、供电、供气、通讯、道路等更加完善。同年，同乐股份合作公司阳和浪分公司年总收入达到1 017万元，居民人均分红4万元，年人均收入6万余元。

宝龙街道新大坑村 2004年，新大坑经济发展公司改制为新大坑股份合作公司。当年，公司固定资产6 800万元，共有股民212个。城市化后，集体经济有了较快发展，先后兴建的科技园厂房面积达到4.6万平方米。村民转为城市居民，土地转为国有。2005年，包括新大坑自然村在内的龙东村（社区）与龙岗区中心医院协商设立社康服务中心。2012年，党群服务中心建成。2016

年,源盛公园建成。2017年,新大坑股份合作公司公司的固定资产达到1.7亿元,年总收入1 164万元,居民人均分红4.2万元。居民住在新村或新大坑小区,人均年收入5.49万元。

坪地街道坪地圩村 2004年,坪地圩村党的建设、社会管理、经济建设等工作迈上新台阶。坪地圩村全面实行"村改居",村级管理组织村委改为社区居委,社区工作站相应成立;科教文卫各项事业全面发展,不断引进各类高端产业和优质企业,其中包括国显、美高、泰祥等上市公司;提高教育水平,坪东学校实行九年一贯制;客家山歌舞等传统优秀文化得到保护和发展;龙岗第六人民医院在辖区内建成。社区党群服务中心于2015年揭牌,为居民提供文化、教育、文体、疗养等各类服务。社区股份合作公司、各居民小组分公司以物业经营为主体,大力推进各项城市更新项目,推动社区集体经济进一步转型升级。2017年,坪地社区股分公司坪地圩分公司集体总收入836.62万元,利润399.02万元。

坪地街道马塘村 2004年,马塘经济发展公司改制为马塘股份合作公司分公司。其中,马塘股份合作分公司的经营性净资产为96万元,有92股。2004年以后,村民转为城市居民,土地转为坪地国有。2017年,马塘村分公司的固定资产达到498万元,年总收入达到184万元,居民人均分红0.6万元。居民居住在马塘新村,年人均收入约3万元。

附 录

附录一 革命遗（旧）址、纪念设施

龙岗是革命老区，在新民主主义革命时期，在曲折、漫长、浸透着血与火的峥嵘岁月中，积累了丰富的红色资源，区内有大量革命遗址和纪念场馆。这些革命遗址和纪念场馆，真实记录了大革命时期、抗日战争和解放战争时期，在中国共产党的领导下，龙岗人民为了追求国家独立和民族解放，武装起来与敌人斗争的一系列可歌可泣的故事，展示了龙岗人民不畏强权，不怕牺牲，百折不挠的革命精神和炽热的爱国情怀。

龙岗区的革命遗址和纪念场馆，已经成为龙岗人文历史中不可分割的重要组成部分，是龙岗人民巨大的精神财富。这对弘扬革命传统，培育社会主义核心价值观有着重要意义。

一、重要机构（活动）遗（旧）址

山厦炮楼——中共山厦地下交通情报站旧址

山厦炮楼——中共山厦地下交通情报站旧址，位于深圳市龙岗区平湖街道山厦社区。

大革命失败后，中共宝安县委被迫转入地下，继续领导人民开展革命斗争。1928年，中央交通局和中共广东省委安排建立山厦地下交通情报站，以流动的形式，隐蔽地开展活动，这个交通情报站一直未被敌人发现和破坏，成为大革命失败后不倒的红旗。抗日战争和解放战争时期，中共山厦地下交通情报站继续以流动的形式，随时更换接头地点，灵活隐蔽地开展活动。交通情报站最初在洗九礼的山寮屋，后搬到井头岭军培仔屋，最后搬至山厦炮楼。当时交通情报站有长、短枪各一支，用于自卫；交通情报站的主要工作任务是把在塘

山厦炮楼——中共山厦地下交通情报站旧址（李国强摄于2016年7月）

厦、石鼓、天堂围、清溪、平湖这几个地方送来的情报，转送到宝安去。此外，交通情报站也是途经的游击队和地方党组织的同志的临时住宿点，何鼎华、谢阳光、赵学、肖凡波、曾鸿文等中共地方领导干部，武工队的严志胜（女）、黄月新、王克光等同志都曾在此住宿。

1943年秋的一天凌晨，严克刚从路西三峰交通站回来路过山厦，正好遇上交通员矮通递送紧急情报：平湖的日本鬼子今晚准备到观澜偷袭区民主政府和抢粮。严克刚和矮通立即跑到观澜，将情报转交观澜区民主政府，观澜区政府立即指挥工作人员和群众转移，躲过了日本鬼子的偷袭，避免了损失。

山厦村山多树多，每次国民党军队进村，交通情报站都能迅速通知群众，组织大家撤到山里，经常让敌人扑空。1948年6月7日，国民党军队突然进村，交通情报站立即组织村里群众向山林转移，交通员严丽华（平湖山厦村人，1947年参加护乡团担任交通员）撤离后发现遗漏了一份文件，跑回交通情报站拿文件，还未来得及撤离，国民党部队已经进村，严丽华在交通站内被发现，壮烈牺牲。

山厦炮楼建于1907年，建筑占地面积约为84平方米。民国时期建筑，由一碉楼一拖屋组成。现拖屋已毁，仅存碉楼。碉楼外观基本保存完好，内部曾经重新装修，现无人居住，比较破败。

育贤学校——中共大井支部成立旧址

育贤学校——中共大井支部成立旧址，位于龙岗区宝龙街道龙东社区上井居民小组龙南路205号。

1937年2月，中共香港海员工作委员会组织部长曾生介绍中共党员傅觉民到龙岗上井育贤学校任教，以教师职业为掩护，开展抗日救亡活动，发展党组织。

傅觉民来到育贤学校以后，把一批进步青年团结在一起，组织他们学习进步书籍，向他们宣传抗日救国的道理，并在他们中间培养入党积极分子。1938年11月，中共大井支部在育贤学校成立，有党员邱能、钟吉璘、钟友等7人，傅觉民任支部书记。党支部成立后，党员们经常在钟友、钟吉璘家聚集、开会。经过党支部的宣传教育，上井村及周边村庄的进步青年纷纷投身抗战，共有38名青年参加了曾生领导的抗日游击队。党支部还组织自卫队，在长湖围配合游击队与日军作战。

育贤学校占地面积1 500平方米。因年久失修，无人使用，已成危房。现该旧址已纳入宝龙街道龙东上井村整村统筹土地整备项目。

阳和世居——中共阳和浪地下交通联络站遗址

阳和世居——中共阳和浪地下交通联络站遗址位于深圳市龙岗区宝龙街道同心社区阳和世居。

卢沟桥事变爆发后，日本帝国主义侵略整个中国的野心暴露无遗。在中华民族面临生死存亡的危急关头，海外华侨纷纷行动起来，积极参与、支持祖国的抗战，掀起声势浩大、规模空前的抗日救亡运动。1938年12中旬，在东南特委主持下，党组织召开了有南洋惠州同侨救乡会、香港惠阳青年会、余闲乐社和海陆丰同乡会代表参加的会议，决定成立"东江华侨回乡服务团"（简称"东团"），确定以动员东江群众协助军队及人民武装抗战，并拯救伤兵难民及辅导民众组织各种救亡团体的宗旨。

1939年春，东江华侨回乡服务团派苏伟民、何清、钟秀英、钟月娥等同志到阳和浪村等地发动群众，很快便组织了"抗敌同志会茅土村支会"。15岁的阳和浪人黄光是会内积极分子，组织民兵建立"抗农会"、办夜校。1940年6月，黄光加入中国共产党。在抗日战争和解放战争时期，黄光在敌占区从事党的地下工作和武装斗争，先后在宝安、惠阳和惠东等县任过中共特派员、区委书记和县委组织部副部长等职务。在此期间，黄光的家和祖屋（阳和世居）曾作为中共龙坪区委的地下交通联络站。

阳和世居为晚清建筑，正门朝西北，面阔约55米，进深约50米，占地面积3 575平方米。阳和世居几经修缮，现保存较好。

2013年，阳和世居被龙岗区人民政府公布为不可移动文物。

曾鸿文旧居——中共宝安县委机关旧址

曾鸿文旧居——中共宝安县委机关旧址位于龙岗区坂田街道新雪社区上雪村。

为了加强对路西抗日游击战争和根据地的领导，中共前东特委于1940年10月决定组建成立以王作尧为书记、刘汝琛为副书记的中共宝安县工委，同时建立和发展地方党组织，先后在布吉、木古、白石龙、乌石岩、赤岭头、弓村、杨美、水径、山厦、平湖、甘坑、雪竹径等地建立党支部。1941年1月，遵照中共前东特委的指示，撤销中共宝安县工委，成立中共宝安县委，刘汝琛任县委书记，苏伟民任组织部长，杨凡任宣传部长。县委机关先后驻扎在雪竹径、赤岭头、樟杭、南头、西乡等地。一方面，中共宝安县委执行中共前东特委指示，积极发展党员；另一方面，中共宝安县委到新区、乡建立党组织，开展党的群众工作，配合部队建立乡村抗日民主政权和抗日根据地。刘汝琛、杨步尧在赤岭头，杨德元在岗头村，赵学在杨美村配合部队搞民运工作，组织宣传队进行宣传，开办夜校教农民识字，对他们进行政治教育，组织妇女会、自卫队等。至1942年下半年，宝安县已有100多名党员，比原来增加了五到六倍。

曾鸿文（1892—1990年），又名曾洪文，布吉上雪竹径村人。在第一次国内革命战争时期，曾鸿文是宝安县农民运动的骨干。抗日战争爆发后参加惠东宝人民抗日游击队，曾任广东人民抗日游击总队宝安大队大队长、宝四区区长等职。

曾鸿文旧居现仅存炮楼，占地面积50平方米，炮楼旁拖屋已重建。

岗头陈氏宗祠——布吉乡抗日民主政府旧址

岗头陈氏宗祠——布吉乡抗日民主政府旧址，位于龙岗区坂田街道岗头社区中围路2号陈氏宗祠。

1941年1月，杨德元以民运队员身份来到岗头村，宣传抗日救国、保卫家乡的道理，把群众发动起来，并在群众积极分子中发展中共党员，成立了中共岗头支部。党支部成立后，一边继续发展党员、壮大党的队伍，一边发展建立各种抗日群众团体。这些团体包括：岗头农民抗日自卫队、妇女组织——岗头姊妹会、乡政权——布吉乡抗日民主政府。乡政府设在岗头村陈氏宗祠，先后由陈白玉（后因叛变被抗日游击队锄奸小组处决）、陈绍平、曾鸿文任乡长。在中共岗头支部的领导下，岗头村陈氏宗祠成为岗头村民兵指挥中心和群众集会的活动中心，党组织在这里带领群众，积极配合抗日游击队开展武装斗争。

岗头陈氏宗祠，占地面积200平方米，建于清代，重修于民国。宗祠内部长期破败不堪，室内曾因失火被烧毁。2011年，龙岗区文体旅游局拨款9万元重新维修。旧址建筑现较为破旧，正门已彻底封闭。

纪劦劳学校——刘伯刚、何与成革命活动旧址

纪劦劳学校——刘伯刚、何与成革命活动旧址，位于深圳市龙岗区平湖街道新南社区守珍街旧墟东南面，广九铁路平湖火车站东侧。

1930年初，奉命转移到香港的原中共宝安县委书记刘伯刚（1927年12月至1928年2月在任）返回家乡平湖，与平湖本地中共党员刘彭林取得联系，进入纪劦劳学校任教，并出任教导主任。他以纪

纪劦劳学校——刘伯刚、何与成革命活动旧址（朱文标摄于2018年11月）

劦劳学校为党的地下活动秘密据点，向青年教师和学生宣传革命道理，向周围农村传播反帝反封建信息。经长期考察，于1931年下半年，刘伯刚介绍青年教师、纪劦劳学校校长刘仲德（中华人民共和国成立后担任平湖小学、平湖中学校长，宝安县侨联主席等职）加入中国共产党。1931年冬，由于叛徒告密，国民党侦缉队包围纪劦劳学校，逮捕了刘伯刚和刘仲德。平湖墟的工农群众闻讯后，赶来救回二人。二人后由党组织安排，转移到香港从事革命活动。

1936年，共青团员何与成（后任王作尧部队第二大队政训员）根据中共东莞党组织安排，从东莞来到平湖纪劦劳学校任教，宣传抗日救国道理，倡导成立读书会，引导青年教师和学生

阅读《大众哲学》《大众周末》《世界知识》等进步书刊，宣传共产主义思想理论。他还组织宣传队，在平湖墟和周围乡村开展革命宣传活动。刘云、刘仁、刘茜芬、刘燮芬等10多名高年级同学，在何与成的培养下，走上革命道路，先后加入中国共产党，成为平湖地区革命斗争的骨干力量。

纪劬劳学校，由平湖籍香港富商刘铸伯捐建于民国四年（1915年），1916年建成使用。其占地面积266.5平方米，面阔三间一进，两层结构；通面宽20.5米，进深13米，用三合土夯筑而成，硬山顶、覆小青瓦。

2001年6月，纪劬劳学校被龙岗区人民政府公布为龙岗区文物保护单位。

红朱岭学校——平湖革命活动旧址

红朱岭学校——平湖革命活动旧址，位于深圳市龙岗区平湖街道新南社区红朱岭居民小组（自然村）。

1938年，共产党员刘曼之受中共东莞中心支部书记姚永光的指示，回到平湖任特别区委书记，开展革命工作。他利用乡绅刘耆卿的关系，建起红朱岭学校，并被聘为红朱岭学校的教导主任。学校落成招生后，刘曼之以学校的经费作为党的活动经费，组织教师和学生成立抗战话剧团、歌舞队、发动群众抗日救亡。考察、选择积极分子；发展他们成为地下党员。

红朱岭学校——平湖革命活动旧址，今为新南小学（陈建平摄于2015年3月）

1943年，红朱岭学校更名为平湖乡中心小学，同年冬，刘宝英受中共东莞二线县委委派，出任红朱岭、新祠堂党支部书记。她利用在平湖乡中心小学任教的有利条件，在青年学生中发现和培养积极分子，进行革命活动。她发展了刘华胜、刘锡中等5名新党员，加上老党员，平湖地区党组织的战斗力迅速加强。刘宝英还和其他同志一起建立了地下情报机构，打开了整个平湖地区革命工作的局面。

1999年，红朱岭学校旧址上新建新南小学，学校占地面积14 898平方米。现新南小学校门已封闭，等待拆除重建。

二、战斗遗（旧）址

铜锣径伏击战遗址

铜锣径伏击战遗址位于龙岗区园山街道大康社区与坪山区碧岭街道碧岭社区相连的铜锣径山谷中。该遗址南有打鼓岭，北有畲禾嶂、马鞍岭，南北山岭对峙，中间是一条峡谷，山路崎岖狭小，地势险要。

1942年，是东江地区抗日游击战最为艰苦的时期，日军和国民党顽军频繁向抗日游击区进攻。2月，中共南方工作委员会在宝安白石龙村召开会议，决定成立"广东人民抗日游击总队"。部队整编为1个主力大队和4个地方大队。

1942年4月，由彭沃任大队长的惠阳大队，获悉驻

铜锣径伏击战遗址（图片来源：《龙岗红色史迹寻踪》）

横岗日军炮兵队经常到周围乡村骚扰百姓、抢夺粮食和马料，决定开展侦查，寻找战机，打个伏击战。14日清晨，惠阳大队瞭望哨发现日军1个马队正向坪山碧岭方向开进。大队长彭沃决定利用铜锣径有利地形伏击日军。根据敌我兵力武器悬殊情况，伏击地点设在距离日军横岗据点仅4公里处，速战速决。游击队以第一、第二小队为主攻，第三小队向横岗方向警戒，堵截日军增兵。战斗进行半个小时，游击队战士黄明、张达生、林平牺牲，日军死15人，伤20多人，缴获武器一批。横岗日军得知情况后派兵增援，遭到游击队负责警戒的第三小队的阻击。彭沃见伏击目的达到，下令撤出战斗，向三洲田转移。

在华南抗战最为艰苦的年代和转折关头，铜锣径战斗在政治上具有很大影响，鼓舞了在艰苦岁月中坚持战斗的抗日游击战士，鼓舞了人民群众。参加战斗的老战士回忆说，铜锣径伏击战的胜利，堪称华南抗战的"平型关大捷"。

丹竹头西炮楼院——宝安大队夜袭丹竹头伪军旧址

丹竹头西炮楼院——宝安大队夜袭丹竹头伪军旧址位于龙岗区南湾街道丹竹头社区塘尾南区75号。

1943年2月乌蛟腾会议之后，东江抗日根据地军民在中共中央和南方局指示精神的指引下，从1943年初开始，以各大队为战略单位，一方面向日、伪军展开全面出击，另一方面对破坏抗战大搞反共活动、制造军事摩擦的国民党顽军给予有力反击。

6月3日晚，广东人民抗日游击总队宝安大队第三中队根据情报夜袭丹竹头伪军刘华部，仅用30分钟就结束战斗，大获全胜。宝安大队第三中队歼敌1个排，击毙伪警10人，俘虏15人，缴获步枪28支，驳壳枪2支，子弹800余发，军毡20张。此次战斗为宝安大队成立以来一次较大的胜利。

丹竹头西炮楼院建筑占地面积约2 000平方米，正门朝东偏南

30°。民国建筑，一炮楼拖三排房屋组成炮楼院整体。炮楼位于北侧，高4层，平面呈方形，天台女墙方桶式炮楼，四面开瞭望窗和长方横形射击孔。拖屋均为9开间，由西到东依次排列，都为斗廊齐头三间两廊结构。廊屋开有门，带门罩，脊饰博古，均用三合土夯筑而成。

2012年1月，丹竹头西炮楼院被龙岗区人民政府登记为龙岗区不可移动文物。

凤凰山伏击战遗址

凤凰山伏击战遗址位于龙岗区平湖街道凤凰大道与双拥街交汇处东面凤凰山国家矿山公园山顶。

东江纵队成立后，在加强组织建设、作风整顿、干部培训和根据地政权建设的同时，还广泛地开展敌后游击战争，进行杀敌立功竞赛。不久，何通率领东江纵队独立第三中队（代号"飞鹰队"，由纵队直接领导）在平湖凤凰山打了一场漂亮的伏击战。

1944年1月，日本制订了"一号作战"（或称"大陆打通作战"）计划，调集重兵开展豫湘桂会战，妄图修通广九铁路并连接粤汉、平汉、北宁线，开辟从中国大陆至法属印度支那的通道，以挽救其战略上的颓势。而飞鹰队的任务是挺进路东打击日、伪军，建立并扩大根据地，与路西部队相配合，紧紧卡住广九线，破坏日军的战略企图。

日军在平湖火车站东面约2公里的凤凰山顶构筑工事，建起了碉堡，派出一个班每天上哨加强警戒。面对敌军建立的防御工事，飞鹰队队长何通派熟悉地形的手枪班班长冼麟上山侦察，掌握了日军哨兵每天早出晚归的作息规律，决定拔除这个"眼中钉"。

1944年2月15日凌晨4时多，东江纵队独立第三中队爬上山顶，预先隐蔽在日军挖好的堑壕里和碉堡周围的树丛中。早晨7

时，日军一个班的士兵扛着枪插着太阳旗按时上山设哨，待敌靠近时，随着一声令下，独立第三中队的机枪步枪、手枪一齐开火，枪声和手榴弹的爆炸声震耳欲聋。日军被这突如其来的袭击打得不知所措，几分钟之后，日军横七竖八躺倒在地。不一会儿，平湖火车站的日军出动增援，并派出骑兵迂回到凤凰山两侧，但被何通预设的警戒分队阻击，战士们安全撤回阵地。

凤凰山伏击战是东江纵队独立第三中队挺进路东抗日的成名之战。此仗击毙日军8人，缴获英式"白朗宁"轻机的1挺、步枪6支，敲掉了日军藤本部的一颗"门牙"。

凤凰山伏击战遗址处于凤凰山国家矿山公园山顶，虽因年代久远，战壕被厚厚的植被覆盖，但仍依稀可见。

八仙岭战斗遗址

八仙岭战斗遗址位于龙岗区龙岗街道南联社区与宝龙街道龙东社区之间的八仙岭山顶。

1944年10月，东江纵队彭沃支队、蔡国梁支队、手枪队、爆破队和龙岗地方的常备中队在大井村集结，由彭沃支队长统一指挥，做攻打龙岗罗卜坝村的国民党杂牌军九龙大队的战前准备，目标是拔掉九龙大队这颗多年来在龙岗同抗日军民作对的钉子。战斗部署妥当后，主攻部队进入阵地，天黑后开始向罗卜坝炮楼内的敌军发动攻击，战斗持续了一夜一天，没有取得进展。第二天夜里，支队召开各级指挥员会议，研究新的战略战术，部署第三天的作战计划。但天有不测风云，正是这一夜，驻布吉沙湾日军出动，绕过常备中队荷坳排的警戒线偷袭龙岗，凌晨进抵福音堂附近，才被警戒南门的部队发现，双方立即展开了激战。

东江纵队主攻部队得悉后撤离罗卜坝，转入大新街口一带对日军作战。日军在大新街推进之前，已分兵一路沿榕树下企图在天亮之前抢占八仙岭，与东江纵队守卫在山嘴的重机枪班遭遇，双方展开激战。因天黑，加之日军冲击凶猛，东江纵队阵地很快丢失，重机枪落入日军之手。在这千钧一发之际，驻扎在大井村的预备中队支队长蔡国梁获悉战况，立即命令高勇中队抢占八仙岭高地，夺回失去的阵地和重机枪，把日军赶下山脚。天亮之后，日军多次组织兵力向东纵八仙岭阵地发起攻击，但都被东江纵队击退。临近中午，日军出动两架飞机向东江纵队阵地轮番轰炸扫射，掩护另一支日军小队从下岗排配合正面部队向游击队发起攻击，东江纵队撤出第一高地，坚守第二高地，激烈的战斗在八仙岭山顶上进行。下午3时，东江纵队组织反击，把日军赶下山去，日军退至龙岗大新街，放火烧楼焚尸后，向坑梓、淡水的方向溃逃。此次战斗东江纵队毙伤敌人10多人，缴获步枪2支。东江纵队牺牲4人，伤2人。战斗结束后，东江纵队在大井村人民的协助下掩埋了牺牲的同志，返回根据地进行休整。

八仙岭战斗遗址位于龙岗区八仙岭公园八仙岭山顶，虽然周围长满林木、杂草，但当时的战壕仍依稀可见。

布吉火车站（深圳东站）——惠东宝人民护乡团袭击战遗址

布吉火车站——惠东宝人民护乡团袭击战遗址位于龙岗区布吉街道吉华路94号。

1947年7月起，人民解放军从战略防御转入战略进攻。从恢复武装斗争以后，华南人民游击战争蓬勃发展，队伍迅速扩大，不断打击国民党地方反动武装，摧毁乡、村反动政权，动摇了国民党广东当局的统治基础，严重威胁了其后方基地的安全。

1948年2月13日，惠东宝人民护乡团第三大队钢铁队和大队部手枪队在地方武工队配合下，趁布吉八乡春节麒麟舞汇演之机，袭击布吉火车站驻敌，全歼国民党1个连，打死、打伤及俘虏敌军60多人。缴获轻机枪2挺，长短枪48支，子弹8 000多发。

布吉站始建于1911年，为广九铁路华段站点之一。2004年11

月24日，布吉站改造工程启动，2012年12月21日，布吉站改造完成，并投入运营，改名深圳东站。至2018年9月，深圳东站有6个站台面、4条正线；途经深圳东站的线路有广九铁路、广深铁路和京九铁路。

山子吓伏击战遗址

山子吓伏击战遗址，位于龙岗区园山街道大康社区与坪山区碧岭、盐田三洲田接壤处。

1948年夏天，人民解放军全面转入外线作战，全国主要战场进入国民党统治区。国民党军队在战场上节节败退，不得不放弃"全面防御"，收缩兵力，采取"重点防御"，人民解放战争取得了战略

山子吓伏击战遗址（图片来源：《龙岗红色史迹寻踪》）

性胜利。国民党广东省政府主席宋子文在第一期"清剿"计划失败以后心有不甘，经过一番准备，纠集反动武装，把江南地区的惠东宝和九连地区作为进攻重点，以达到其"肃清平原，围困山地"的目的。

1948年7月22日，国民党一五四师第二十三团、保八团、保十三团共4 000余人，分别进抵横岗、盐田、约场、淡水等地，拟于23日分4路合围坪山。

面对四面合围的来犯之敌，中国人民解放军粤赣湘边纵队江南支队领导经过周密的分析、研究，决定避开敌人锋芒，选择其薄弱之处即西路来犯之敌，进行还击。江南支队集中第一、二、三团主力7个连，在山子吓地区设伏，伏击从横岗方向来犯的敌

二十三团。

从横岗至坪山有两条路，为不失战机，支队领导决定采取两面设伏、互相接应的打法：支队第一团3个连和第三团1个连设伏于铜锣径大道；第二团3个连设伏于山子吓小路。7月23日凌晨，支队第二团独立中队、飞豹连和新编连分别进入伏击阵地。独立中队1个排埋伏在山口右侧山上，待敌进入伏击圈后，负责封锁山口，断敌退路。飞豹连和独立中队2个排隐蔽在西南的山坡上，任务是把敌人部队拦腰斩断。8时许，敌二十三团二营和宝安县保安大队600多人由山子吓小路搜索前进。敌军进入伏击圈后，第二团三个连占据有利地势，居高临下，猛烈开火。手枪队冲锋在前，政委叶源和政治处副主任潘松指挥重机枪掩护部队冲锋。独立中队的肖强率队直插到山下，杀向敌人。敌人遭到突然袭击，乱成一团。敌二十三团二营企图抢占制高点进行顽抗，但遭火力狙击，死伤累累，只好夺路而逃。原埋伏在铜锣径大路的江南支队第一、三团部队，一部迂回至山子吓配合作战，一部追击溃逃的敌二十三团。

此战仅用40分钟就结束了，共歼敌315人，其中毙、伤139人，俘180人，击散敌军200余人，敌军仅剩80余人逃回深圳；缴获八二、六〇迫击炮各1门、轻重机枪14挺、冲锋枪6支、卡宾枪5支、长短枪200多支、掷弹筒7个、子弹5万余发、电台1部，军用物资一大批。战斗中，江南支队牺牲8人、伤10人。

此伏击战开创江南支队"集中优势兵力、各个歼灭敌人"和"力求在运动中歼灭敌人"的范例。山子吓伏击战后，盐田、淡水、约场几路企图合围坪山江南支队的敌人，不战而退，江南支队再次粉碎了国民党反动当局发动的"清剿"。

山子吓伏击战遗址所在的山坡上基本保持原貌，有的地方修有便道。遗址处曾建有采石场，2003年停止开采，现处于闲置状态。

红花岭阻击战遗址

红花岭阻击战遗址，位于深圳市龙岗区龙岗街道龙西社区龙岗区烈士纪念碑公园区域及向东相邻的红花岭主峰。遗址部分区域已建成龙岗区烈士纪念碑公园。

1948年夏天，解放军全面转入外线作战，全国主要战场转入国民党统治区。国民党军队在战场上节节败退，不得不放弃"全面防御"，收缩兵力，采取"重点防御"，人民解放战争向胜利迈进了一大步。国民党广东军事当局不甘心失败，经过一番准备，调集部队，对广东人民武装力量发动以江南地区为重点进攻目标的第二次"清剿"。

红花岭阻击战遗址（图片来源：《龙岗红色史迹寻踪》）

1948年7月25日，国民党顽军集中第一五四师一部、虎门守备总队、保安第八团、保安第十三团部分几路占领坪山，图谋合击驻坪山西南马拦头的江南支队主力。8月3日，江南支队转移到红花岭附近的楼下村和石窝村，由于暴露了目标，国民党广东保安第八团等部2 000余人由龙岗方向进攻。江南支队第一团两个连占领楼下、石窝村附近的小高地，第二团两个连则迅速抢占红花岭主峰。为了争夺控制红花岭制高点，双方展开了激烈的争夺战。至8月3日下午4时，江南支队共打退了敌人13次冲击。就在第二团弹药所剩无几、敌我双方仍然激烈争夺的紧急关头，第三团两个连赶来增援，终于打退了敌人。此次战斗共毙伤敌300余人，国民党军有一个营被打散。江南支队指导员罗特等14人壮烈牺牲，30多人负伤。红花岭阻击战和沙鱼涌奔袭战、山子吓伏击战重大胜利，粉碎了国民党反动派的"第二期清剿"计划，振奋了整个东江地区乃至全广东人民的斗争情绪，动摇了国民党的反动统治。

中华人民共和国成立后，该遗址的一部分曾经是红花岭采石场，后来在东江纵队老战士们的提议下，原龙岗镇在此主持兴建了红花岭烈士纪念碑公园。2004年1月，龙岗区政府将"红花岭烈士纪念碑公园"更名为"龙岗区烈士纪念碑公园"，主体建筑龙岗人民革命烈士纪念碑于2004年11月建成。该遗址的另一部分为山峰，山下正在建设深圳外环高速公路。

大岭古遭遇战遗址

大岭古遭遇战遗址位于龙岗区坪地街道年丰社区广昌巷18号厂房背后的山坡上。

1948年底，为了建立海陆惠紫五战略基地、粉碎国民党广东军事当局的进攻阴谋，粤赣湘边区党委决定在东江南线和北线，展开春季攻势，要求东江第一支队由东江第二支队第四团配合，开辟海陆惠紫五边区，与东江北线部队取得战略协同，同时对敌发动进攻。东江第一支队第二团及第三团、第八团，这3支活动于平原区的部队，由支队副政治委员祁烽、政治部主任刘宣、参谋长曾建率领，在平原地区展开攻势，向惠阳坪山、龙岗、淡水等地进击，以求平原根据地巩固。1948年12月28日，东江第一支队第二、三团联合作战，由李群芳指挥袭击龙岗，全歼敌自卫队，缴获长短枪50多支，俘敌连长以下官兵50余人；接着于29日包围了镇隆，歼井龙来援之敌保安第八团2个排40余人，缴获步枪40多支。31日凌晨2时，第二团、第三团、第八团从新墟出发，强攻淡水。敌淡水自卫队由队长陈发带领阵前起义。8时，强攻淡水美达楼及梁屋敌据点，梁屋之敌被迅速歼灭，俘敌100

多人，缴机枪3挺，长短枪100多支。而美达楼之敌据固顽抗，东江第一支队的3支队伍攻击至次日凌晨2时未克，乃撤出战斗。中共部队此战虽未获全胜，但为首次强攻惠阳第二大重镇，给敌人很大的震动。

1949年1月1日，东江第一支队第二、三、八团驻守坪地渡头围村。国民党第一五四师、保安第八团、"靖海"部队共3 000余人，从淡水、新墟、深圳方向向坪地袭击。东江第一支队第二团等部抢占仅300米高的渡头围村后高地。敌以猛烈炮火攻击，并依仗优势兵力不断发动冲击。东江第一支队第二团所部在处于不利情况下，阵前开展宣传鼓动工作，共产党员以身作则，激励战士们与敌人激战8个小时后撤出战斗。此役毙伤敌70多人，东江第一支队所部伤亡30余人，第二团教导员刁新、第三团连长张尔在战斗中牺牲。此战甚为被动，主要因为遭受突然袭击，加上麻痹轻敌思想所致，幸好部队此前连战皆捷，士气高昂，较为善战，未遭重创。

年丰社区渡头围村（现深圳市龙岗区坪地街道年丰社区田坑、上围、围肚、骆屋、新屋、矮岗居民小组范围）位于坪地街道东部，距坪地街道办事处约3.5公里。

三、纪念设施

蔡马生烈士纪念碑

蔡马生烈士纪念碑，位于深圳市龙岗区平湖街道上木古社区岭根吓公园。

蔡马生，生于1912年8月，平湖街道上木古村人。年轻时由于生活所迫，曾到香港给资本家当车衣工；1937年，抗战爆发后被辞退回乡。蔡马生于1941年5月加入中国共产党，并担任家乡上睦古村抗日自卫队长，带领队员巡逻放哨，防止敌人破坏；帮助游击队运送物资，传递情报；配合游击队作战。游击队攻打石鼓墟日军据点时，蔡马生带领自卫队配合作战，表现英勇，受到游击队好评。

上木古村靠近广九铁路，由于群众受过大革命的熏陶，革命觉悟较高，所以这里是抗战时期路东和路西的重要交通联络

上木古蔡马生烈士墓碑碑文

点。当时，蔡马生家里就是游击队地下交通情报站，游击队负责情报、交通、运输、民运工作的许多同志，如李卫帮、卢振林、邹远山、孙孺、黄厚基、杨元友、刘玉珍等，经常在他家出入。1942年大营救时，游击队从香港营救出来的爱国民主人士、文化精英和国际友人，他们从路西阳台山抗日根据地转移到路东抗日根据地的坪山田心接待站途中，都在蔡马生家里停留、休息。

由于蔡马生负责的是第一线工作，身份逐渐暴露，党组织决定调他去部队工作。蔡马生先在宝安大队邹远山负责的军需部门工作，后又调到卢振林负责的情报部门工作，活动于布吉八约、禾沙坑、松元头等村和龙华一带。

蔡马生不仅自己投身革命，还带领亲属参加抗日救亡活动。他的堂叔蔡焕兴在他的教育影响下，不仅参加了抗日自卫队，还加入了中国共产党。1943年9月，日军对水径、甘坑、上凌古一带进行"扫荡"，蔡马生不幸在家乡上木古被捕，在敌人严刑拷打下，始终坚贞不屈。10月10日，在平湖墟一座小山上（后为平湖街道办事处大院）被日军用大刀砍死，壮烈牺牲。

中华人民共和国成立初期,平湖镇在蔡马生烈士遇难处修建了"蔡马生烈士纪念碑",1988年迁建于力元吓广九铁路桥旁,2016年再度迁建于现址。纪念碑现保存较好。

山厦革命烈士纪念碑

山厦革命烈士纪念碑位于深圳市龙岗区平湖街道山厦社区香山路塘口路段旁。

山厦人民具有光荣革命传统,1924至1926年间,受东莞县党组织的委派,严凯祥、严永辉、蔡如平、蔡日新先后到山厦村秘密开展群众运动工作。1926年2月,山

山厦革命烈士纪念碑碑文(摄于2018年12月,山厦社区供图)

厦农民协会成立,严凯祥、严绍祖任执行委员。1926年5月,深圳地区第一个中共乡级支部——中共山厦支部在山厦成立。1927年大革命失败后,中共山厦支部遵照上级指示,转入地下活动,以"牛会""造林植树会"等组织的名义坚持斗争。抗日战争爆发后,中共山厦支部立即组织武装斗争,经受了敌、伪、顽数10次围捕搜查。全村不少优秀儿女相继参加广东人民抗日游击队、东江纵(队)、粤赣湘边纵队。长期革命斗争中,山厦人民为党的事业作出了贡献,一批山厦儿女和在山厦从事革命工作的同志,为了革命事业,在山厦这块土地上献出了宝贵的生命。为了

纪念革命先烈，经广东省民政厅批准，由山厦村出资兴建了山厦革命烈士纪念碑。

纪念碑由原东江纵队副司令员王作尧将军亲手书写碑文，并由东江纵队参谋主任兼江北指挥员周伯明行书刻于碑上。1990年，王作尧将军去世后，按照他生前遗愿，有关部门和他的亲属将其部分骨灰安放在山厦革命烈士纪念碑旁。

纪念碑建于1984年7月，占地面积1 500平方米，建筑面积300平方米，碑高6.3米。碑上刻有山厦村为革命英勇献身的6名英烈——严润泉、严仲喜、邬进祥、严运贤、叶兴贤、严丽华，以及曾在山厦一带从事过革命活动的其他11名烈士的英名。

岗头革命烈士纪念碑

岗头革命烈士纪念碑位于深圳市龙岗区坂田街道岗头社区金园水库南侧中坑一个山坡小平台上。

为纪念岗头村在抗战期间牺牲的10名先烈和解放战争期间因国民党反动派袭击金竹园地下情报站而牺牲的10名战士，1990年12月，经岗头村委会申报，布吉镇人民政府批准修建了岗头革命烈士纪念碑。2006年3月，为免受水患，岗头社区对较为简陋的纪念碑予以重修。新修的纪念碑高2.5

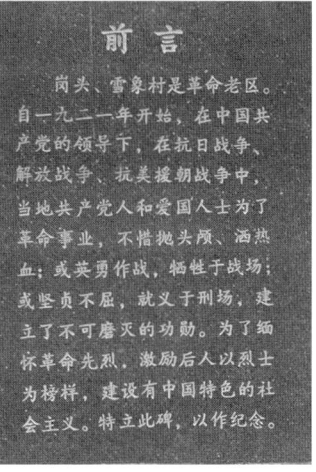

岗头革命烈士纪念碑碑文（摄于2014年，岗头社区供图）

米，碑体由3块黑色大理石和1块三角形小大理石构成。小三角形碑顶上前后两面均镶刻着五角星，纪念碑正面刻有"革命烈士纪念碑"7个大字，背面刻有碑文和20位革命烈士的英名。

2016年7月8日，岗头社区再次对纪念碑进行维修改造，于2018年1月竣工。经过修缮后的纪念碑占地面积1 980平方米，碑

重修前的岗头革命烈士纪念碑与纪念亭（摄于2005年4月，岗头社区供图）

体长4米，宽4米，高9.1米。

龙岗人民革命烈士纪念碑

龙岗人民革命烈士纪念碑，位于龙岗区龙岗街道龙西社区红花岭龙岗区烈士纪念碑公园内。

1948年8月3日，国民党军集结2 000余人突袭龙岗楼下、石窝村，企图拦截准备东移的江南支队主力。江南支队迅速组织兵力抢占红花岭高地，经过9个多小时的激战，击退了敌军13次进攻，共毙、伤敌军300余人，江南支队牺牲20余人。为了纪念红花岭战斗，缅怀革命烈士的丰功伟绩，龙岗镇主持兴建红花岭烈士纪念碑公园，计划纪念碑上的烈士名单仅限于原龙岗镇范围内的烈士名单（即原龙岗镇盛平桥纪念碑上铭刻的烈士名单），碑文落款为"中共龙岗镇委员会和龙岗镇人民政府"。2004年1月，鉴于红花岭战斗涉及面广、影响深远，而且龙岗作为革命老区，还没有一个大型的烈士纪念公园，因此龙岗区委区政府对红花岭烈士纪念碑公园建设规划进行调整，将"红花岭烈士纪念碑公园"更名为"龙岗区烈士纪念碑公园"，纪念碑上的烈士名单扩展到龙岗区范围的革命烈士名单，落款则确定为"中共龙岗区委员会、龙岗区人民政府"。2004年11月，龙岗区烈士纪念碑公园竣工并完成验收，成为龙岗区革命传统教育基地。

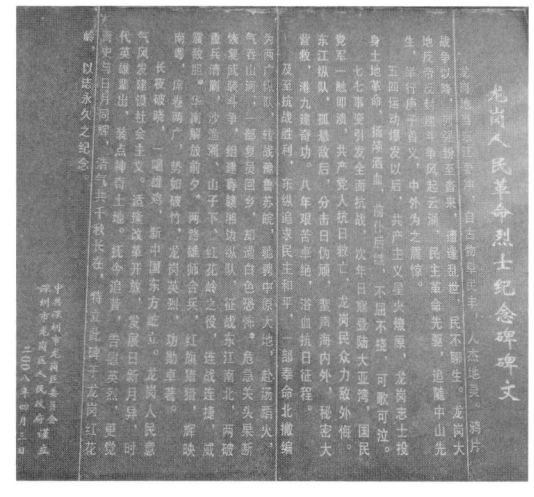

龙岗人民革命烈士纪念碑碑文（民子摄于2019年2月）

纪念碑占地面积1.2万平方米。纪念碑分纪念碑主体与塑像、展览厅及附属设施两部分。纪念碑碑体底部长4.15米，宽3.36米，碑体高度为18.6米，加上4个战士塑像则高20多米。纪念碑碑体上刻有碑文和龙岗区范围内各革命时期烈士的名单。2007年8月，龙岗委区、区政府又投资对纪念碑公园进行改扩建，扩大了建设规模，完善了公园基础设施，重刻了烈士纪念碑碑文和全区烈士名单。这次改扩建，改善了龙岗区烈士纪念碑公园的园容园貌，使其成为以"缅怀烈士，教育群众"为主，集宣传、教育、游览、休闲等功能于一体的爱国主义教育基地，把爱国主义教育与趣味性、知识性、生活性有机融合在一起，为社会各界缅怀革命烈士和休闲、游览提供一个好去处。

2014年8月，龙岗区烈士纪念碑公园被中共深圳市委公布为深圳市第二批党史教育基地。

山厦革命历史纪念馆

山厦革命历史纪念馆，位于深圳市龙岗区平湖街道山厦社区香山路34号——严氏、叶氏祠堂。

山厦村富有革命传统。1924至1926年间,受东莞县党组织的委派,严凯祥、严永辉、蔡如平、蔡日新先后到山厦村秘密开展群众运动工作和发展党的力量。1926年2月,山厦农民协会成立,严凯祥、严绍祖任执行委员。1926年5月,中共山厦支部在山厦成立。在中国共产党的组织领导下,山厦人民与土豪劣绅、国民党反动派、日本侵略军进行了英勇顽强的斗争。共有80多名热血山厦子弟参加了壮丁队、抗日游击队和东江纵队、边纵部队,为民族独立和人民解放事业做出了巨大贡献。一批山厦儿女和在山厦从事革命工作的同志献出了宝贵的生命,涌现了无数可歌可泣的英雄故事。

山厦严氏、叶氏祠堂,是山厦农会活动地,也是中共山厦支部和山厦人民的革命活动场所。为了纪念革命先烈,展示山厦的革命史实,弘扬革命先烈百折不挠、不怕牺牲的革命精神,山

中共山厦支部(农会总部)成立旧址,现为山厦革命历史纪念馆(李国强摄于2016年5月)

附 录

山厦革命历史纪念馆内雕塑（李国强摄于2016年）

厦人在严氏、叶氏祠堂原址上兴建了山厦革命历史纪念馆。该馆以山厦村老村民的回忆为依据，进行了原貌修复。2009年12月15日，在广东省关工委主任方苞和众多老革命、东江纵队战士的共同见证下，山厦革命历史纪念馆举行揭牌仪式并迎来首批参观者。

纪念馆占地面积300余平方米，由两座建筑组成，分为革命历史和风俗文化两个展区。革命历史展区面积为100平方米，着重反映平湖的革命斗争史；风俗文风展区面积为120平方米，主要再现先辈们生产、生活场景及礼仪、民情等风俗习惯。

2014年8月，山厦革命历史纪念馆被中共深圳市委公布为深圳市中共党史教育基地。

附录二 革命人物

自清代以来，龙岗人民就敢于抗击外来侵略、保卫家园。尤其在抗日战争和解放战争中，龙岗人民更是前赴后继、不畏牺牲，涌现出很多革命志士。他们中不少人为了中国人民的解放事业献出生命；他们中不少人经过革命斗争的洗礼成长为革命干部，在中华人民共和国建设事业中继续贡献力量。他们，是龙岗人民的骄傲，是龙岗人民的杰出代表。

一、重要革命人物

严凯祥（？—1935年），平湖街道山厦村人。他早年曾在东莞县城读书，后在东莞塘厦爷皮村教书。1924年，严凯祥受中共东莞县委委派，回到山厦村秘密调查村里农民被剥削、农民对农运的认识与要求及地主豪绅的反应等情况。1926年2月，山厦村成立农民协会，严凯祥任执行委员；5月，任中共山厦支部第一任书记，1926年下半年，东莞县第四区农民协会（简称"东莞四区农会"）成立，被选为四区农会执行委员会委员长。次年初，农民协会开展了"二五"减租运动。1927年"四一二"反革命政变后，严凯祥回到山厦，参加了农民组织的暴动；暴动失败后，遭到通缉追捕，被迫转移到香港九龙，后转移到越南，经友人介绍在"知用"学校当教师；1935年，遭国民党特务暗算，食物中毒身亡。①

严仲喜（1906—1939年），平湖街道山厦村人；1926年加入中国共产党，1927年11月起担任中共山厦支部第二任书记，1938年参加抗日游击队。山厦村的抗日救亡运动在严仲喜的领导下非常活跃，他组织了以严润泉、严嫦等为骨干的抗日武装常务队，经常向抗日部队提供广九铁路平湖站附近的敌、伪、顽军活动情报。1939年9月8日，广东人民抗日游击队为了粉碎日军的"清剿"，发动奇袭南头大沙河战斗，严仲喜率山厦子弟七八十人由犁头寮荔枝园出发参战。为避免暴露太多力量，上级领导指示部分人员留下或折返山厦，最后严仲喜带领20多人参加摧毁大沙河桥梁之战，以阻止日军进犯。在战斗中，严仲喜冲锋在前，不幸中弹牺牲，年仅33岁。1983年9月10日，中华人民共和国民政部批准严仲喜为革命烈士，并补发《革命烈士证明书》。②

邬进祥（1923—1945年），又名振祥、振强，平湖街道山厦村人。父亲早年去世，母亲到香港九龙谋生，邬进祥自小由伯母抚养。他7岁时在家乡读书，13岁转学至平湖红朱岭小学；毕业后参加抗日救亡工作团；1938年加入中国共产党；1942年参加宝安大队，任第三中队手枪队副小队长。1943年6月3日，第三中队夜袭丹竹头村伪军，他首先接近敌人哨位。当敌人发现并询问口令时，他第一个冲入敌营房大喊："缴枪不杀！"伪军在慌乱中纷纷举手投降。1943年12月，邬进祥任东江纵队独立第三队（飞鹰队）小队长。1944年9月20日，飞鹰队攻打日军在广九铁路上的石马桥头碉堡，他用手表试制成定时炸弹，趁敌人不在，

---

① 见深圳市龙岗区史志办公室编：《龙岗人物》，深圳市龙岗区档案局（馆），2006年12月。（内部资料）

② 见深圳市龙岗区史志办公室编：《龙岗人物》，深圳市龙岗区档案局（馆），2006年12月。（内部资料）

藏进碉堡内的铺板底下。至深夜12点炸弹爆炸，一班日军（除跑掉一个哨兵外）全部死亡，飞鹰队缴获了机枪1挺、步枪数支。1944年秋，他被组织调到第二支队任副中队长。1945年春，部队整编组成西北支队，他任副中队长。同年，王作尧率部到粤北迎接"两王部队"。为了扫除前进障碍，组织派邬进祥带一中队攻打新庄水乡公所。战斗结束时，发现国民党部队尾随追击，他率中队边打边退到始兴县茶坪莫屋纸厂。第3天凌晨，突然一声枪响，他睡在靠窗口处，不幸腹部中弹。顿时枪声大作，敌人包围了纸厂。他带伤率部坚决抵抗，命2个小队长带领队伍先突围，他留下1个机枪班掩护。经过他们的顽强阻击，战士们冲出了纸厂。当他最后冲出纸厂走到约200米的竹林时，因失血过多壮烈牺牲。1983年9月10日，中华人民共和国民政部批准邬进祥为革命烈士，并补发《革命烈士证明书》。[①]

严润泉（1906—1939年），平湖街道山厦村人；1925年加入中国共产党，1938年参加抗日游击队。山厦抗日救亡运动期间，以严润泉等人为骨干成立抗日武装常务队，经常向抗日部队提供广九铁路平湖站附近的敌、伪、顽军活动情报，为抗日部队及时制定斗争策略起了关键作用。1939年9月8日，广东人民抗日游击队为了粉碎日军的"清剿"，发动奇袭南头大沙河战斗，严润泉在战斗中光荣牺牲。1983年9月10日，中华人民共和国民政部批准严润泉为革命烈士，并补发《革命烈士证明书》。[②]

冼麟（1924—？），平湖街道山厦村人，参加过豫东战役、济南战役、淮海战役和抗美援朝战争；1938年7月入伍，1941年7

[①] 见深圳市龙岗区史志办公室编：《龙岗人物》，深圳市龙岗区档案局（馆），2006年12月。（内部资料）

[②] 见深圳市龙岗区史志办公室编：《龙岗人物》，深圳市龙岗区档案局（馆），2006年12月。（内部资料）

月加入中国共产党。冼麟入伍后，任广东人民抗日游击队第二大队中队通信员；1941年至1944年，任广东人民抗日游击队宝安大队、惠阳大队班长、飞鹰队小队长、短枪队队长；1946年，随东江纵队北撤山东解放区后，任三野两广纵队一团连长；1947年6月，任两广纵队二师五团一营副营长；1950年12月，任珠江军分区独立第十六团一营营长；1952年5月，任南海舰队航空兵司令部一师一团副参谋长；1953年，任南海舰队航空兵训练大队大队长；1956年，任南海舰队陵水场站副站长；1959年5月，任南海舰队航空兵司令部管理处处长。1978年8月，调至广州负责组建海军赤岗干休所；1987年离休。冼麟于1955年被授予少校军衔，后晋升为中校军衔；获颁三级独立自由勋章、三级解放勋章。[①]

蔡马生（1912—1943年），平湖街道上木古村人，青年时因家境贫困，到香港给资本家做车衣工。1937年回到家乡。1941年5月，蔡马生加入中国共产党，任村抗日自卫队长；1942年春调到宝安大队军需部门工作，后到情报部门。1943年9月，蔡马生在执行任务中，在上木古村与日军遭遇，和他一同执行任务的卢振标和侯姓女同志脱险，他却不幸被捕。日军先将他押到李朗村竹溪小学，对他动用刑罚，他坚强不屈，没有透露一丝有关党和游击队的情况。日军又将他押到平湖，要他带路去"消灭"游击队，他故意将敌人引到游击队驻地相反的横岗，敌人毫无所获。10月10日下午4时，日军将他杀害。中华人民共和国成立后，平湖镇修建了蔡马生烈士纪念碑。[②]

肖华奎（1919—1946年），坪地街道高桥村人，青年时曾到

---

① 见吴德文主编：《宝安军事人物》，中国文史出版社2007年版。
② 见深圳市龙岗区史志办公室编：《龙岗人物》，深圳市龙岗区档案局（馆），2006年12月。（内部资料）

香港谋生，不久回乡。1939年春，肖华奎参加地下党组织的"春耕队"；1940年冬加入中国共产党；1941年1月，参加广东人民抗日游击队第五大队；1942年2月，任港九大队手枪队小队长，深入西贡、沙田、坑口等地活动，采购了大批物资，还收购了乡民和渔民的一批枪支子弹送回游击区；后又在葵涌、盐田、大小梅沙沿海活动，打垮4股海匪，击毙匪首张明仔、黄国东、苏荣生等；不久，奉命挺进香港"新界"、九龙市区，与港九地方党组织配合，营救在香港的文化人士。1944年9月，肖华奎任东江纵队二支队作战参谋；1945年9月，任大亚湾海上独立大队第二中队长，率队在范和港、澳头、虎门一带进行海上巡防。1946年2月24日上午，他率队在六克岛海面巡逻，发现国民党"舞风"号炮舰和2艘快艇向六克岛冲来。他当即下令迎战。但终因敌我力量悬殊太大，最终弹尽沉船，他和副指导员陈华等10多位战士壮烈牺牲，遗体随海浪漂浮到小桂村海岸边。村民将牺牲的指战员们安葬在小鹰嘴。①

陈德林（1902—1946年），坂田街道岗头村人，1941年2月12日加入中国共产党，任岗头村民兵队队长。1941年，日军进犯游击区。一天，敌人在坂田村做饭，民兵接情报后，中共布吉区委书记杨德元率领陈德和、陈德林、陈发良等由岗头抵达坂田，他登上山头，看敌人正在吃饭，便招呼同志们登山，卧倒向敌人射击，打死打伤敌人各1人。当敌人集合向民兵队进攻时，同志们已沉着撤退。1942年7月，布吉乡乡长陈白玉叛变，为保存力量，中共布吉区委决定让已暴露党员身份的陈德林等人组成抗日游击小组，经常夜间外出活动，向群众宣传，揭穿敌人妄图分化

---

① 见深圳市龙岗区史志办公室编：《龙岗人物》，深圳市龙岗区档案局（馆），2006年12月。（内部资料）

群众、动摇军心、瓦解日军的阴谋。日本投降后，陈德林任布吉乡民兵大队副大队长。为动员民兵配合游击队接收日军武器，他奉令集中武装民兵80多人，在上八约、石龙坑集中，开赴深圳圩一带放哨，维持治安，后来又奉令率部后撤梅林一带放哨。1946年4月的一天深夜，国民党军队100多人从观澜出发包围岗头村，陈德林被俘。敌人将他捆绑起来拷打、刑审，质问陈德和、陈德良等人的下落。他坚定回答："不知道。" 敌人又把他押赴观澜，路上先后遇见岗头村群众，陈德林让他们转告家里，不要花钱保释他，说，"我宁愿站着死，不愿跪着生"；后被敌人杀害。①

陈志辉（1923—1948年），又名加六，坂田街道岗头村人；1945年9月参加中国共产党，历任战士、班长。1946年，陈志辉随东纵北撤山东烟台，在教导队训练后，任两广纵队二团一营一连副排长；1948年1月，在河南省太康县逊母口同国民党军队英勇作战，击毙敌人多名，缴获手提机枪一挺，最后中弹牺牲。

肖木友（1925—1948年），坪地街道六联村人，1943年10月参加东江抗日游击队宝安大队，1944年10月加入中国共产党。1945年5月，肖木友任东纵二支队潼湖独立中队第一小队队长，同年9月调任东纵六团二连一排排长。1946年6月，他随东纵北撤山东，在华东军政大学教导团学习；1947年3月，任两广纵队二团二营六连副连长。1948年1月28日，二团驻防太康县逊母口镇附近的一个小村庄。次日上午，国民党号称"王牌"的第五军一部分兵力向二团一营驻地进攻，遭到二团一营英勇还击。敌人被包围在逊母口镇，二营奉命从左翼向敌人迂回发起冲锋。肖木友

---

① 见深圳市龙岗区史志办公室编：《龙岗人物》，深圳市龙岗区档案局（馆），2006年12月。（内部资料）

率领六连利用小树林作为掩护，直插逊母口西北角敌军阵地。他带头冲锋，不幸被子弹打中头部，光荣牺牲。①

巫喜辉（1914—1948年），龙岗街道瓦窑坑村人；1943年参加飞鹰队，先后参加了虾公潭、凤凰山、三峰反扫荡等几十次战斗。1946年东江纵队北撤山东，巫喜辉复员回家暂时隐蔽；1947年秋归队，任惠东宝人民护乡团第三大队华山队机枪班长；1948年初任江南支队三团路东独立中队铁鸟队副排长，由指导员张尔介绍加入中国共产党。6月下旬，张尔率领巫喜辉一个排及一个武工组30多人进入大洲。反动分子向桥头驻敌告密，桥头敌人约2个连向中共部队袭击，铁鸟队退到惠樟公路时，遭到伏击在赤山附近的樟木头、博仔圩敌人400多人的两面夹击。中共部队立即抢占山头，打退了敌人的多次冲击。巫喜辉身负重伤不下火线，掩护战士和伤员撤退。敌人以为中共部队被打败，谁知高个子的巫喜辉突然托起轻机枪向敌群猛烈扫射，敌人成片倒下。战友们终于安全撤退，而巫喜辉自己砸烂了轻机枪，在阵地上壮烈牺牲。

钟生（1920—1948年），又名钟戍发，宝龙街道大井村人，1938年参加抗日武装自卫队，1942年1月加入中国共产党。1942年5月，钟生任广东人民抗日游击总队惠阳大队短枪队小队长；1945年1月，任东江纵队第六支队第一大队中队长；抗日战争胜利后，任东纵东进指挥部独立营第一连连长；1946年6月，随东纵北撤山东。整风学习后，钟生任华东野战军总部教导团一连连长，先后参加鲁南战役和苿莞战役；1947年4月，任两广纵队二团机炮连连长；济南战役后，调任三团一连连长。1948年11月

---

① 见深圳市龙岗区史志办公室编：《龙岗人物》，深圳市龙岗区档案局（馆），2006年12月。（内部资料）

淮海战役打响，19日上午，他带一连到达三堡车站，接替二团防地，阻击敌人进攻，以达到拖住敌军为友军争取时间围歼黄伯韬兵团的目的。他指挥战士们顽强拖住敌人，坚守阵地。他带头端起机枪，2次打退敌人冲击。在敌人发起第3次冲击时，他抓紧时间填充弹药，不料被敌军子弹击中头部，壮烈牺牲。①

黄英（1926—1949年），又名黄春，宝龙街道阳和浪村人。3岁时，黄英因家境贫困，被人以30元买来做童养媳。1938年10月，受二哥和表哥（均为中共党员）的进步思想影响，黄英积极参加抗日活动；1939年，参加夜校读书继而参加妇女会。妇女会组织对日军的通讯线路给予破坏，她大胆地爬上电杆，剪下不少电话线埋到地下。此外她还积极参加流动医院或交通联络站的工作。1945年4月，黄英参加东江纵队并担任运输员；1946年，随东江纵队北撤山东，被编在妇女大队第二中队；1947年，在山东军政大学文化连学习，被评为学习模范，后在华东野战军总部军测室石印组工作；1947年8月，加入中国共产党；1949年调回两广纵队司令部，3月病逝，年仅23岁。

刘伯刚（1905—1973年），原名刘柱安，字伯刚，平湖街道平湖村人；1924年，加入中国共产党，曾任广东省农会《犁头报》编辑，后回乡开展革命活动，任共青团东莞地委书记。1927年12月至1928年2月，刘伯刚任中共宝安县委书记，参加过广州起义和组织宝安暴动。1931年12月，因叛徒出卖，国民党广州公安局梁子光带督查到平湖缉捕刘伯刚。刘伯刚在群众掩护下得以脱险，转移至香港，后移居马来西亚继续从事革命工作；1973年4月28日在新加坡病故。

---

① 见深圳市龙岗区史志办公室编：《龙岗人物》，深圳市龙岗区档案局（馆），2006年12月。（内部资料）

陈发良（1900—1984年），坂田街道岗头村人，1940年冬，参加民兵队；1941年2月12日，加入中国共产党，任岗头村党支部成员。1942年8月，陈发良参加布吉乡抗日游击小组；1943年，任岗头村党支部书记；同年冬，参加中共宝安县委举办的党员培训班，不久又参加东宝行政督导处在东莞金桔岭举办的民兵训练班；1944年春，发展了陈怀旭、陈和生、黄福等入党。1945年8月，日军投降后，陈发良带领60名民兵开赴深圳配合游击队收缴日、伪军武器。中华人民共和国成立后，陈发良先后在松岗粮所、布吉粮所、平湖粮所工作；1984年12月28日去世。[①]

陈怀旭（1904—1986年），坂田街道岗头村人，抗战爆发后参加地方抗日活动；1944年4月，由陈发良介绍加入中国共产党。同年秋，陈怀旭参加东宝行政督导处在东莞合水口举办的学习班；学习结束后，又参加了东宝行政督导处的建政座谈会，并按照会议精神，成立布吉乡生产合作社，任主任。合作社经营了10多个月且很受群众欢迎，直到日军投降才结束。1948至1949年，陈怀旭任宝安县布吉乡长、中共布吉乡总支部宣传委员，参加土改工作。1962年，任岗头村党支部书记；"文革"时期受到冲击，后平反退休在家；1986年去世。

黄光（1924—1987年），宝龙街道阳和浪村人；1939年春，参加"抗敌同志会茅土村支会"，组织民兵建立抗农会；1940年6月，加入中国共产党。同年，国民党军队及日军先后进攻该地区，民兵队不打自散。他组织没有走散的6名民兵，日夜站岗放哨，使地方不受日军和土匪侵扰。他家有3个党员（姐姐、爱人和他），他的家也是中共区、县地下交通联络站。抗日战争和

---

① 见深圳市龙岗区史志办公室编：《龙岗人物》，深圳市龙岗区档案局（馆），2006年12月。（内部资料）

解放战争时期，黄光先后在宝安、惠阳和惠东等县任过中共特派员、区委书记和县委组织部副部长等职务，参与破坏日军的龙坪交通线，痛击驻龙横坪的日骑兵，捉拿和处决龙岗两任伪维持会长，痛击肖天来的伪九龙大队。1946年东江纵队北撤时，黄光留在本地领导和组织地下党员开展革命活动，并保存大量枪支弹药和军用物资，为后来恢复东江地区的武装斗争作出贡献。中华人民共和国成立后，他先后在增城、惠阳和博罗县任过县委书记、县长和县委第一书记，任过惠阳地区党校党委副书记、地区师范学校革委会主任、地区供销社主任和地区科委副主任、党组书记；1984年，离休后移居宝安；1987年2月2日，病逝于深圳医院。①

曾鸿文（1892—1990年），又名曾洪文，布吉上雪竹径村人；青年时加入洪门会，是第一次国内革命战争时期宝安县农民运动骨干；1938年在观澜、龙华地区组建民众抗日武装，同年年底加入中国共产党。1939年1月，曾鸿文参加抗日游击队，动员龙华、乌石岩、布吉等地的爱国青年参军；1940年3月游击队东移海陆丰后，留在宝安坚持地下斗争；1941年11月，奉命率短枪队进入"新界"元朗地区活动，打通了便捷又安全的交通线，为"秘密大营救"立下功劳。英军溃逃后，他设法收集英军丢下的武器、弹药和大批物资送回部队。1942年3月，曾鸿文任广东人民抗日游击总队宝安大队大队长；东江纵队北撤后，留在香港做地下工作；1947年恢复武装斗争后，回到宝安做群众工作，组织发动群众支援部队。中华人民共和国成立后，曾鸿文先后任宝安县公安局秘书、佛山和肇庆地区粮食局科长等职，1958年退休

---

① 见深圳市龙岗区史志办公室编：《龙岗人物》，深圳市龙岗区档案局（馆），2006年12月。（内部资料）

（后改离休），1990年5月在深圳病逝。①

廖璞（1910—1993年），曾用名廖国鎏，园山街道莘塘村人，1938年4月入伍，同年8月加入中国共产党。廖璞于1938年4月入陕北公学学习，同年10月，成为中国人民抗日军政大学学员；1947年7月，任冀鲁豫军区服装厂副政委；1949年3月，任冀鲁豫军区湖西老干团政治处主任；1950年3月，任平原军区合作总社经理部政委；同年11月，任平原军区湖西分区政治部组织科科长；1951年8月，任平原军区补充团政委；1952年8月，任平原军区湖西分区政工科科长；1953年9月，任山东军区工程指挥部政治部干部科科长；1955年4月，任山东军区德州军分区政治部副主任；1956年6月，任山东军区昌维军分区政治部主任；1960年1月，任济南军区第二文化学校副校长；1968年8月，任山东军区德州军分区政治部主任；1966年离休；1993年7月，在广州病逝。廖璞于1955年被授予中校军衔，1956年，晋升为上校军衔；获颁三级独立自由勋章、三级解放勋章。②

刘仲德（1905—1993年），原名刘锡璋，平湖街道平湖村人；年幼时就读于纪劭劳学校，后考入广州市教忠中学，其间加入国民党。1925年6月23日，刘仲德参加反对"五卅"惨案示威游行，后又参加了广东国民革命政府举行的"誓师北伐"等示威游行，次年中学毕业考入国民党党务训练所；毕业后回到平湖纪劭劳学校从事教育工作，1929年任纪劭劳学校校长。1930年初，刘仲德经刘伯刚、叶丽钧介绍加入中国共产党，并以校长身份作掩护，积极开展革命活动；1931年12月，因叛徒出卖，被迫转移

---

① 见深圳市龙岗区史志办公室编：《龙岗人物》，深圳市龙岗区档案局（馆），2006年12月。（内部资料）

② 见吴德文主编：《宝安军事人物》中国文史出版社2007年7月第1版。

香港,后到越南。1950年9月,刘仲德回到平湖参加土改工作,后任平湖小学校长;1956年,任平湖中学首任校长;1978年,被推选为宝安县侨联主席。刘仲德在任10年间,多次出境联谊广大侨胞,动员侨胞为家乡建设出钱出力,为宝安和平湖的建设事业作出了贡献。1993年秋,刘仲德去世。

陈伟琦(1917—1996年),原名陈天寿,坂田街道岗头村人从小放牛、学裁缝、当工人。1942年1月,陈伟琦参加抗日民主乡政府工作,后调至东江纵队一支队当警卫员,不久被提拔为短枪队队长;同年加入中国共产党。1943年11月,日军占领平湖等地,国民党观澜区分部的陈铁人,打内战,大搞反革命活动。短枪队奉命逮捕陈铁人。1944年11月,陈伟琦等15名队员来到牛湖村,他们冲入屋内,一举拿下陈铁人等11人。1946年陈伟琦随东江纵队北撤,在华东军政大学学习后,调至两广纵队后勤军械处当股长;1948年,参加淮海战役;1949年,随两广纵队回广东。1950至1955年,陈伟琦在中南海军任运输科长;1977年6月,离休;1996年6月15日,在中山市因病逝世。[①]

刘传(1927—1996年),坂田街道杨美村人,1942年2月入伍,先后任广东人民抗日游击队宝安大队独立小队战士、东纵独立第三中队班长,参加过平湖、凤凰山战斗;1944年4月,加入中国共产党;7月,到东江抗日军政干部学校学习;12月,任东纵北江支队手枪队队长。1946年6月底,刘传随东纵北撤山东,华东军政大学结业后,任第五大队军事教官;1947年6月起,历任两广纵队第二团副连长、连长、副政治教导员,参加过豫东、济南、淮海、广东等战役。中华人民共和国成立后,刘传历任广

---

① 见深圳市龙岗区史志办公室编:《龙岗人物》,深圳市龙岗区档案局(馆),2006年12月。(内部资料)

东省中山县人民武装部政工科科长、东莞县人民武装部副部长、惠阳县人民武装部政治委员、惠东县委书记兼惠阳军分区副政治委员等职；1983年1月，离职休养，1996年逝世。

余钦芳（1917—1946年），1920年，余桂南夫妇在坪地圩上从人贩子手里买下一个3岁的小男孩，这个男孩就是余钦芳。他少年时在坪地四方埔天主教会办的三德小学读了5年书，后由于养父家庭经济困难，辍学到龙岗当学徒。他勤奋好学，很快就成为熟练的制帽工人。1938年，日军南侵，龙岗毡帽厂倒闭，他回家务农。1944年冬，坪地抗日民主政府成立，他被推选为委员，次年当选为乡农会主席，领导农民与地主开展减租减息的斗争。1945年10月，国民党在龙岗、坪地采取"填空格"战术反复扫荡。余钦芳等人展开反扫荡斗争，侦察敌情，为部队提供情报。1946年10月18日，他奉命到龙岗圩搜集情报，被国民党特务发现而被捕。面对敌人的严刑拷打，他大义凛然，与敌人进行了针锋相对的斗争。同年10月25日，余钦芳在龙岗圩惨遭国民党杀害，年仅29岁。①

林安仔（1922—1948年），又名林子平、林子学，坪地街道岳湖岗村人。他6岁随父母兄妹到香港谋生，在香港上了5年小学；1941年12月，香港沦陷，随全家重返故乡务农；1943年冬，在坪山参加东江纵队。1946年夏，东江纵队北撤山东，他奉命复员回家，在村里与国民党展开了反苛捐杂税的斗争；是年冬，参加惠东宝人民护乡团武工队；1948年5月，任坪地武工队长。同年秋，国民党对惠东宝安地区进行第二次"清剿"，他率队配合江南支队主力参加了沙鱼涌、山子吓、红花岭等多场战斗。9月

---

① 见深圳市龙岗区史志办公室编：《龙岗人物》，深圳市龙岗区档案局（馆），2006年12月。（内部资料）

的一天，到龙岗圩侦察敌情，发现200多个敌人在对岸渡河后很快到了坪地，并分出一小分队沿石壁坑南下搜索。见敌人不多，他便率2名队员埋伏于树丛中，准备袭击敌人。敌军骑马进入伏击圈，3人立即连发3枪，击毙了敌军。不料，大队敌人听到枪声立即赶来。林安仔见敌众我寡，便主动把敌人吸引过去，掩护2名队员撤退。2名队员安全撤离后，他沿丁山河东南方向撤退，在泅渡淡水河时，不幸中弹牺牲，时年26岁。①

廖存榕（1915—2001年），园山街道莘塘村人，早年在淡水中学就读，未毕业就回家乡油甘田书院小学教书。1944年初，廖存榕参加东江抗日游击队，同年加入中国共产党；1945年，任路东行政委员会田粮征收处主任；这年，与东江纵队民运队宣传员江肖梅结婚，将妻子娘家陪嫁捐献给部队，作为购置物资的费用。同年9月，廖存榕与东江纵队敌工科干部前往惠州淡水，接受日军第一二九师团投降；1946年，随东纵北撤，进入华东军政大学学习；同年底，任渤海军区后勤部粮秣股股长；1947年8月，任两广纵队一团、新兵团供应处主任；1948年，参加豫东、济南、淮海战役。他先后荣获华北解放纪念章、解放华中南纪念章、淮海战役纪念章。中华人民共和国成立后，廖存榕历任珠江专区粮食局会计科科长、粤中粮食处副处长、高要专署粮食局长；1958年，任肇庆地区行署办公室主任；1962年，任肇庆地区行署副专员；1983年12月，离休；2001年7月，在肇庆市病逝。

刘展明（1924—1994年），坂田街道杨美村人。1940年，广东人民抗日游击队第五大队交通情报站就设在他家，他担任义务交通员。刘展明于1942年3月入伍，之后任广东人民抗日游

---

① 见深圳市龙岗区史志办公室编：《龙岗人物》，深圳市龙岗区档案局（馆），2006年12月。（内部资料）

击总队宝安大队武工队员、通讯员；1944年4月，加入中国共产党。1944年9月起，刘展明先后担任东纵第一支队、第七支队、纵队司令部副官；1947年9月，回到广东工作，任中共粤赣湘边区党委副官；1949年1月，任粤赣湘边纵队司令员副官处主任、供给处副处长；1949年10月，任广东军区东江军分区供给处政治委员；1951年7月，任华南军区司令部管理处（正师级处）副处长；1954年6月转业，曾任广东省油脂公司物价科科长、储运科科长、政策调研科科长，省粮油饲料工业公司副经理、公司调研员等职；1985年6月，离休。1994年11月，刘展明在广州病逝。

邱伯寿（1921—2007年），吉华街道上水径村人，1940年2月入伍，1941年7月加入中国共产党。邱伯寿入伍后历任广东人民抗日游击总队第五大队战士、班长、小队长、独立小队小队长等职；1943年至1945年9月，历任东江纵队第一支队宝安大队中队长，宝安特派室军事特派员，宝安大队大队长等职。1945年9月，先后任东纵江南指挥部第六团参谋主任、直属大队大队长。1946年6月底，邱伯寿随东纵北撤山东解放区，华东军政大学结业后，任两广纵队第二团第二营营长，参加豫东、淮海、广东等战役，在豫东战役杞县守备战中负伤。1950年2月至1960年1月，邱伯寿历任广东省军区军政大学大队长、南路军分区独立第二十三团、粤西军区独立第四团参谋长、军区教导大队大队长、军区司令部参谋科科长、广东省军区司令部训练处副处长、边防守备第12团团长等职；1960年1月，先后任广东省汕头军分区、广州警备区、肇庆军分区参谋长；1983年，按正师级离职休养。邱伯寿于1955年被授予少校军衔，1959年晋升为中校，1963年晋升为上校；获三级独立自由勋章、三级解放勋章；1988年被授予独立功勋荣誉章。①

陈德和（1918—2016年），坂田街道岗头村人，1940年1月，参加岗头村抗日自卫队，任队长，1941年加入中国共产党，1942年入伍。陈德和入伍后历任广东人民抗日游击总队宝安大队武工队队长；1945年1月，先后任东江纵队第一支队莞太线军事特派员、东莞大队副大队长；1946年6月底，陈德和随东江纵队北撤山东解放区，历任两广纵队第三团第二营副营长、第五团作战参谋；1949年7月，随两广纵队南下，历任珠江军分区独立第十五团作战股股长、东莞县大队大队长。中华人民共和国成立后，陈德和历任中共宝安县第一届县委委员、中共宝安县第二届县委常委、第一任人民武装部部长、兵役局局长；1956年11月，转业地方，曾任水电部广州设计院规划处副处长、办公室副主任、探勘总队副队长、水利部珠江水利委员会办公室副主任、广东水电局规划办公室副主任等职；1980年9月，离职休养。其主要著作有《星光集》《革命战争会议录》。陈德和于1955年被授予少校军衔，获三级独立自由勋章、三级解放勋章。

李群芳（1922—2015年），宝龙街道龙东村人，1940年8月入伍，1941年4月加入中国共产党。入伍后至1946年6月，李群芳历任广东人民抗日游击队交通员、广东人民抗日游击总队惠阳大队交通总站站长、东江纵队司令部交通科科长等职；1946年6月底，东江纵队主力北撤以后，留在广东坚持斗争，历任惠东宝人民护乡团武工队队长、第三大队副大队长、广东人民解放军江南支队第二团团长。1948年，他参加沙鱼涌、山子吓、红花岭战斗；1949年4月，任边纵独立第一团副团长，参加广东战役；1950年5月，任防空军探照灯第431团团长，参加抗美援朝；

---

① 见吴德文主编：《宝安军事人物》，中国文史出版社2007年版。

1955年，被授予少校军衔，获三级独立自由勋章、三级解放勋章。①2015年10月，李群芳病逝于广州。

曾连山（1922—2011年），布吉街道格塘村人，1942年6月入伍，任宝安大队独立中队一排战士，1943年6月加入中国共产党。1943年1月至11月，曾连山任东江纵队珠江队班长、排长；1944年12月，任东江纵队第三支队中队长。1946年6月至1947年1月，北撤山东任东江纵队两纵干部队、华东军政大学学员；1947年5月至1949年5月，任山东军区三野两广纵队一团连长、指导员、营长。1950年12月，任汉口中南军政大学军教队学员；1952年任中南军区第二十五步兵学校队长；1953年7月，任中南军区司令部军训处计划检查科参谋；1955年9月至1956年3月，任广州军区司令部军训处军训科参谋、副科长；1963年10月，任佛山军分区司令部训练科长；1965年6月，任斗门县人民武装部部长；1966年6月至1968年4月，任斗门县军管会主任、县委第一书记，佛山军分区副参谋长；1972年，调任韶关军分区副参谋长；1982年离休，历任深圳市老年人书画会副会长、老年大学副董事长，参与组建东江纵队老战士联谊会，先后任副会长、会长。1955年，曾连山被授予大尉军衔，1960年晋升为少校，1964年晋升为中校。抗日战争时期，被授予团战斗英雄，模范战斗党员；1955年被授予三级独立自由勋章、三级解放勋章；1988年7月，被授予独立功勋荣誉章。②

张其威（1925—2018年），吉华街道甘坑村人，1941年4月入伍，1943年下半年加入中国共产党。1941年1月至4月，张其威参加布吉镇甘坑村抗日自卫队；1945年6月，历任东江纵队通信员、班长、排长、连长。1946年6月随东江纵队北撤；1947年3

---

①② 见吴德文主编：《宝安军事人物》，中国文史出版社2007年版。

月，调任华东军区坦克团班长、排长、连长；1951年5月，任北京装甲兵总部任副科长；1953年9月，到吉林军校学习，毕业后调任哈尔滨军事工程学院坦克工程实验室主任；1961年1月，任装甲兵工程学院坦克团技术处长；1962年8月，任装甲兵工程学院物资处副处长；1964年12月，任航空部第六研究院六〇三研究所副处长；1979年9月，任航空部第六研究院六〇三研究所副所长；1982年离休。抗日战争和解放战争时期，张其威在惠东宝、增龙博游击区作战20多次。1956年，张其威被授予大尉军衔，1962年晋升为少校。

沈英强（1926—　），南湾街道丹竹头村人，1944年10月入伍，任东江纵队抗日游击队宝安大队大队部传令兵；1945年8月，任东江纵队江南指挥部警卫员；1946年随东江纵队北撤山东；1946年11月，成为华东军政大学学员；1947年6月，加入中国共产党。1948年5月，沈英强任两广纵队炮队队长、排长；1951年1月，任海军万山水警区一营炮二连连长、参谋，1956年3月，升任该区警备团副参谋长；1956年10月，成为南京海军军事学院基本系学员，同年被授予大尉军衔，1961年晋升为少校。[①]1961年8月，沈英强任南海舰队辅助大队副大队长、代队长；1964年8月，任南海舰队后勤司令部军训科科长；1972年任南海舰队后勤司令部军务军训科科长；1976年12月，在南海舰队后勤司令部帮助工作；1984年1月离休，现居深圳龙岗。

曾强（1926—2010年），坂田街道雪竹径村人，原广东人民抗日游击总队宝安大队大队长曾鸿文之子。他于1940年入伍，1944年5月，加入中国共产党；1940年，任广东人民抗日游击队第五大队勤务员；1944年，任宝安宝四区人民政府常备队队长；

---

① 见吴德文主编：《宝安军事人物》，中国文史出版社2007年版。

1945年12月，任东江纵队宝安大队警卫员；1945年，任东江纵队一支队独立重机枪连排长；1946年东江纵队北撤后，留在本地，在宝安开展恢复武装的斗争工作，任宝安片区军事负责人；1947年，任江南大队三团团部作战参谋、交通站站长、情报站站长、三虎队队长；1949年任粤赣湘边纵队三团作战参谋、军事特派员。1950年，曾强任沙深宝三分局深圳检查站站长；1951年中共华南分局党校学习。1951年任深圳边防五〇团沙鱼涌派出所所长；1952年任公安十师二十八团后勤处政治协理员；1954年任广东军区侦查处侦查参谋。1955年任增城县人民武装部（兵役局）政工科科长。1958年副团级转业，历任广州文化公园党委书记、广州市文化局组织部长、广州木偶剧团党委书记兼团长、深圳市文化局副局长。1986年离休。1955年，曾强被授予大尉军衔，获颁解放勋章、抗日纪念章。

邱甲寿（1934—　），吉华街道上水径村人，1948年6月入伍，任广东人民解放军江南支队三团三虎队战士，1949年10月加入中国共产党。1950年，邱甲寿任广东军区独立十八团三连班长；1954年，在广东公安总队军事教导营学习；1955年，任广东军区四十八团三连副排长、排长；1956年，在解放军第十二速成学校和南昌步兵学校学习；1960年，在广东省肇庆军分区历任作战参谋、连长、科长、教导队队长。1970年5月，任德庆县人民武装部副部长。1982年，邱甲寿转业，历任宝安县政法委员会副书记、司法局局长、深圳市收容站站长、深圳市民政局正处级调研员；1994年12月离休，现居深圳龙岗上水径。①

邱伯祥（1929—　），吉华街道上水径村人。1944年9月，邱伯祥任东江纵队宝安大队大队部通讯员；1948年6月入伍，参

---

① 见吴德文主编：《宝安军事人物》，中国文史出版社2007年版。

加广东人民解放军江南支队三团三虎队,任司务长兼通讯员;1949年4月,成为东江纵队第一支队三期教导队学员;1949年8月,加入中国共产党;1949年9月,任东江纵队第一支队二营营部文书兼服务员,同月,赴惠州市童关党训班学习;1950年4月,任东江军分区直属训练队队长;同月,赴青岛海军岸炮学校学习;1952年4月,任南海舰队岸炮独28营(虎门要塞)三连、四连连长。1955年,邱伯祥被授予上尉军衔,同年获颁海军解放奖章;1956年2月,赴海军第四速成中学学习;1958年2月,任南海舰队政治部群众工作部助理员;同年参加福建前线"八六海战";1960年10月,赴长沙陆军政治干校学习;1962年7月后,历任海军榆林基地后勤部、组织部政治教导员,南建农场、广州造船厂总支书记,民兵师参谋长,榆林基地后勤部军械处副处长;1979年,参加对越自卫反击战;同年11月,转业任深圳市毛织厂党委书记。1955年,邱伯祥获颁海军解放奖章,现居深圳市南山区。[①]

张玉荣(1929—2009年),吉华街道甘坑村人,1944年4月入伍,1948年8月加入中国共产党。1944年4月,张玉荣任宝安第四区政府通信员;1945年,任东江纵队水务总站警卫员;1948年,任广东人民解放军江南支队三团警卫员;1949年,任粤赣湘边纵队一团三营十连排长;1950年,任粤赣湘边纵队二十一团三营十连副连长;1952年,任江门公安大队政治助理员、公安队长;1953年,任佛山公安支队司令部训练参谋、副参谋长;1964年,赴北京公安学院学习;1966年,任广州警备区九团参谋长;1969年,任广东省军区五七干校四连连长;1970年,任湖南省湘潭地区攸县指挥部副指挥长;1972年,任广东省军区守备七团副

---

① 见吴德文主编:《宝安军事人物》,中国文史出版社2007年版。

团长；1976年，转业任东莞糖厂副厂长；1985年，任深圳振华公司行政部副经理；1994年7月，离休。1955年，张玉荣被授予大尉军衔，1988年获颁三级解放奖章。

宋惠林（1931—　），园山街道竹坑村（今安良五村）人，1944年入伍，1948年加入中国共产党。1944年5月，宋惠林任东江纵队二支队情报员；10月，任宝安大队情报交通员；1945年6月，任东江纵队司令部联系港澳情报员；1946年6月东江纵队北撤后，在华东局担任与东江纵队领导、珠江纵队领导联络的联络员；1947年9月，任山东渤海军区司令部侦查处侦查员，12月，任两广纵队侦查连排长；1948年，任两广纵队警卫连排长；1949年，任两广纵队连长；1951年至1952年，任中国人民志愿军总部侦查大队副连长；1953年，任华南军区情报处参谋；1954年，任华南军区步兵第二团侦查股长；1956年，任55军侦查处副处长；1957年10月，任广州军区司令部情报部港澳组组长；1966年3月，任广州军区派驻广西组建新部队负责人，同年任广州军区一〇三师司令部侦查科长；1967年，任广西独立1师侦查科长；1972年，任仁化县人民武装部副部长；1977年，任广州市黄埔区人民武装部副部长；1985年，离休，现居广州。1955年，宋惠林被授予中尉军衔，1962年晋升为大尉，获颁独立自由奖章、解放奖章。①

---

① 见吴德文主编：《宝安军事人物》，中国文史出版社2007年版。

二、龙岗籍革命烈士名单

姓名	性别	出生日期	籍贯	参加革命时间、牺牲时间、地点、原因	牺牲前单位、职务
严凯祥	男	不详	平湖山厦村	1924年受党委派回家乡组织群众革命，1935年遭国民党特务暗杀死亡	东莞四区农会执行委员会委员长
邬进祥	男	1923	平湖山厦村	1938年参加东宝惠边区游击大队，1945年在南雄县战斗中牺牲	东江纵队铁鸟大队副大队长
严颂喜	男	1906	平湖山厦村	1938年参加地下工作，1939年在南头大沙河桥战斗中牺牲	中共党员
严仲喜	男	1906	平湖山厦村	1926年加入中国共产党，1939年9月8日在南头大沙河桥战斗中牺牲	中共山厦支部书记
严润泉	男	1906	平湖山厦村	1936年参加地下党组织活动，1939年9月8日在南头大沙河桥战斗中牺牲	中共山厦支部委员
严运贤	男	1920	平湖山厦村	1940年参加东江抗日游击队，1943年在观澜就义	东江纵队五大队二中队战士
叶兴贤	男	1924	平湖山厦村	1940年参加抗日游击队，1943年8月因在山厦围仔九公坑里埋地雷牺牲	抗日游击队战士
严丽华	男	不详	平湖山厦村	1947年参加护乡团，次年6月7日在本村交通站被围捕牺牲	护乡团交通员
蔡马生	男	1912	平湖上木古村	1941年参加抗日游击队，1943年冬在平湖被日军杀害	抗日游击队税收员
刘志寿	男	1928	平湖荔枝岭村	1948年3月参加江南支队，1949年6月在紫金县南岭战斗中牺牲	粤赣湘边纵队战士

（续上表）

姓名	性别	出生日期	籍贯	参加革命时间、牺牲时间、地点、原因	牺牲前单位、职务
何运连	男	不详	平湖平湖村	1948年参加江南支队三团，在马蹄山战斗中牺牲	护乡团三团战士
刘镇榜（刘帮）	男	1925	平湖平湖村	1943年参加东江纵队，1950年在抗美援朝过江时牺牲	志愿军战士
刘福荣	男	1926	平湖平湖大围	1942年9月参加抗日游击队，1948年5月在李朗牺牲	李朗税站税收员
刘润丁（刘景生）	男	1918	平湖白泥坑村	1943年参加广东人民抗日游击总队，1945年9月在东莞县企石被围捕牺牲	东江纵队爆破班长
曾煌骄	男	1911	平湖上木古村	1942年参加广东人民抗日游击总队，1943年在甘坑牺牲	东江纵队五大队战士
刘鉴荣	男	1923	平湖平湖村	1939年参加东宝惠边人民抗日游击大队，1941年在惠州监狱牺牲	抗日游击大队战士
曾木秀	男	1922	坂田雪竹径村	1939年1月参加东宝惠边人民抗日游击大队，1942年6月在白石龙与日、伪军的战斗中牺牲	抗日游击总大队班长
曾官玉	男	1918	坂田雪竹径村	1947年为护乡团做地下工作，1948年在深圳被捕，在东莞县塘厦就义	地下工作者
曾桂娇	女	1930	坂田雪竹径村	1947年参加护乡团，12月在岗头村金竹园被捕就义	情报站通讯员
吴德文（吴德和、吴英）	男	1915	坂田光瓦园村	1940年2月参加抗日游击队，1941年9月19日在五和与敌人搏斗中牺牲	地下党员

（续上表）

姓名	性别	出生日期	籍贯	参加革命时间、牺牲时间、地点、原因	牺牲前单位、职务
陈德林	男	1908	坂田岗头村	1944年参加地下工作，1945年3月在观澜被捕杀害	地下工作者
黄亚谭（黄谭）	男	1913	坂田雪竹径村	1942年参加抗日游击队，1943年在雪竹径佰公坳与敌战斗中牺牲	抗日游击队税收员
黄亚皇（黄皇）	男	1928	坂田雪竹径村	1945年3月参加东江纵队，1947年在观澜大和凹税站被捕就义	护乡团三团税站税收员
曾元吉	男	1921	坂田雪竹径村	1940年参加抗日游击队，1944年6月在东莞县肖边战斗牺牲	东江纵队五大队小队长
曾石安	男	1921	坂田雪竹径村	1943年10月参加抗日游击队，同年12月在固戍战斗中牺牲	海天中队战士
刘日和	男	1922	坂田象角塘村	1942年参加广东人民抗日游击总队，1943年8月在葵涌与日、伪军作战中牺牲	抗日游击队五大队副班长
李英才	男	不详	南湾沙湾村	1943年参加东江纵队，1944年在东莞县战斗中牺牲	东江纵队战士
张新有	男	不详	南湾沙湾村	1943年参加东江纵队，1944年在沙井战斗中牺牲	东江纵队战士
邓新有	男	1923	南湾沙湾村	1941年参加抗日游击队，1943年在东莞县肖边战斗中牺牲	宝安大队班长
戴观信	男	不详	南湾沙湾村	1944年参加东江纵队，1945年在福永税站与日军战斗牺牲	东江纵队五大队战士

（续上表）

姓名	性别	出生日期	籍贯	参加革命时间、牺牲时间、地点、原因	牺牲前单位、职务
沈皇友	男	1928	南湾沙湾村	1943年参加东江纵队，1946年在东莞县二渡河战斗中牺牲	东江纵队战士
戴冠奎	男	不详	南湾厦村	1942年参加广东人民抗日游击总队，1946年在紫金县战斗中牺牲	东江纵队代理指导员
谢 煌	男	1928	南湾厦村	1942年参加广东人民抗日游击总队，1948年8月在龙岗红花岭战斗中牺牲	护乡团二团战士
李新友	男	1920	南湾沙湾村	1940年参加抗日游击队，同年10月在观澜被捕就义	抗日游击队侦查员
戴汉雄	男	不详	南湾吉厦村	1942年参加抗日游击队，同年在沙井战斗中牺牲	抗日游击队班长
邱亚乙	男	1919	吉华水径村	1939年参加东宝惠边人民抗日游击大队，1941年在李朗天主教堂遭日军偷袭战斗中牺牲	宝安大队税收员
邱称发（邱发）	男	1919	吉华水径村	1941年参加抗日游击队，1943年5月在公明黄松岗缴日军机枪时牺牲	小队长
邱煌娇	男	1925	吉华水径村	1943年参加东江纵队，1944年在东莞县长山口反扫荡时牺牲	东江纵队战士
何恩进	男	1922	布吉二村何屋	1942年参加广东人民抗日游击总队，1945年在沙井炮楼与日军战斗中牺牲	东江纵队五大队战士

（续上表）

姓名	性别	出生日期	籍贯	参加革命时间、牺牲时间、地点、原因	牺牲前单位、职务
刘火贵	男	1924	坂田坂田村	1944年6月参加东江纵队，1945年在东莞县肖边战斗中牺牲	东江纵队五大队战士
刘正九	男	不详	坂田杨美村	1943年参加抗日游击队，1945年在黄田固戍战斗中牺牲	东江纵队五大队战士
张桂清（甘桂清、张清记）	男	1908	吉华甘坑村	1937年参加地下工作，1948年在观澜被捕就义	联络员
邓石泉	男	1926	吉华甘坑村	1940年参加东宝惠边人民抗日游击大队，1940年6月17日在甘坑被捕就义	地雷班班长
李称忠（李静忠、李科忠）	男	1927	布吉李屋村	1948年参加江南支队，1949年3月在陆丰县战斗中牺牲	粤赣湘边纵队东江第一支队独立营一连班长
邓发	男	1920	吉华甘坑村	1938年参加抗日游击队，1949年11月19日在珠海县湾仔剿匪时牺牲	粤中军分区营长
谢沃金（谢福金）	男	1934	吉华甘坑村	1948年参加惠东宝人民护乡团，1954年在新疆放哨时被特务杀害	解放军战士
邓金仁（邓金荣）	男	1928	吉华甘坑村	1945年参加东江纵队，1947年在河源县被捕就义	东江纵队战士

（续上表）

姓名	性别	出生日期	籍贯	参加革命时间、牺牲时间、地点、原因	牺牲前单位、职务
彭要先（彭官贵）	男	1921	吉华甘坑村	1941年参加抗日游击队，1945年在白花洞战斗中牺牲	东江纵队战士
彭华（彭伙生）	男	1926	吉华甘坑村	1941年参加抗日游击队，1946年在东莞县水围战斗中牺牲	东江纵队组长
张发	男	1927	吉华甘坑村	1941年参加抗日游击队，1946年牺牲	东江纵队战士
刘亚奎	男	1944	布吉南门墩村	1961年应征入伍，1969年7月14日在援越抗美战斗中负伤，于广州牺牲	某部队给养员
曾志强	男	不详	布吉格塘村	1948年参加护乡团三团三虎队，1949年3月在陆丰县战斗中牺牲	粤赣湘边纵队东江第一支队三团三虎队传令员
岑运合	男	1923	坂田岗头村	1940年1月参加抗日游击队地下工作，1948年8月在观澜被捕就义	地下工作者
陈元华	男	1920	坂田岗头村	1950年1月参加志愿军，1952年在朝鲜开城战斗中牺牲	志愿军战士
陈志飞（加六）	男	1923	坂田岗头村	1941年参加抗日游击队，1947年在中山县张家边横门战斗中牺牲	排长
邓亚带（邓带）	男	1932	布吉南坑尾村	1948年5月参加江南支队三团三虎队，8月10日在布吉鸡公山战斗中牺牲	江南支队三团三虎队小队长
简森	男	1930	布吉南坑尾村	1949年在海南县吉隆战斗中牺牲	粤赣湘边纵队战士

（续上表）

姓名	性别	出生日期	籍贯	参加革命时间、牺牲时间、地点、原因	牺牲前单位、职务
陈志辉	男	1923	坂田岗头村	1945年加入中国共产党，1948年1月在河南省太康县逊母口战斗中牺牲	两广纵队二团一营一连副排长
江仕安	男	1926	南湾下李朗村	1948年参加江南支队，1949年3月在陆丰县城战斗中牺牲	粤赣湘边纵队东江第一支队二营一连班长
江集坤	男	1908	南湾下李朗村	1947年参加惠东宝人民护乡团，1948年在龙岗战斗中牺牲	护乡团三团战士
吴忠兴	男	1926	南湾下李朗村	1942年参加广东人民抗日游击总队，1946年北撤后在战斗中牺牲	东江纵队战士
张水恩（张水思）	男	1924	横岗六约深坑	1941年参加抗日游击队，1946年在横岗大窝坪被新一军杀害	东江纵队惠阳大队情报员
徐发（徐丁发）	男	1924	园山大康龙村	1944年参加东江纵队，1946年在惠阳县东江河战斗中牺牲	东江纵队小队长
温来发	男	1929	园山西坑村	1944年参加东江纵队，1946年在盐田收税时被杀害	东江纵队税收员
李丁荣	男	1925	坂田岗头村	1947年参加护乡团二团，1948年冬在惠东县多祝战斗中牺牲	粤赣湘边纵队独立大队班长
李福（李锦福）	男	1924	园山保安村	1943年参加东江游击队，1948年在山东烟台战斗中牺牲	两广纵队排长

（续上表）

姓名	性别	出生日期	籍贯	参加革命时间、牺牲时间、地点、原因	牺牲前单位、职务
陈培	男	1933	横岗四联村	1950年参加民兵，1953年在排榜茶寮同敌特搏斗中牺牲	民兵
陈少平（陈裕彭）	男	1921	园山荷坳村	1941年参加抗日游击队，1948年8月在红花岭战斗负伤牺牲	江南支队二团排长
陈绍贤	男	1927	横岗新屋村	1947年参加护乡团二团，1948年8月在红花岭战斗中牺牲	江南支队二团战士
何运球	男	1927	横岗新屋村	1944年参加东江纵队，1946年春在博罗县战斗中牺牲	东江纵队通讯员
李志明（李煌友）	男	1925	园山安良五村	1944年参加东江纵队，1946年在盐田收税被围捕牺牲	东江纵队税收员
黄发	男	1919	横岗六约村	1943年参加东江纵队，1946年在坪山大旗岭执行任务时因地雷爆炸牺牲	江南指挥部警卫班班长
廖少生	男	1925	园山大康新塘	1944年在当地参加东江纵队，1946年春在博罗县罗浮山突围中牺牲	东江纵队战士
廖淑仪	女	1926	园山大康村	1944年在当地参加东江纵队，1946年春在博罗县罗浮山战斗中牺牲	东江纵队二支队民运队员
黄友	男	1922	横岗六约村	1943年参加广东人民抗日游击总队，次年在西乡黄田战斗中牺牲	东江纵队宝安大队税收员

（续上表）

姓名	性别	出生日期	籍贯	参加革命时间、牺牲时间、地点、原因	牺牲前单位、职务
黄河先（黄国雄）	男	1917	横岗六约村	1942年参加广东人民抗日游击总队，1944年在西乡黄田战斗中牺牲	东江纵队宝安大队班长
余元有	男	1911	园山西坑村	1944年参加东江纵队，1945年在连平县九连山战斗中牺牲	东江纵队五大队战士
温新福	男	1925	园山西坑村	1942年参加广东人民抗日游击总队，1943年在转移到罗浮山的战斗中牺牲	东江纵队战士
曾锦祥	男	1926	园山保安村	1944年参加东江纵队，在博罗县罗浮山战斗中牺牲	东江纵队通讯员
陈其昌	男	1922	园山荷坳村	1944年参加东江纵队，1945年在惠州监狱牺牲	东江纵队战士
钟桂养	男	1927	园山荷坳村	1943年参加东江纵队，1944年在转移粤北途中牺牲	东江纵队战士
何运财	男	1923	横岗圩村	1940年参加抗日游击队，1945年在连平县九连山战斗中牺牲	东江纵队战士
张纪安	男	1923	龙城盛平村	1941年参加抗日游击队，1944年在深圳战斗中牺牲	东江纵队班长
钟盘娇	男	1930	龙岗南联简头村	1944年参加东江纵队，在龙岗大新街被捕遭杀害	东江纵队战士
杨来	男	1929	龙岗龙西村	1943年参加广东人民抗日游击总队，1945年在博罗县罗浮山战斗中牺牲	东江纵队战士

（续上表）

姓名	性别	出生日期	籍贯	参加革命时间、牺牲时间、地点、原因	牺牲前单位、职务
杨佛清	男	1928	龙岗龙西村	1942年参加广东人民抗日游击总队，1945年在惠阳县新圩收税被国民党反动军杀害	东江纵队税收员
官瑞仪（官锦仪）	男	1927	龙城盛平村	1944年参加东江纵队，1945年在广州被捕就义	东江纵队战士
朱送	男	1924	龙岗	1942年参加东江游击队总队，1944年在惠东县白花战斗中牺牲	东江纵队战士
朱生	男	1925	龙岗	1942年参加广东人民抗日游击总队，1944年在陆丰县战斗中牺牲	东江纵队战士
刘敏（刘仕免）	男	1918	龙岗五联村	1943年参加广东人民抗日游击总队，同年在清林径战斗中牺牲	东江纵队战士
张光（张龙）	男	1907	龙岗龙西村	1943年参加广东人民抗日游击总队，1945年在惠阳县东江河战斗中牺牲	东江纵队战士
曾伟	男	1922	龙岗龙西村	1943年参加广东人民抗日游击总队，1944年在博罗县罗浮山战斗中牺牲	东江纵队战士
陈伯和	男	1921	宝龙新大坑村	1941年参加抗日游击队，1945年在博罗县和圩战斗中牺牲	东江纵队事务长
曾元（曾六）	男	1920	宝龙老大坑村	1943年参加广东人民抗日游击总队，1944年在东莞县战斗中牺牲	东江纵队战士

（续上表）

姓名	性别	出生日期	籍贯	参加革命时间、牺牲时间、地点、原因	牺牲前单位、职务
曾胜	男	1910	宝龙老大坑村	1942年参加广东人民抗日游击总队，1944年在龙门县麻炸战斗中牺牲	东江纵队战士
彭进发	男	1912	龙岗吓坑村	1941年参加抗日游击队，1942年在盐田战斗中牺牲	抗日游击总队战士
游文定	男	1925	龙岗圩	1944年参加东江纵队，1945年在东莞县石排战斗中牺牲	东江纵队战士
张长生	男	1922	宝龙南约村	1942年参加广东人民抗日游击总队，1945年在英德县战斗中牺牲	东江纵队小队长
张志强（水新）	男	1918	龙岗五联村	1942年参加广东人民抗日游击总队，1944年在紫金县收税被国民党军杀害	东江纵队税站站长
邱煌发	男	1919	龙岗下井村	1942年参加广东人民抗日游击总队，1943年在葵涌战斗中牺牲	小队长
邱皇生	男	1913	宝龙沙背坜村	1940年参加抗日游击队，1943年在盐田坳收税时牺牲	税站站长
邱进娣（邱少云）	女	1914	龙岗陂头肚村	1942年参加广东人民抗日游击总队，1944年在博罗县战斗中牺牲	东江纵队战士
严伯贵	男	1922	龙岗圳埔村	1942年参加抗日游击队，1945年在畲下村被捕遭杀害	东江纵队战士
黄锦添	男	1917	宝龙南约村	1940年参加抗日游击队，1943年在梧桐山战斗中牺牲	东江纵队轻机枪手
孙伟明	男	1914	龙岗	1939年参加惠宝人民抗日游击总队，1944年在东莞县战斗中牺牲	东江纵队中队长

（续上表）

姓名	性别	出生日期	籍贯	参加革命时间、牺牲时间、地点、原因	牺牲前单位、职务
李华	男	1921	龙岗	1942年参加广东人民抗日游击总队，1944年在博罗县战斗中牺牲	东江纵队班长
李官珍	男	1919	龙岗	1939年参加惠宝人民抗日游击总队，同年在大坑村战斗中牺牲	抗日游击队战士
黄戊娣	女	1926	宝龙同乐村	1943年参加广东人民抗日游击总队，1945年在海丰县战斗中牺牲	东江纵队情报交通员
陈锦昌	男	1925	龙岗新生村	1943年参加东江游击队，1945年在龙西战斗中牺牲	东江纵队通讯员
申天生	男	1923	龙城爱联村	1941年参加广东人民抗日游击队，1943年在与日军战斗牺牲	抗日游击队战士
胡进	男	1932	龙岗	1951年参加志愿军，1953年在朝鲜战场牺牲	志愿军战士
李汉怀	男	1930	龙城爱联村	1951年参加志愿军，1952年在朝鲜战场反坦克战斗中牺牲	志愿军战士
曹才	男	1919	宝龙老大坑村	1941年参加广东人民抗日游击总队，1943年在沙井战斗中牺牲	抗日游击队班长
林就城	男	1932	龙岗	1951年参加志愿军，次年在朝鲜战场牺牲	志愿军战士
巫洪佛	男	1920	龙岗龙西村	1943年参加东江纵队，1944年在葵涌收税时被捕就义	东江纵队税收员

（续上表）

姓名	性别	出生日期	籍贯	参加革命时间、牺牲时间、地点、原因	牺牲前单位、职务
杨振良	男	1923	龙城盛平杨屋	1945年参加东江纵队，同年在龙岗罗卜坝与日军战斗中牺牲	东江纵队战士
肖官喜	男	1920	龙岗玉湖村	1943年参加东江纵队，1944年在东莞县清溪战斗中牺牲	东江纵队战士
罗玉传（亚九仔）	男	1919	龙岗陂头肚村	1942年参加广东人民抗日游击总队，1943年在惠阳县打禾光新圩牺牲	抗日游击队战士
曾森奎	男	1918	龙岗务地埔村	1943年初参加游击队，3月在惠阳县东江河战斗中牺牲	抗日游击队战士
曾娇（阿娇仔）	男	1920	龙岗白沙水村	1943年参加东江纵队，1944年在东莞县清溪战斗中牺牲	东江纵队通讯员
曾水发	男	1922	龙岗务地埔村	1942年参加抗日游击队，1943年在惠阳县东江河战斗中牺牲	抗日游击队战士
张佛清	男	不详	龙岗	1944年在东莞县清溪牺牲	东江纵队战士
肖家里	男	不详	龙岗	1945年在葵涌坝岗牺牲	东江纵队战士
钟加喜	男	不详	龙岗	1944年在博罗县牺牲	东江纵队税务员
萧添	男	1910	龙城爱联村	1945年参加东江纵队，1947年在龙岗战斗中牺牲	护乡团三团战士
李杰仔	男	1921	龙城爱联江背	1945年参加东江纵队，1948年在渡头战斗中牺牲	护乡团三团战士

（续上表）

姓名	性别	出生日期	籍贯	参加革命时间、牺牲时间、地点、原因	牺牲前单位、职务
李来发	男	1927	龙城吉祥岗贝	1945年参加东江纵队，1946年春在博罗县战斗中牺牲	东江纵队中队长
李仁茂（李荣茂）	男	1927	龙城吉祥岗贝	1940年参加抗日游击队，1946年春在博罗县战斗中牺牲	东江纵队战士
巫嘉辉	男	1918	龙岗五联瓦窑坑村	1943年参加广东人民抗日游击总队，1948年7月在惠阳县东江河战斗中牺牲	江南支队轻机枪手
李立祥	男	1928	龙城新联新屯	1945年参加东江纵队，1946年春在博罗县公庄伯堂战斗中牺牲	东江纵队战士
曾文端（曾文瑞）	男	1910	龙城爱联嶂背	1937年在桔坳乡参加地下工作，1946年在观澜牺牲	东江纵队政工队员
黄 华	男	1911	龙岗	1942年参加抗日游击队，1948年在东莞县莲花山战斗中牺牲	护乡团三团战士
余仙佑	男	1928	龙城回龙埔村	1944年参加东江纵队，1948年在淮海战役中牺牲	两广纵队排长
李丁来	男	1925	园山安良村	1947年护乡团二团，次年冬在惠东县多祝战斗中牺牲	东江第一支队独立大队班长
赖 兰	女	1926	宝龙同乐赖屋	1943年参加东江纵队，1946年在博罗县被捕，于惠州监狱被杀害	东江纵队护士

（续上表）

姓名	性别	出生日期	籍贯	参加革命时间、牺牲时间、地点、原因	牺牲前单位、职务
邱已清	男	1915	龙岗吓坑村	1943年参加东江游击队，1946年北撤后在战斗中牺牲	东江纵队战士
官添福	男	1921	龙城盛平村	1944年参加东江游击队，1946年春在东莞县城战斗中牺牲	东江纵队战士
李观荣	男	1924	宝龙兰水坐村	1942年参加广东人民抗日游击总队，1948年在大平圩牺牲	护乡团二团小队长
曾海	男	1904	龙城爱联田寮	1944年参加东江纵队，1949年在南雄县战斗中牺牲	粤赣湘边纵队战士
林风	男	1898	龙岗圩镇	1944年参加东江纵队，1946年在南雄战斗中牺牲	东江纵队战士
池牛	男	1928	龙岗吓坑村	1944年参加东江纵队，1948年在沙鱼涌战斗中牺牲	护乡团二团班长
陈球	男	1901	宝龙老大坑村	1947年参加护乡团，1949年在惠阳县多祝战斗中牺牲	粤赣湘边纵队副排长
曾发（曾发仔）	男	1928	龙岗白沙水村	1945年参加东江纵队，1948年9月在江苏省卢林寨三宝山战斗中牺牲	两广纵队一团二营三连通讯员
简林	男	1930	坂田南坑屋村	1949年海南县吉隆战斗中牺牲	粤赣湘边纵队战士
杨佛金	男	1921	龙岗龙西楼吓	1942年参加广东人民抗日游击总队，1946年在惠州监狱被杀害	东江纵队战士
叶恩杰	男	1926	宝龙龙东村	1944年参加东江纵队，1947年冬在盐田战斗中牺牲	护乡团二团机枪班班长

（续上表）

姓名	性别	出生日期	籍贯	参加革命时间、牺牲时间、地点、原因	牺牲前单位、职务
卢官祥（卢志祥）	男	1928	龙岗龙西楼吓	1942年参加广东人民抗日游击总队，1946年在罗卜坝战斗受伤牺牲	东江纵队班长
钟生（钟戊发）	男	1918	宝龙龙东村	1941年5月参加新编大队，1948年11月19日在安徽省萧县三宝东火车站战斗中牺牲	两广纵队机枪连连长
李安华（李安仔）	男	1910	宝龙上井村	1942年参加抗日游击队，1950年在中山县剿匪战斗中牺牲	解放军营长
钟基（钟亦基）	男	1926	宝龙龙东村	1943年参加广东人民抗日游击总队，1947年在坪山三家村战斗中牺牲	护乡团二团指导员
李仲梅	男	1926	宝龙龙东村	1942年参加广东人民抗日游击总队，1947年8月在龙岗盲塘被敌追捕溺水牺牲	护乡团二团龙岗税站税收员
香谭富	男	不详	龙岗	1944年参加东江纵队，1947年在博罗县战斗中牺牲	护乡团班长
黄运苟	男	1922	龙岗沥吓村	1941年参加抗日游击队，1946年在观澜被敌杀害	东江纵队战士
肖应昌（肖苟）	男	1921	龙岗龙西玉湖	1944年参加东江纵队，1946年在东莞县清溪战斗中牺牲	东江纵队战士
邱容生	男	1925	宝龙龙新沙背坜	1943年参加广东人民抗日游击总队，1946年在博罗县战斗牺牲	东江纵队战士
杨秋来	女	1929	龙岗龙西村	1944年参加东江纵队，1948年8月在红花岭战斗牺牲	护乡团二团护士

（续上表）

姓名	性别	出生日期	籍贯	参加革命时间、牺牲时间、地点、原因	牺牲前单位、职务
杨瑞灵（杨瑞伦）	女	1929	龙岗龙西村	1943年参加东江纵队，1948年8月在红花岭战斗牺牲	护乡团二团卫生员
黄融平（黄生）	男	1923	宝龙南约炳坑	1943年参加广东人民抗日游击总队，1946年在坪山金竹园战斗中牺牲	东江纵队小队长
张桂昌	男	1922	宝龙南约大浪	1943年参加东江纵队，1946年在三洲田埋地雷因地雷爆炸牺牲	东江纵队地雷班长
黄英（黄春）	女	1924	宝龙阳和浪村	1945年参加东江纵队，1946年北撤后在战斗中牺牲	东江纵队卫生员
张盘英	男	1922	龙岗上圩村	1943年参加东江纵队，1947年在葵涌田头山战斗牺牲	护乡团二团小队长
李佛坚	男	不详	龙岗南联村	1942年参加抗日游击队，1948年在坪山黄竹坑战斗中牺牲	护乡团二团武工队爆破班长
刘香	男	不详	龙岗	1946年在龙岗金钱凹被敌杀害	东江纵队战士
李明坤	男	1924	坪地横岭村	1942年参加广东人民抗日游击总队，1946年在惠阳监狱中牺牲	东江纵队电报员
肖志芳（肖乙祥）	男	1922	坪地河背村	1942年参加广东人民抗日游击总队，1948年春在坪山铜锣径战斗中牺牲	护乡团二团中队长
肖华奎	男	1919	坪地高桥村	1939年参加惠宝人民抗日游击总队，1946年2月在惠阳县澳头虎门海战中牺牲	海上独立大队二中队长

（续上表）

姓名	性别	出生日期	籍贯	参加革命时间、牺牲时间、地点、原因	牺牲前单位、职务
肖木友	男	1919	坪地坪西村	1940年参加新编大队，1947年10月在河南省大康县孙武口战斗中牺牲	两广纵队二团二营六连副连长
肖金水	男	1921	坪地澳头村	1942年参加广东人民抗日游击总队，1949年在沙鱼涌战斗中牺牲	粤赣湘边纵队东江第一支队二团班长
黄添财	男	1922	坪地坪西村	1942年参加广东人民游击总队，1947年在沙鱼涌战斗中牺牲	护乡团二团班长
肖盘姐	男	1927	坪地四方埔村	1944年参加东江纵队，1948年在博罗县罗浮山战斗中牺牲	护乡团二团战士
肖发（肖育文）	男	1926	坪地四方埔村	1944年参加东江纵队，1948年在博罗县罗浮山战斗牺牲	护乡团二团战士
王汉璋	男	1922	坪地富地岗村	1942年参加广东人民抗日游击总队，1949年在陆丰县战斗中牺牲	边纵二团班长
王桂荣	男	1922	坪地西湖塘村	1943年参加广东人民抗日游击总队，1946年在龙岗八仙岭战斗中牺牲	东江纵队小队长
香珠仔	男	1923	坪地六联香屋村	1942年参加广东人民抗日游击总队，1946年在惠东县多祝收税被捕就义	东江纵队税收员
肖伟芳（肖天送）	男	1918	坪地中心村	1942年参加游击队，1948年在淮海战役中牺牲	两广纵队排长

（续上表）

姓名	性别	出生日期	籍贯	参加革命时间、牺牲时间、地点、原因	牺牲前单位、职务
肖马凤	女	不详	坪地中心村	1944年参加东江纵队，1948年春在坪山铜锣径战斗中牺牲	护乡团二团卫生员
肖瑞强	男	1913	坪地白石塘村	1947年参加护乡团，1948年12月在坪地大岭古战斗中牺牲	江南支队二团班长
林观华	男	1927	坪地岳湖岗村	1947年参加护乡团，在沙鱼涌战斗中牺牲	护乡团二团战士
林子学（林子平、林安仔）	男	1924	坪地岳湖岗村	1946年参加东江纵队，1948年在坪地鲤鱼坝战斗中牺牲	护乡团武工队队长
肖钦芳	男	1917	坪地上峰村	1942年参加地下工作，1946年10月在龙岗圩被捕杀害	乡农会主席
骆 华	男	1926	坪地年丰村	1947年参加护乡团，1948年9月在惠阳县澳头战斗中牺牲	江南支队二团猛虎队战士
廖 送	男	1926	坪地年丰上围	1946年参加东江纵队，1948年在博罗县罗浮山战斗中牺牲	粤赣湘边纵队二团战士
廖国如	男	1927	坪地年丰围肚	1947年参加护乡团，1948年在横岗山子吓战斗中牺牲	护乡团二团战士
王集奎（王马仔）	男	1927	坪地圩	1945年参加东江纵队，1946年在龙岗圩被捕杀害	东江纵队战士
王汉森（王汉光）	男	1926	坪地富地岗村	1945年参加东江纵队，1947年在龙岗八仙岭战斗中牺牲	护乡团二团班长

(续上表)

姓名	性别	出生日期	籍贯	参加革命时间、牺牲时间、地点、原因	牺牲前单位、职务
黎元才	男	1918	坪地六联黎屋	1947年参加护乡团，1948年在惠东县多祝战斗中牺牲	护乡团二团班长
罗志伟	男	1923	坪地牛坳村	1946年参加东江纵队，1948年在惠阳淡水战斗中牺牲	护乡团二团战士
余智聪	男	1924	坪地中心上峯	1944年参加东江纵队，1946年在博罗县罗浮山战斗牺牲	东江纵队班长
邓进友	男	1924	坪地矮岗村	1943年参加广东人民抗日游击总队，1945年在博罗县罗浮山战斗中牺牲	东江纵队战士
肖祥	男	1925	坪地白石塘村	1944年参加东江纵队，1945年在东莞县常平战斗中牺牲	东江纵队战士
林青雨（林西青）	男	1924	坪地岳湖岗村	1945年参加东江纵队，同年在始兴县战斗中牺牲	东江纵队战士
肖秀芳（肖佛麻）	女	1921	坪地白石塘村	1942年参加广东人民抗日游击总队，1944年在惠阳县澳头战斗中牺牲	东江纵队卫生员
王慕发	男	1921	坪地圩	1942年参加广东人民抗日游击总队，1945年上半年在沙鱼涌战斗中牺牲	东江纵队小队长
黄文富（王文富）	男	1925	坪地西湖塘村	1943年参加广东人民抗日游击总队，1945年在惠阳县东江河战斗中牺牲	东江纵队战士
李清	女	1925	坪地六联楼角村	1942年参加广东人民抗日游击总队，1945年在惠阳县狱中就义	东江纵队政工员
廖玉容	女	1924	坪地六联楼角村	1942年参加广东人民抗日游击总队，1944年在惠东县白芒花战斗中牺牲	东江纵队卫生员

附录三 大事记[1]

1925年

2月　国民革命军东征。13日，黄埔军校学生军进驻龙岗。

周恩来率领黄埔军校政治部部分人员到达深圳地区。周恩来出席群众大会并发表讲话，阐明讨伐军阀陈炯明的意义，说明这次战争是为了解除东江人民的痛苦，扫除军阀割据，建立革命根据地。

4月　宝安县农民协会成立。

11月4日　沙鱼涌事件爆发。纠察队第十支队长蔡林蒸在战斗中壮烈牺牲，中共广东区委对参战指战员给予很高评价。

1926年

2月　山厦村农民协会成立，严凯祥、严绍祖任执行委员。

5月　中共东莞县委派组织委员蔡如平到山厦村建立中共山厦支部。该支部隶属中共东莞县委领导，严凯祥为支部书记。

---

[1] 参考资料——深圳市史志办公室编：《中国共产党深圳历史大事记（1924—1978）》，中共党史出版社2003年版；宝安县地方志编纂委员会编：《宝良县志》，广东人民出版社1997年版；深圳市宝安区档案局，深圳市宝安区史志办公室编：《中共宝安地方史大事记（1924—2000）》，中国社会出版社2003年版；中共惠阳市党史研究室编：《党辉历程八十载（1921—2001）》（广东省出版物许可证108号），2001年6月。

1930年

由李仰岐等集资兴办的乡道布（吉）龙（华）公路通车，全长30公里。

1931年

12月 因叛徒出卖，宝安党组织和皇岗交通站遭到严重破坏，红色交通线被迫中断。

1932年

1月 民办乡道沙（湾）深（圳）公路通车，全长15公里。

10月 由余景星等投资5万多元兴办的横（岗）沙（湾）公路通车，全长15公里。

1937年

2月 中共香港海员工作委员会组织部长曾生介绍傅觉民到龙岗大井育贤小学，以教师职业为掩护，开展抗日救亡运动，发展党组织。

1938年

年初 刘曼之接受中共东莞中心支部书记姚永光指派，回到平湖任中共平湖特别区委书记，负责联系宝安县的党员和发展平湖党组织。

3月 中共东莞中心支部恢复了中共山厦支部，并指定刘曼之兼任支部书记。刘曼之回平湖后，经与爱国绅士刘耆卿商量，在红朱岭村办了红朱岭学校，并以该校为活动据点，开展抗日救亡的宣传活动。

5月 蓝造等进步青年在坝岗一带组织群众抗日自卫队。暑假期间，经过整顿，该队伍正式命名为坝岗乡抗日自卫队，队长黄岸魁，队员30多人，配备有20多支枪。

8月 中共深圳总支部成立，书记黄庄平，下辖皇岗、赤尾两个支部和罗湖、黄贝岭两个点，隶属中共东莞中心县委领导。

11月　龙岗大井党支部成立，支部书记为傅觉民，有党员7人。

1939年

1月1日　根据中共东南特委的决定，东宝惠边人民抗日游击队第一大队和王作尧带领的东莞抗日模范壮丁队部分队员，及各区地方党动员参加部队的武装人员共约200人，在东莞苦草洞整编，从中挑选120人组成东宝惠边人民抗日游击大队。大队长王作尧，政训员何与成，党总支书记黄高阳，惯称"王作尧部队"。

1月中旬　东团总团部办事处成立之后，即以香港惠阳青年会，余闲乐社和海陆丰同乡会所组织的回乡救亡工作团为基础，在惠阳县的淡水正式成立"东江华侨回乡服务团"。叶锋为团长，刘宣为副团长。该团内成立中共组织。

2月　中共坪山中心区委成立，书记为陈铭炎，属中共惠宝工委领导，区委下辖定南、坪山、坑梓、龙岗等支部。

4月　东宝惠边人民抗日游击大队以爱国青年群众抗日武装的面目，从国民革命军中取得番号，改为国民革命军第四战区第四游击纵队直辖第二游击大队（简称"第二大队"），王作尧任大队长。该部主要活动于宝安、东莞地区。

5月　惠宝人民抗日游击总队以华侨港澳同胞群众抗日武装的面目，从国民革命军中取得番号，改为国民革命军第四战区第三游击纵队新编游击大队（简称"新编大队"），曾生任大队长。该部主要活动于宝安、惠阳地区。

6月　中共坪山中心区委改组，成立中共坪山区委员会，书记苏伟民，组织部长黄秉，宣传部长黄达，辖石灰陂、羊母嶂、碧岭、坪山、大井，定南等16个党支部；隶属中共惠宝工委领导。

7月　中共惠宝工委被撤销，其原辖坪山、大鹏、龙岗、葵涌、盐田等地党组织划归中共惠阳县委领导。

1940年

3月初　广东国民党当局纠集1 000余人发动对曾生、王作尧部队的围攻。曾、王两部在向海陆丰东移途中遭顽军截击，军事上完全陷于被动，几遭挫折，人员从700多人减至100多人，处境十分困难。

6、7月　平湖东站党小组建立，不久改为支部，书记为刘云；下辖平湖车站、平湖大村、力元吓3个小组，共有党员8人。

8月　中共东江前线特别委员会（简称"中共前东特委"）成立，以加强党对抗日武装工作的领导，由中共东江特委书记尹林平兼任书记，下辖惠阳、东莞、宝安、增城、龙门、博罗、海丰、陆丰等县党组织。

9月中旬　中共前东特委在宝安县上下坪村召开关于"曾、王两部"的干部会议。会议传达了中央"五八"指示，认真总结了东移海陆丰的教训，确定了深入敌后打击日军、积极开展独立自主的游击战争、建立敌后根据地的方针。会议对部队进行了调整，将部队番号改为"广东人民抗日游击队"。会议为东江人民抗日武装的胜利发展和建立惠、东、宝抗日根据地打下了坚实的思想基础。

10月　中共平湖区委员会成立，书记刘曼之，宣传委员刘云。区委辖平湖大村、平湖墟、山厦村、元屋围4个党支部，隶属中共宝安县工委领导。

1941年

1月　遵照中共前东特委指示，成立中共宝安县委，书记刘汝琛，组织部长苏伟民，宣传部长杨凡。县委机关曾驻扎在雪竹径村。

3月　中共龙（华）布（吉）区委成立，书记杨德元。

3、4月间　布吉乡抗日民主政府成立，乡长为曾鸿文。

6月　中共龙布区委改为中共布吉区委，书记为杨德元。

6月至9月　驻宝安日军先后出动2 000多兵力，连续8次"扫荡"阳台抗日根据地。王作尧、周伯明指挥第五大队和抗日自卫队奋勇反击，彻底粉碎了日军的"扫荡"。

1942年

3、4月　惠阳大队派出民运工作队到坪山地区的乡村开展工作。同时，地方党组织成立龙横坪民运队中心支部，支部书记廖荣铿，组织委员叶宋辉，宣传委员张启秀，属部队党组织领导。

6月　中共前东特委根据南方局的指示精神，撤销中共惠阳县委，将惠阳划为东部、中部、西部三个地区，分别由各地区的县特派员领导。

8月　中共宝安县委决定将布吉乡已暴露的地方党员和群众积极分子全部撤到部队，并成立布吉乡抗日游击小组，内称锄奸小组，组长陈德和，属宝安大队指挥。

秋　广东人民抗日游击总队部决定开辟梧桐山游击区，惠阳大队派民运队先进入盐田、横岗地区开展群众工作，后又向沙头角、莲塘、莲麻坑、沙湾推进。

1943年

2月25日　中共中央南方局电报批准东江军政委员会成员名单，尹林平、曾生、王作尧、梁鸿钧、杨康华、罗范群、林锵云等7人为委员，尹林平任主任。电报同时批准广东人民抗日游击总队领导干部调整名单，尹林平任政治委员，曾生任总队长，王作尧任副总队长。

3月　为执行"隐蔽精干，长期埋伏，积蓄力量，以待时机"的方针，上级党组织决定撤销中共宝安县委，代之以县特派员。县特派员王士钊，副特派员黄树楷。

6月3日　宝安大队夜袭沙湾丹竹头伪军刘华部，获全胜。这是宝安大队成立以来一次较大的胜仗，完成了独立缴械30支枪的任务。

7、8月　坪山、龙岗合为坪山区，区特派员叶源，副特派员曾文贵、张贵荣，隶属中共惠阳县特派员领导。

8月　广东人民抗日游击总队将布吉的抗日游击小组编成一支短枪队，人数10名，队长陈德和，主要任务是抗日、锄奸、反特，维护治安，组织武装，坚持在敌占区的武装斗争。

8月23日　新华社在《解放日报》发表《国共两党抗战成绩的比较》和《中国共产党抗击的全部伪军概况》中，第一次向全国、全世界宣布广九铁路地区有中国共产党领导的抗日游击队在抗击日、伪军。

12月2日　遵照党中央的指示，广东人民抗日游击队东江纵队（简称"东江纵队"）正式公开宣布成立。司令部设在葵涌土洋村，司令员为曾生、政治委员为尹林平、副司令员兼参谋长为王作尧、政治部主任为杨康华。

1944年

2月15日　东江纵队独立第三中队袭击平湖凤凰山，全歼日军1个班，缴获机枪1挺及部分弹药。此役史称"凤凰山伏击战"，是东江纵队独立第三中队挺进路东抗日的成名之战。

春　宝四区地方党组织发动布吉乡群众自筹资金，建立乡生产合作社，帮助农民解决生活和生产上的困难。随后，各乡也仿效布吉乡建立生产合作社。

7月21日　东江纵队独立第三中队袭击广九路平湖站，全歼伪军1个连，归途中遭日军藤本大队400余人的袭击。在敌我力量悬殊的情况下，中队"小鬼班"在班长黄友率领下，英勇阻击敌人，胜利完成掩护中队撤退的任务，最后全部壮烈牺牲。东江纵队政治部授予黄友等5位烈士为"广东人民抗日游击队战斗英雄"称号，并决定将这个班命名为"黄友模范班"。中央也复电追认黄友为"广东人民抗日游击队战争战斗英雄"和"中国共产党的模范党员"。

冬　坪山乡、南强乡将政权公开为抗日民主政权。接着，坪山地区的定南、坑梓、龙岗、沙湾、东和等乡也相继成立抗日民主政府。

1945年

1月1日　坪山地区抗日民主政权——路东新二区抗日民主政府成立，区长廖荣铿，参议长陈大球，副参议长何绍琪。区政府成立后，建立民兵大队。

1月　东江纵队第三支队在龙岗、镇隆、坑梓与日军进行了3次战斗，共毙伤敌70余人。

1月13日　日军从广九线进犯龙岗，东江纵队第二支队与敌人激战，保卫了龙岗。

1月15日　东江纵队与日军在龙岗展开白刃战，击退敌人并追至淡水。此役毙伤敌军10余人，东江纵队牺牲8人。

4月23日至27日　在惠阳县麻溪乡召开路东解放区首届参议会。大会通过了《东江纵队政治部对于建议惠、东、宝路东一区的施政纲领》和《土地租佃条例》等文件。经过民主协商，会议正式选举产生由49名参议员组成的跨东参议会、由9名行政委员组成的跨东行政委员会。

8月11日　东江纵队向各部发出紧急命令，动员全体军民，开入附近敌伪据点，解除日、伪武装。

8月15日　日本宣布无条件投降。

8月19日　中共广东区党委在罗浮山冲虚观召开会议。会议根据党中央关于收缴敌伪武器和准备反内战的各项指示，以及朱德总司令15日给日军最高指挥官冈村宁次的命令，进行了研究部署。会后，曾生即率司令部部分人员和敌工科及反战同盟成员回到坪山地区，并召集各支队和港九大队的领导研究布置具体事宜。

9月　为适应国民党打内战的形势，保障党组织的安全，坪山地区党组织设二重组织，转入地下活动。

11月　中共路西县委召开紧急会议，参加会议的有古道、何鼎华、鲁锋、赵督生和王士钊，会上分析了当时内战与反内战的斗争形势，并根据党中央对东江纵队的"分散坚持，保存干部"的指示，决定采取将文件、枪支弹药等物品掩藏好等紧急措施。

12月　东宝路西党政军联席会议在东莞大王岭村召开，主要讨论拥军爱民减租减息等问题。

1946年

1月　为对付严重内战的局面，江南指挥部设路北区指挥部，何清任指挥员，负责领导从横岗、龙岗、坪山、新墟、淡水这一公路以北地区的对敌斗争。

2月　中共路西县委代理书记王士钊和第一支队政治处主任赵督生在香港九龙召开部分路西干部会议，动员路西干部重返东宝前线。

5月21日　国共双方，正式签署《东江停战和华南中共武装北撤问题联合会议决议》。25日，北平军事调处执行部派到广州的第八执行小组的3个支组分赴江南、江北、粤北3个地区监督执行东江纵队北撤工作。

6月30日　东江纵队（包括珠纵、韩纵、南路、桂东南等部队的部分骨干）2 583人，在沙鱼涌分乘美国3艘登陆艇，向山东烟台北撤。

7月　为保持党与部队及群众的联系，保护群众利益，掩护地方党的活动，以余清为首的一支12人小分队奉命留下在广九路东地区坚持隐蔽斗争。

国民党广东当局违背保证东纵复员人员生命安全诺言，在东江、韩江等地召开"治安会议"，部署"绥靖""清乡"计划，实行"联防联剿""强迫自新"的政策，疯狂捕杀东江纵队复员人员及其家属，推行"三征"（征兵、征粮、征税）苛政，实行法西斯统治，仅7月就在宝安的龙华、布吉等乡捕杀革命同志100多人。

8月　方方以东江纵队北撤代表曾生的名义发表声明，谴责国民党背信弃义的行为，号召广东军民进行坚决的自卫斗争。

11月底　中共广东区党委在香港召开干部会议。区党委书记林平传达了区党委的决定：江南地区要迅速重建武装，恢复武装斗争，并派叶维儒、曾建、李群芳等同志先回坪山、龙岗等地做重建武装的准备工作。

1947年

1月　梁忠、曾强等人从香港回到布吉乡组织队伍，恢复武装斗争，动员东纵复员同志归队，组织"复员同志自卫会"。

2月　惠东宝人民护乡团在坪山成立，蓝造任团长兼政委，叶维儒任参谋主任。护乡团提出"保护人民利益，与广大人民及各阶层人士团结一致，维护治安，反抗三征，反对内战，为实现和平民主的新中国而奋斗到底"的口号，东江人民与国民党反动统治的武装斗争由此进入新的发展阶段。

9月　东宝县特派员容克派李明到平湖召开会议，研究成立武工队事宜。接着，刘敏、刘坚、刘效全组建了平湖晨光武工队，队员7人。次年3月正式成立平定武工队，队长为刘敏。

10月 护乡团派特派员刘宣到东宝地区加强工作，祁烽留坪（地）龙（岗）领导工作，实行集体领导，分散活动。

冬至次年初 东江两岸几十万农民掀起轰轰烈烈的农民运动。在党的领导下，农民提出"借粮度荒，组织起来，生产自救"的口号，各乡农会普遍实行"二五"减租减息运动和进行调整耕地的斗争。

1948年

2月13日 惠东宝人民护乡团第三大队钢铁队和大队部手枪队在地方武工队配合下，趁布吉八乡春节麒麟舞汇演之机，袭击布吉火车站驻敌，全歼国民党1个连，打死、打伤及俘敌60多人，缴获轻机枪2挺，长短枪48支，子弹800多发。

4月 中共江南工委在坪山召开干部会议，根据中共中央香港分局指示，撤销中共江南工委，成立中共江南地方委员会（简称"中共江南地委"），由王鲁明任书记，统一领导江南地区的工作。会议决定对部队进行整编，成立广东人民解放军江南支队。

6月 中共坪龙中心区委重建，区委书记黄康，委员黄光（组织）、黄旭（宣传）、黄进修（农运）、黄香（保卫）。区委下属14个支部，委员分片负责。

7月初 宋子文纠集7个团5 000多人，重点对惠东宝地区进行旨在"肃清平原，围困山地"的第二期"清剿"，企图从东、西、北三面合击江南支队于坪山地区。

7月23日 国民党一五四师第二十二团、保八团、保十三团等部共4 000余人，分别从横岗、沙鱼涌、淡水、新四路合围坪山，继续实施其重点"清剿"东江以南地区的计划。江南支队一、二、三团主力7个连1 000多人，在横岗山子吓伏击进犯坪山的国民党军队，歼敌135人，溃敌200余人，敌军仅80余人逃回深圳。此战开创了江南支队"集中优势兵力、各个歼灭敌人"和"力求在运动中歼灭敌人"的范例。

1949年

1月1日　根据中共中央1948年12月27日的指示和中共中央香港分局的指示，中国人民解放军粤赣湘边纵队宣告成立，纵队司令员兼政委尹林平。江南支队改称为粤赣湘边纵队东江第一支队，下辖8个团和2个独立营。

1月9日　驻广九铁路沿线及惠东宝各据点敌军3000余人，分路向驻坪地、渡头仔及白石洞一带的东江第一支队第二、三、八团部分主力和新编独立营包围合击。由于指挥失误，东江部队弹药消耗及人员伤亡甚大，新编独立营被击溃，营救导员刁新及三虎队连长张尔等人牺牲。

2月至8月　宝安先后成立党组织工作队，平湖队（队长李尔夫）、沙湾队（队长叶维理）、布吉队（队长梁联）。工作队受中共宝安区地方委员会直接领导。主要任务是：代表区党委领导地方党的工作，配合武工队巩固乡村政权，在人民群众中发展党员，扩大党的组织。

5月　坪龙地区各乡人民政府成立。路东县人民政府成立。

6月13日　驻布吉站的国民党保安第五师第十五团第二营机炮连连长文挺彬率部起义，开往横岗，编为东江第一支队第二团的1个连。

9月上旬　中共宝安县委和县人民政府成立后，为积极做好支前和迎接南下大军以及接管城市的准备工作，成立了支前委员会。周吉兼主任，张辉任副主任。

10月1日　中华人民共和国宣告成立。参加广东战役的人民解放军野战部队抵达集合地点，开始向广东进军。粤赣湘边纵队东江第一支队二、三、八团在大鹏王母墟会师，升起自制的五星红旗，举行盛大的庆祝活动。

10月上旬　刘汝琛带领军管会人员和税警途经布吉向深圳挺进。

10月10日　国民党广九铁路护路大队、税警团向人民解放军表明起义意愿。经布吉上下坪村谈判后，人民解放军顺利接收起义部队，起义部队迁往黄贝岭听候改编。

10月15日　新华社公布："广深"全线解放。

10月19日　驻深圳国民党税警团团长姚官顺率部与护路大队共1 500余人起义，奉人民武装命令开赴石龙接受整编。下午，宝深军管会主任刘汝琛率东宝税务处主任蓝杰，宝安县公安局长刘鸣周、深圳镇警察所长蔡达等接管人员160多人，从布吉乘火车抵达深圳，接收国民党地方政权——深圳镇公所，成立深圳镇人民政府。晚上，深圳各界代表和人民群众举行庆祝大会，军管会主任刘汝琛宣布深圳解放。

后记

为贯彻落实习近平总书记关于发扬红色资源优势，深入开展党史、军史、老区革命史优良传统教育的指示精神，根据中国老区建设促进会《关于编纂全国1599个革命老区县发展史的安排意见》和省、市有关文件精神，龙岗区委、区政府高度重视《深圳市龙岗区革命老区发展史》编纂工作，并将之作为"一把手工程"推进。

按照中共深圳市委、中共龙岗区委的部署，《深圳市龙岗区革命老区发展史》由中共深圳市委党史文献研究室统筹，龙岗区党史办组织编写，并经中共深圳市委党史文献研究室、中共龙岗区委审定出版。本书的出版，是集体智慧的结晶。广东省老区建设促进会、中共深圳市委党史文献研究室多次就编写工作给予指导；中共深圳市委党史文献研究室及龙岗区有关领导和专家对书稿进行了认真审议，并对书稿的观点、结构、史实、文字等方面提出了许多宝贵意见。龙岗区所属街道、社区及198个革命老区村（自然村）的有关负责同志，为本书的编纂提供了许多颇有价值的资料。所有这些，为我们的编写工作带来极大的帮助和便利。此外，我们还吸纳了广东、深圳及惠州党史学界的诸多出版及研究成果。在此，谨向所有为本书提供过支持帮助的领导、专家和有关单位致以诚挚的敬意！

由于我们水平所限,也由于资料所限,本书尚有不足之处,恳请广大读者批评指正。

深圳市龙岗区革命老区发展史编委会

2021年6月

广东人民出版社 党政精品图书

围绕中心，服务大局，做最具高度、深度和温度的主题出版物

扫码关注更多主题出版物

中宣部主题出版重点出版物

《中华人民共和国通史》（七卷本）
· 全国第一部反映中华人民共和国70年光辉历程的多卷本通史性著作
· 中央党校、中央党史和文献研究院权威专家倾力打造

《账本里的中国》
一册册老账本，串起暖心回忆，讲述你我故事，体味民生变迁。

《全国革命老区县发展史丛书·广东卷》
· 挖掘广东120个革命地区的红色记忆
· 中国老区建设促进会牵头组织

《红色广东丛书》
· 广东省委宣传部重点主题出版物
· 传承红色基因，弘扬革命精神

本书配有智能阅读助手，为您1V1定制

《深圳市龙岗区革命老区发展史》阅读计划

帮助您实现"时间花得少，阅读体验好"的阅读目的

建议配合二维码一起使用本书

您可根据自己的学习需求，量身定制专属于您的阅读计划：

阅读服务方案	阅读时长指数	为您提供的资源类型	帮助您达到以下学习目的
1. 高效阅读	阅读频次 较低　每次时长 较短　总共耗费时长	总结类	快速学习和掌握红色精神。
2. 轻松阅读	阅读频次 较高　每次时长 适中　总共耗费时长	基础类	简单了解革命老区的历史。
3. 深度阅读	阅读频次 较高　每次时长 较长　总共耗费时长	拓展类	继承和发扬红色精神，推动老区发展。

针对您选择的阅读计划，您可以享受以下权益：

立刻获得的主要权益
▶ 专享本书社群服务：提供创造价值与私密的深度共读服务，群内分享阅读干货，发起话题探讨
▶ 1套阅读工具：辅助您高效阅读本书，终身拥有

每周获得的主要权益
▶ 专属热点资讯：16周社科文学类资讯推送，每周2次
▶ 精选好书推荐：16周文学社科热门好书推荐，每周1次

长期获得的主要权益
线下读书活动推荐：精选活动，扩充知识开拓视野
不少于1次

抢兑礼品：免费抽取实物大礼
不少于2次限时抽奖

微信扫码
添加智能阅读助手

只需三步，获取以上所有权益：
1. 微信扫描二维码；
2. 添加智能阅读助手；
3. 获取本书权益，提高读书效率。

※ 鉴于版本更新，部分文字和界面可能会有细微调整，敬请包涵。